Hendrik Wallat

Verwaltung von Sachen?

Die Entpolitisierung des Materialismus bei Engels (und Marx)

Verlag Edition AV

Verwaltung von Sachen?

Die Entpolitisierung des Materialismus bei Engels (und Marx)

CIP-Titelaufnahme der Deutschen Nationalbibliothek:
Hendrik Wallat - Verwaltung von Sachen? Die Entpolitisierung des Materialismus bei Engels (und Marx)

Auflage 1. Tsd., Bodenburg, Verlag Edition AV
ISBN 978-3-86841-298-7

1. Auflage 2023

Der Verlag unterstützt die Arbeit der Kurt-Wolff-Stiftung.

Umschlag: Jürgen Mümken
Satz: Andreas W. Hohmann
Druck: Kleb GmbH, Wangen-Haslach

Printed in Germany

ISBN 978-3-86841-298-7

Inhaltsverzeichnis

Vorbemerkung 7
Einleitung 13

Die Technokratisierung des Politischen 19
1. Die Rolle von Gewalt und Staat im Prozess der sozialistischen Emanzipation 19
2. Die politisch-institutionelle (Nicht-)Vermittlung einer sozialistischen Gesellschaft 35

Die Ökonomisierung der Geschichts- und Gesellschaftstheorie (bei Engels) 53
1. Die geschichtliche (Ent-)Spezifizierung des historischen Materialismus 55
2. Engels' Geschichtsteleologie 78

Exkurs: Moralevolution, Herrschaftsgenese und Klassenkampf (ad Habermas) 84

Die Naturalisierung und Re-Objektivierung des kritischen Materialismus 92
1. Engels' monistischer Materialismus und seine Aporien 96
2. Politische Implikationen von Engels' Materialismus 107

Praxis aus Freiheit 112
1. Zum Begriff der Praxis und dem Verhältnis der Freiheit zur Notwendigkeit 113
2. Die Negation der Praxis aus Freiheit im Marxismus und der autoritäre Effekt der Entpolitisierung des Materialismus 123

Literaturverzeichnis 131
Anmerkungen 145

Vorbemerkung

> „Die sozialistische Gesellschaftsordnung wird von der Weltgeschichte nicht verhindert, sie ist historisch möglich; verwirklicht wird sie aber nicht von einer der Geschichte immanenten Logik, sondern von den an der Theorie geschulten, zum Besseren entschlossenen Menschen, oder überhaupt nicht."
>
> (Horkheimer 1931/34)

> „Das, was Karl Marx sich als Sozialismus vorgestellt hat, ist in der Tat die verwaltete Welt."
>
> (Horkheimer 1969/72)

Die vorliegende Studie geht den affirmativen und herrschaftsapologetischen Momenten des Materialismus von Marx und Engels nach, wobei sachlich begründet ein Schwergewicht auf die Arbeiten von Engels gelegt wird, wofür die Klammer im Untertitel steht.[1] Die These ist, dass bei Engels und Marx der kritische Materialismus immer wieder entpolitisiert wird, was (a) an ihrem politischen Denken, (b) ihrer Geschichtsphilosophie und Gesellschaftstheorie sowie (c) an ihrem philosophischen Materialismusverständnis aufgezeigt werden kann. Diese Behauptung ist nicht neu. Erinnert sei nur an die fulminante Marx(ismus)kritik von Cornelius Castoriadis, von der auch die vorliegende Studie erheblich profitiert hat. Anders als bei Castoriadis wird jedoch jenes kritische Moment im Denken von Marx und Engels stärker gemacht werden, das zu ihrer immanenten Selbstkritik dienen kann. Dazu gehört vorrangig ein spezifisches Verständnis der Kritik der politischen Ökonomie, das diese primär weder als reduktiven Ökonomismus noch als geschichtsphilosophisch verkappte Systemtheorie, sondern als historisch spezifische Theorie sozialer Formen begreift, deren Aktualität und Bedeutung unbestritten ist. Besonders die sog. Neue Marx-Lektüre hat in diesem Kontext ihre Meriten. Ihre Marxinterpretation, die keine explizite Rolle spielen wird, erweist sich allerdings als selektiv. Wie viel politisch und philosophisch Unliebsames man tatsächlich externalisieren muss, um die materialistische Kritik von Marx in Reinform zurück zu behalten, wird die Studie zu zeigen versuchen.

Persönlich ist mir das Ausmaß der unkritischen und autoritären Tendenzen im Werk von Marx und Engels in seinem vollen Umfang erst im Zusammenhang von Forschungen zur linken Bolschewismuskritik bewusst geworden (vgl. Wallat 2012; Wallat 2013), die mein Marx(ismus)bild um einiges negativer werden lassen haben, als es ursprünglich war. Insofern kann die Studie auch als Selbstkritik an meiner Dissertationsschrift (vgl. Wallat 2009a) gelesen werden. Ihre Resultate kann ich zwar, was die Interpretation zentraler Gehalte der Marxschen Theorie und die materialistische Kritik an Nietzsche anbetrifft, nach wie vor vertreten. Der Duktus und Impetus der Schrift sind mir mittlerweile dennoch fremd geworden. Problematische Aspekte der Marxschen Theorie wurden zwar nicht verschwiegen, keinesfalls aber in ihrer Tragweite wirklich ernst genommen. Andere Traditionen, die der sozialrevolutionären und anarchistischen Arbeiterbewegung, rück(t)en damit stärker ins Blickfeld, zeichnen sich diese doch durch ein viel feineres Sensorium für die Probleme, Schwierigkeiten und Gefahren der Praxis der Befreiung aus. Damit ist nicht gesagt – ein Thema für sich –, dass die marxismuskritische Tradition des libertären Sozialismus, ob sie nun die Befreiung ihrerseits materialistisch oder aber moralisch begründet, nicht ihre eigenen immanenten Problematiken aufweist.

Auch wenn von dieser Marx(ismus)kritik etwas in die vorliegende Studie eingeflossen ist, vermag ich dieser Tradition nicht darin folgen, das dieser in wesentlichen Teilen (zwangsläufig) unbekannte und häufig verstellte Kind materialistischer Theorie aus (guten) politischen Gründen mit dem Bade des Marxismus auszuschütten. Ebenso sehr wie von der libertären Marx(ismus)kritik zehrt die Kritik an Engels und Marx daher von dem Fundus der materialistischen Theoriebildung, die ihren Höhepunkt in den 1960er und 1970er hatte. Während das Marxgespenst gegenwärtig allenfalls durch die Peripherien der Sozialwissenschaften und Philosophie geistert, hatten die materialistischen Debatten jener Zeit eine qualitativ und quantitativ nicht wieder erreichte Breite und Intensität. Diese haben nicht nur in den Kerngebieten der Kritik der politischen Ökonomie und der materialistischen Staatstheorie bleibende Erkenntnisse zu Tage gefördert, wie Ingo Elbe (2008) umfassend wie eindrucksvoll dargelegt hat. Es wurden auch Debatten um eine materialistische Erkenntnis- und Faschismustheorie geführt, kritische Analysen nicht nur des Gegenwartskapitalismus, sondern auch des real-existierenden Sozialismus vorgelegt, sowie (vor allem im anglophonen Raum) produktive materialistische Ansätze in die Geschichtswissenschaft und (insbesondere in der frankophonen Wissenschaft) in die Ethnologie und Anthropologie eingeführt, um von den ästhetischen Debatten, die spätestens seit Lukács zum festen Repertoire des westlichen Marxismus gehören, hier zu schweigen. Streckenweise zeichnen sich die damaligen Beiträge durch Engstirnigkeit und Besserwisserei aus, die nach Außen zur Selbstisolierung beigetragen haben dürften und intern zu einer oft verbiesterten Polemik führten, die retrospektiv abstoßend wirkt. Dessen ungeachtet wird dennoch kaum jemand, der mit der Materie auch nur oberflächlich vertraut ist, behaupten können, dass wir gegenwärtig materialistische Theoriebildung in einer vergleichbaren Intensität erleben; dies betrifft zumindest eindeutig den deutschsprachigen Diskurs. Vor allem in den Endnoten wird daher immer wieder, bisweilen auch ausführlicher, Literatur diskutiert. Wer sich hierfür nicht interessiert, kann die gesamte Studie auch ohne ihre Lektüre verstehen; sie haben ausführenden, keinen begründenden Charakter. Angesichts der mannigfaltigen Vermittlungen, in welche die vorliegenden Ausführungen geradezu verstrickt sind, wollte ich auf diese allerdings nicht verzichten. Sie sind mein Tribut an die Vor- und Zuarbeit vieler anderer WissenschaftlerInnen, deren Arbeiten zumeist recht erfolgreich entwertet und verdrängt wurden.

Die vorliegende Studie ist gleichermaßen theoriegeschichtlich wie systematisch angelegt. Sie lässt sich umfassend auf das Schrifttum von Engels und Marx ein, ihre eigentliche Intention ist dennoch eine systematische Kritik, die nicht allein von historischem Interesse ist. Es geht im Wesentlichen um die eklatanten politischen und philosophischen Probleme, die dem Marxismus inhärieren. Dieser ist zwar als theoretische Strömung und politische Bewegung tot. Das Objekt des Marxismus, die kapitalistische Gesellschaft, ihre Funktionsweise und Geschichte, ist allerdings so wenig Vergangenheit wie das Ziel der emanzipatorischen Überwindung der bestehenden Herrschaftsverhältnisse. Marx und Engels haben in vielerlei Hinsicht theoretische Mittel und Einsichten zur Erkenntnis kapitalistischer Gesellschaften hinterlassen, deren Wert unbenommen ist, wie etwa der *Politische Marxismus* (von Ellen M. Wood) eindrucksvoll zeigt (vgl. Wallat 2021) und auch jüngste Studien zum gesellschaftstheoretischen Gehalt der Marxschen Theorie unterstreichen können (vgl. Mau 2021). Es besteht kein Anlass, Marx' und Engels' Beiträge zu einer kritischen Theorie der kapitalistischen Vergesellschaftung und ihrer Geschichte zu ignorieren, was uns bloß dümmer als nötig machen würde, wie es etwa in diversen Postmarxismen der Fall ist. Diese tun sich besonders dadurch hervor (vgl. Wallat 2010a), auf der einen Seite den kritischen und aktuellen Gehalt der Marxschen Theorie zu ignorieren, um auf der anderen mit einer anti-materialistischen Sozialontologie aufzuwarten, dessen (diskurs-)idealistischem Politizismus es auch und gerade dann keinen Grund gibt zu folgen, wenn man selbst die Entpolitisierung des Materialismus als Kernproblem der marxistischen Tradition ausgemacht hat. Postmarxismus im engeren und geläufigen Sinne wird es mit anderen Worten im Folgenden nicht geben.

Gleichwohl kann an Marx, Engels und die marxistische Tradition trotz dieser durchaus kategorischen Abgrenzung in keinerlei Hinsicht unkritisch und selektiv angeschlossen werden. Wer sich für die Überwindung kapitalistischer Vergesellschaftungs- und Herrschaftsverhältnisse interessiert, kann bei Marx und Engels vor allem lernen, wie schwierig sich dieses Vorhaben tatsächlich gestaltet und wie wenig sie selbst sich über dieses Problem im Klaren waren. Wenn in der Gegenwart, nicht zuletzt aufgrund der sich zuspitzenden ökologischen Krise, wieder vermehrt über die Notwendigkeit einer postkapitalistischen Gesellschaft debattiert wird, so lässt sich am Beispiel von Marx und Engels zeigen, welche Wege nicht bestritten werden sollten, wenn die anstehenden gesellschaftlichen Fundamentaltransformationen emanzipatorische und freiheitliche Formen annehmen sollen. Was bereits bei Marx und Engels virulent ist, spielt auch, wenngleich häufig mit anderen theoretischen Bezügen, in der Gegenwart erneut eine fragwürdige Rolle: die Entpolitisierung dieser Fragen. Die politische Aufgabe des Aufbaus einer ökologisch nachhaltigen oder gar postkapitalistischen Gesellschaft ist, worauf zu insistieren ist, nicht an Technik und Wissenschaft zu relegieren. In der zumeist ideologisch-verdinglichten Berufung der Politik auf Natur(-gesetzlichkeit) und (Natur-)Wissenschaft als Erscheinungen und Garanten einer Objektivität und Notwendigkeit, der sich die Menschen bedingungslos zu unterwerfen haben, steckt vielmehr ein erz-autoritäres Potential, wie man an Engels' Studien zur sog. Naturdialektik verdeutlichen kann, die später nicht grundlos zur weltanschaulichen Fundierung der staatssozialistischen Diktaturen dienen konnten. Wer heute wieder meint, dass die Wissenschaften die Probleme emanzipatorischer Praxis lösen könnten, ist auf dem Holzweg und täuscht sich grundlegend darüber, was Praxis und Politik überhaupt sind. Diesen hier nur angerissenen Fragestellungen wird am Ende der Studie noch eingehender nachgegangen werden, um zu verdeutlichen, dass sich „Praxis aus Freiheit" im Politischen und am Ende auch im Metaphysischen kategorial von der (nicht nur marxistischen) Tradition autoritärer ‚Befreiung' unterscheidet.

Will Praxis ihrem Begriff entsprechen, muss diese nach wie vor durch eine philosophisch reflektierte und historisch informierte Theorie vermittelt sein. Diese zu liefern, war der Selbstanspruch von Marx und Engels, dem sie nur bedingt gerecht wurden. Dies kann auch hier nur andeutungsweise gegen Ende der Studie geschehen, wo die „Praxis aus Freiheit“ als jener Kern eines kritischen Materialismus skizziert wird, der gleichermaßen Resultat wie Voraussetzung der Auseinandersetzung mit Marx und Engels ist; einen solchen kritischen Materialismus systematisch zu fundieren und zu entfalten, muss einer eigenständigen Studie vorbehalten bleiben. Wenn im Folgenden also bisweilen vom kritischen Materialismus die Rede ist, so ist dies allemal keineswegs ein Tarnname für Marxismus, sondern weit mehr Ausdruck für dessen immanente Kritik. Vom Marxismus übernimmt der kritische Materialismus in Teilen Fragestellungen und Antworten, die ihre Präzisierung allerdings durch eine Kritik der marxistischen Tradition (von Marx und Engels an) erfahren. Der kritische Materialismus ist nicht zuletzt eine Kritik an bestimmten (ökonomistischen und naturalistischen) Tendenzen des Marxismus, die zugleich auf einige zentrale Erkenntnisse seiner Urheber aufbauen kann, die jedoch immer wieder und bisweilen substantiell, wie nun zu zeigen sein wird, hinter ihr bereits erreichtes Erkenntnis- und Reflexionsniveau zurückgefallen sind.

Widmen möchte ich die Studie Mila, der wahren Autonomen unserer Familie. Halte Kurs!

Einleitung

Tendenzen der Entpolitisierung des Materialismus bei Marx und Engels lassen sich auf allen zentralen Ebenen ihres Denkens aufweisen: von der Theorie des Politischen und der Emanzipation, über gesellschafts- und ökonomietheoretische sowie geschichtsphilosophische Fragen bis hin zur Ontologie und Naturphilosophie. Sie begründen jene Ambivalenz im Werk von Marx und Engels, die das Changieren ihrer Theorie zwischen Kritik und Affirmation verursachen; das autoritäre Potential ist ihr immanent, nicht akzidentiell. Die Verkehrung einer kritischen Theorie in eine affirmative Weltanschauung hat in dieser Gemengelage bereits ihren Ursprung, nicht erst in der politischen Instrumentalisierung des Marxismus zur Legitimation einer staatlichen Diktatur. Die legitimationswissenschaftlichen Tendenzen im Denken von Marx und Engels fundieren, wie im Einzelnen zu zeigen sein wird, zum einen in einem ökonomistischen Progressivismus, dessen Geschichtsteleologie der Produktivkräfte und der Arbeit das Erbe Hegels affirmiert, und zum anderen in einer insbesondere von Engels betriebenen Re-Objektivierung des Materialismus zu einem unkritischen Naturalismus. Das Einfallstor autoritärer und technokratischer Politik im Marxismus ist jedoch bereits in einem von diesen Sachverhalten nicht zu trennenden instrumentalistischen Politikverständnis zu finden. Dieses verdeckt und desartikuliert nicht nur basale Fragen politischer Theorie, sondern reduziert und verkürzt auch den Begriff der Praxis immer wieder, wenn auch nicht durchgehend auf instrumentelles Handeln und naturbeherrschende Arbeit.[2] Den Problemen der emanzipatorischen Überwindung der kapitalistischen Gesellschaft zeigen sich Marx und Engels dementsprechend systematisch nicht gewachsen; es handelt sich keineswegs allein um eine kontingente historische Schranke. Diese Tatsache offenbart sich vor allem darin, dass sie über keinen Begriff der politischen Vermittlung einer klassenlosen Gesellschaft verfügen, sie zeigt sich aber auch an den strategischen Beiträgen von Marx und Engels zur politischen Praxis der Arbeiterbewegung.

Was im Rahmen geschichtsloser Rekonstruktionsversuche der Marxschen Theorie häufig nicht reflektiert wird[3], ist die historisch an sich selbstverständliche Tatsache, dass sich Marx und Engels selbst zuerst als Revolutionäre und nicht als reine Theoretiker verstanden haben, die sie vielmehr als ‚kritische Kritiker' der Häme und Polemik preisgaben. Als politisch Aktive trugen die beiden Revolutionäre eine autoritäre und spalterische Komponente in die Arbeiterbewegung, die den Weg hin zum autoritären Staatssozialismus mitpflasterte. Dieses politische Wirken ist nicht akzidentiell, sondern substantiell verbunden mit jenem Erbteil ihrer Theorie, dessen fundamentale Kritik die notwendige Bedingung der Aktualisierung des materialistischen Theorieprogramms ist. Einige Ansätze zu dieser materialistischen Kritik an Marx und Engels finden sich bei ihnen selbst und zwar in prinzipieller Form, die die Unvereinbarkeit der affirmativen Entpolitisierung mit den basalen Annahmen und Einsichten ihres Materialismus belegen; wäre dem nicht so, wäre jeder produktive Anschluss an die Marxsche Theorie ausgeschlossen. Die Kritik an den einst geschichtsmächtigen Deutungsvarianten des Marx-Engels'schen Materialismus kann folglich von jenen Grundlagen des kritischen Materialismus ausgehen, die zu einem guten Teil niemand anderes als Marx selbst gelegt hat und von deren bleibender Bedeutung hier ausgegangen wird (vgl. Wallat 2009b u. 2010b). Diese Ambivalenz verweist nicht bloß auf theoretische Widersprüche, die werkentwicklungsgeschichtlich erklärbar sein mögen, sondern auf weitreichende (politische und theoretische) Selbstmissverständnisse über den philosophischen Status des eigenen Unternehmens, die es aufzuklären gilt.

Der Marxismus stellt zwar in weiten Teilen eine Co-Produktion von Marx und Engels dar, ihre Werke weisen allerdings verschiedene Schwerpunkte und Differenzen auf. Die diesbezügliche ‚Debatte um Engels' ist alt (vgl. Mehringer/Mergner 1973; Kangal 2020, 9ff. u. 43ff.). Auf der einen Seite passte für den Marxismus-Leninismus, die Philologie auf seiner Seite wissend, kein Blatt zwischen Marx und Engels (vgl. Holz 2011, 409f.; Kopf 2017). Tiefergehende Kritik von Marx an Engels (*et vice versa*) ist tatsächlich nicht bekannt. Auf der anderen Seite wurde der traditionelle Marxismus als Erfindung von Engels oder gar als Tarnname für ‚Engelsismus' betrachtet, einhergehend mit der Tendenz nicht nur einen tiefen Graben zwischen dem Werk der beiden Revolutionäre auszuheben, sondern auch vor allem Engels die Transformation des Materialismus in eine „Regierungsideologie" (Serge 1967, 423) und „Legitimationswissenschaft" (Negt 1974) anzulasten. Beide Positionen sind verkehrt. Jene Tendenz, die zur Begründung einer Legitimationswissenschaft eines autoritären Herrschaftssystems dienen konnte, ist sowohl bei Engels als auch bei Marx anzufinden, wie Albrecht Wellmer bereits während der Hochphase der Marx-Renaissance der 1960/70er pointiert herausgearbeitet hat (vgl. Wellmer 1973, 69ff.). Wenn im Folgenden die Frage gestellt wird, in welchem Ausmaß Marx und Engels selbst dazu beigetragen haben, zentrale Gehalte des kritischen Materialismus zu verdecken und zu verkehren, so dass dieser landläufig als Inbegriff für eine ökonomisch orientierte Gesellschafts- und Geschichtstheorie und/oder eine naturalistische Prozess-Ontologie gilt, die sich selbst als dialektisch versteht, so lassen sich allerdings unterschiedliche Gewichtsanteile an der Entpolitisierung des Materialismus feststellen. Wenngleich sich beide Tendenzen auch bei Marx, und zwar durchaus an prominenten veröffentlichten Stellen wie der berühmten *Einleitung in die Kritik der politischen Ökonomie* von 1859 (vgl. MEW 13, 7ff.) oder dem teleologischen Nekrolog des *Kapital* über die „geschichtliche Tendenz der kapitalistischen Akkumulation" (MEW 23, 789ff.), finden lassen, sind sie doch im Werk von Engels stärker vertreten. Eine bruchlose gedankliche Einheit zwischen Beiden ist folglich genauso eine ideologische Fiktion wie es eine post-festum Konstruktion ist, Engels zum alleinigen Urheber jener weltanschaulichen Grundlagen des Marxismus abzustempeln, die sich geschichtlich blamiert haben. An dem Spiel, den einen gegen den anderen auszuspielen, wird sich daher nicht beteiligt werden, auch wenn im Schwerpunkt die Kritik aus sachlichen Gründen primär Engels' treffen wird, der im Übrigen bereits noch zu Lebzeiten spätere Tendenzen karikierend antizipierte: „Das Stückchen vom bösen E[ngels], der den guten M[arx] verführt spielt seit 1844 unzählige Male abwechselnd mit dem anderen Stückchen von Ahriman-M[arx], der den Ormuzd-E[ngels] vom Wege der Tugend abgebracht." (MEW 36, 15) Wenn jüngst Kaan Kangal in seiner exzellenten Studie *Friedrich Engels and the Dialectics of Nature* eine „*Neue Engels-Lektüre*" (Kangal 2020, 1ff.) fordert und sogleich am Beispiel von Engels' sog. *Dialektik der Natur* vorführt, welche (nicht zuletzt philologischen) Maßstäbe diese zu erfüllen hätte, um aus den obsoleten politischen Grabenkämpfen herauszukommen, dann ist dies nur zu begrüßen. Ganz sicher führt diese aber nicht – was bei Kangal auch nicht der Fall ist – dazu, dass sich alle (‚westliche') Kritik an Engels' Materialismusverständnis als „völlig falsch" (Sayers 202, 45) erweist. Weit deutlicher dürften die Übereinstimmungen zwischen Marx und Engels werden, was dazu führt, dass Marx in die Engels-Kritik sehr viel stärker mit einbezogen gehört. Oder anders ausgedrückt: Wer auf Engels zielt, trifft immer auch Marx. Dies ändert jedoch nichts an der Tatsache, dass sich eine solche Kritik selbst auf einen Strang im Denken von Marx beziehen kann, der nicht den ‚echten', den ‚authentischen' und (von Engels) ‚unverfälschten' Marx ausmacht, wohl aber jenes kritische Erbe seiner Theorie bezeichnet, an dem zum einen Engels' seltener partizipiert hat und das zum anderen weiterhin systematische Geltung für das Projekt eines kritischen Materialismus für sich beanspruchen kann.

Die Ambivalenz im Marxschen Werks selbst wie auch zwischen diesem und Engels' Beiträgen verweist, wie angedeutet, nicht nur auf die spezifische Arbeitsteilung zwischen Marx und Engels (vgl. Mergner 1973), sondern auch auf den Umstand, dass Marx selbst keinen hinreichenden Begriff und wohl auch nicht das subjektive Bewusstsein davon hatte, was die beiden zentralen bahnbrechenden Aspekte seiner kritischen Theorie ausmachen. Einerseits ist dies ein materialistisch-dialektischer Begriff von Praxis, der sich gleichermaßen aus der Kritik des naturalistischen, objektivierenden Materialismus wie der der idealistischen Subjektphilosophie ergibt. Man kann dies als einen relationistischen bzw. vermittlungslogischen Begriff von Materialismus bezeichnen, in dem die menschliche Praxis, die Freiheit impliziert, das entscheidende Moment ausmacht. Dieser ist die bestimmte Negation des absoluten Idealismus, die, im Anschluss an Hegel, über das menschliche Verhalten zur Welt mittels Arbeit und Erkenntnis die „Einheit des Setzens und Vorausgesetztseins" (Arndt 2004, 41) von Subjekt und Objekt erschließt. Gegenüber dem alten Materialismus betont der kritische Materialismus das Setzen des Objekts, während er dem Idealismus opponiert, indem er auf die irreduziblen objektiven Voraussetzungen des Setzens selbst reflektiert. Beide Relata sind eine „Einheit real Unterschiedener" (41), die sich weder ineinander auflösen noch bloße Momente eines übergeordneten Ganzen darstellen und doch nur in ihrer Relation zu begreifen sind. Andererseits ist es neben diesem philosophischen Grundgehalt des kritischen Materialismus die Kritik der politischen Ökonomie, welche die entscheidende und bleibende wissenschaftliche Leistung der Marxschen Theorie darstellt. Diese ist nicht nur eine fachökonomische Abhandlung über die kapitalistische Ökonomie – dies ist sie auch, insbesondere mittels einer immanenten Kritik der Klassiker der politischen Ökonomie[4] –, sondern sie ist vielmehr eine Theorie kapitalistischer Vergesellschaftung, die sie als grundlegend von allen anderen uns bekannten Gesellschaftsformen sich unterscheidend analysiert und als kontingentes, sich dann jedoch systemisch reproduzierendes Resultat politischer Gewalt dechiffriert. Dies zu zeigen, ist das systematische Interesse der historischen Ausführungen in Marx' reifer Theorie, die keine universalgeschichtliche, sondern eine „allgemeine Theorie historischer Besonderheit" (Wood 2010, 122) der kapitalistischen Gesellschaftsformation darstellt.

Beide Aspekte lassen sich auch im Werk von Engels finden, die aber von einer anderen Tendenz überlagert werden, die sich durchgängig auch, aber nicht im gleichen Ausmaß im Werk von Marx nachweisen lässt. Diese Tendenz ist die der *Entpolitisierung* des kritischen Materialismus. Mit Entpolitisierung ist nicht die fehlende Vereidigung von kritischer Wissenschaft und wissenschaftlicher Kritik auf eine politische Partei oder dergleichen gemeint. Im Gegenteil, eine solche Politisierung der Wissenschaft von außen ist, gerade auch für Marx und Engels, eine heteronome Unterwerfung des Geistes unter die Bedürfnisse politischer Praxis, die, weil nach sachfremden Kriterien verfahrend, irrational ist und die Freiheit der Kritik als Movens des Fortschritts der Erkenntnis zerstört. Entpolitisierung meint vielmehr die Reduktion oder Negation der Bedeutung, die der unkritische Materialismus der menschlichen Praxis im Allgemeinen und dem Politischen (als Handlungsform und sozialem System) im Besonderen für den Verlauf der menschlichen Geschichte und ihrer Möglichkeiten zumisst. Wo dies geschieht, wird aus einer kritischen Theorie eine apologetische, die hinreichend genug Material bereitstellt(e), um die Kritik in eine affirmative Ideologie für ein autoritäres Herrschaftssystem umzuprägen.[5] Dass hierfür mit den Arbeiten von Marx und Engels selektiv verfahren wurde, ist unbenommen. Nicht weniger richtig ist indes, dass es sich hierbei nicht nur um gewaltsame Konstruktionen handelt, die rein gar nichts mit dem Werk von Marx und Engels zu tun haben. Dieses Moment soll für die desaströse Geschichte des Staatssozialismus nicht überbewertet werden, wie dies in konservativer Absicht geschieht, die den Gulag als Resultat von Marxschen Theorieelementen imaginiert. Der Stalinismus hat seine konkrete politische Praxis fraglos nicht aus der Theorie von Marx und Engels abgeleitet. Der Bezug ist vielmehr derart, dass die Klassiker nachträglich zur Legitimation des reichlich schlingernden Kurses der Generallinie herangezogen wurden. Und dennoch ist etwa die bauernfeindliche Agrarpolitik der Bolschewiki oder das Programm der Entwicklung der Schwerindustrie im Stalinismus vermittelt über Marx' und Engels' Theorie geschichtlicher Entwicklung und sozialistischer Befreiung. Ein indirekter Beleg hierfür ist, nebenbei bemerkt, dass es libertäre sozialrevolutionäre, keinesfalls marginale oder unrealistische Positionen in der Russischen Revolution gab, die als nicht-marxistisch ausgerichtete auch eine konsequent andere Politik der Befreiung verfolgten (vgl. Wallat 2013, 61ff.). Man wird daher für eine politische Tradition, die wie keine andere ihre Praxis als theoretisch angeleitete betrachtete, den Aspekt ihrer ideellen

Vermittlung auch und gerade aus kritisch-materialistischer Perspektive nicht außenvorlassen können, wenngleich Marx selbst der einst geforderten Einheit von Theorie und Praxis wiederholt eine deutliche Absage erteilt hat (vgl. MEW 2, 204; MEW 18, 346). Politische Praxis, die es immer mit Alternativen zu tun hat, wird auch durch das theoretische Bewusstsein ihrer Akteure mitgeprägt. Was als (nicht) möglich und wünschenswert erscheint, ist auch durch theoretische Vorannahmen über Geschichte und Gesellschaft vermittelt, die, je stärker ihr Gewicht sind, in die Praxis eingehen und die Richtung der von ihr eingeschlagenen Wege mitbestimmen. Von daher thematisiert im Folgenden die Kritik theoretischer Annahmen immer zugleich ihre praktischen Implikationen.

Die Mischung aus hegelianisierender Geschichtsphilosophie und Adaption des szientistischen, auf Gesetzeswissen ausgerichteten Wissenschaftsverständnisses, hat, so die zentrale These, bei Engels und Marx wesentlich dazu beigetragen, keinen materialistischen Begriff des genuin Politischen zu formulieren, der sich vom (Neo-)Aristotelismus entschieden abhebt, ohne seine Einsichten in die „Politik als kluge Anleitung der Praxis" (Habermas 1971, 83) abstrakt zu negieren. Damit ist selbstverständlich weder alles über das Verhältnis von Marx und Engels zur Geschichtsphilosophie und zum Wissenschaftsverständnis noch über ihren Begriff des Politischen gesagt; zu allen drei Problemkomplexen liefern beide zentrale und unabgegoltene Elemente einer historisch-materialistischen Kritik. Die Geschichte des kritischen Materialismus verlief dennoch schon bei Engels (und Marx) immer wieder und keineswegs aus Gründen des Zufalls in die Richtung der Entpolitisierung. Dies lässt sich an drei fundamentalen Aspekten im Werk von Engels (und Marx) nachweisen: *Erstens* im Zusammenhang der politischen Theorie selbst, wobei diesbezüglich keine wesentliche Differenz zwischen Marx und Engels auszumachen ist. *Zweitens* im Kontext der entpolitisierten Ökonomisierung der teleologischen Geschichts- und Gesellschaftstheorie des historischen Materialismus, die bei Engels stark ausgeprägt ist und sich auch im gesamten Werk von Marx findet, gerade aber von dessen reifer Kritik der politischen Ökonomie aus am stichhaltigsten zu kritisieren ist. Dies gilt sodann *drittens* auch für den Materialismusbegriff selbst, der bei Engels eine Naturalisierung und Re-Objektivierung erfährt. Diese widerspricht, auch wenn Marx darüber nie ein kritisches Wort verlor, eklatant dem relationistischen Materialismus der Praxis und konnte in einem besonderen Maße zur Begründung einer Herrschaftsideologie dienen.

Die Technokratisierung des Politischen

Ein durchgehender Zug der politischen Theorie von Marx und Engels ist ein Mangel an sozialrevolutionärer Erfahrung, der sich in einer partiell militärisch-strategischen Deutung von Klassenkämpfen spiegelt und sich in den „jakobinischen Muttermalen" (Buckmiller 1989) ihrer Revolutionstheorie ausdrückt. Im strickten Sinne ist dies nicht als Entpolitisierung zu bezeichnen, sondern als fehlendes (theoretisches wie praktisches) Differenzbewusstsein zwischen emanzipatorisch-sozialrevolutionären und bürgerlichen Formen der politischen Praxis. Ein entscheidendes Moment dieses Problems ist die Rolle der revolutionären Gewalt und des Staates im Emanzipationsprozess (1.1), ein weiteres die Bedeutung politischer Institutionen im Sozialismus, welches explizit die Entpolitisierung des kritischen Materialismus bei Engels und Marx zum Erscheinen bringt (1.2).

1. Die Rolle von Gewalt und Staat im Prozess der sozialistischen Emanzipation

Marx und Engels benennen deutlich die Grenzen proletarisch-revolutionärer Gewalt, die in ihren Erscheinungsformen als Kopien bürgerlicher Revolutionspraktiken erkannt werden. Die Verschwörungen, die von den „Alchimisten der Revolution" (MEW 7, 273) geplant wurden, gehören für sie der Vergangenheit an und sind weitgehend zu einem „Regierungsmittel" wie die „Polizei selbst" (274) geworden. Diese Kritik voluntaristischer Gewaltaktionen und die Analyse des (geschichtlich zunehmenden) Ungleichgewichts zwischen revolutionärer und staatlich-konterrevolutionärer Gewalt bleiben wiederholter Gegenstand scharfsinniger Analysen insbesondere des Militärexperten Engels. Die beiden Revolutionäre waren, was sich insbesondere anhand ihrer Schriften im Umkreis der 1848er aufzeigen lässt, allerdings keine prinzipiellen Gegner terroristischer Gewaltanwendung und verurteilten auch nicht grundsätzlich Racheelemente der Revolution. So konstatiert Marx in seinen Artikel *Die Krisis und die Konterrevolution* (1848), dass der „provisorische Staatszustand" nach einer Revolution stets einer „energische[n] Diktatur" zur Beseitigung der „alten Institutionen" (MEW 5, 402) bedarf, damit diese nicht wieder zu restaurativen Kräften gelangen. Dem folgt eine Verbalattacke im Angesicht des Sieges der Konterrevolution:

„Die resultatlosen Metzeleien seit den Juni- und Oktobertagen, das langweilige Opferfest seit Februar und März, der Kannibalismus der Kontrerevolution selbst wird die Völker überzeugen, daß es nur ein Mittel gibt, die mörderischen Todeswehen der alten Gesellschaft, die blutigen Geburtswehen der neuen Gesellschaft abzukürzen, zu vereinfachen, zu konzentrieren, nur *ein Mittel – den revolutionären Terrorismus.*" (457)

Mit dem in diesem Kontext sich artikulierenden Konzept einer „Klassendiktatur des Proletariats" (MEW 7, 90) ist, durchaus konsequent, das offene Bekenntnis zum politischen Terror verbunden: *„Wir sind rücksichtslos, wir verlangen keine Rücksicht von euch. Wenn die Reihe an uns kömmt, wir werden den Terrorismus nicht beschönigen."* (MEW 6, 505) Bisweilen steigert sich diese Empörung bis zu einem Begriff von Revolution als kollektiver Rache:

„Im Mittelalter gab es in Deutschland ein geheimes Gericht, Femgericht genannt. Es existierte, um die Untaten der herrschenden Klasse zu rächen. Wenn man ein Haus mit einem roten Kreuz gezeichnet fand, so wußte man, daß der Besitzer von der Feme verurteilt war. Alle Häuser Europas sind jetzt mit dem geheimnisvollen roten Kreuz gezeichnet. Die Geschichte ist der Richter – ihr Urteilsvollstrecker der Proletarier." (MEW 12, 4)

Die sich hinter diesen Aussagen verbergende Problematik ist nicht primär, dass Marx und Engels die liberal-demokratischen Normen nicht wertschätzten, was im Übrigen ein ebenso pauschales wie falsches Urteil darstellt, ist doch, wie Engels herausstellt „ohne Preßfreiheit, Vereins- und Versammlungsfreiheit [...] keine Arbeiterbewegung möglich" (MEW 16, 75), weil sie sich ohne diese Freiheiten „nicht bewegen" kann: Sie „kämpft in diesem Kampf" um politische Freiheiten „für ihr eigenes Lebenselement, für die Luft, die sie zum Atmen nötig hat" (77; vgl. Fisahn 2018, 145ff.). Wichtiger als das redliche, folglich nicht einseitige Zitieren von jeweils gerade passenden Passagen, ist etwas anderes. Eine moralische Bewertung pro-terroristischer Aussagen unter Abstraktion von der herrschenden Gewalt, die im Zuge der Niederschlagung von Arbeiteraufständen bereits im 19. Jahrhundert deutlich protofaschistische Formen annahm, wie dies etwa bei der Niederschlagung der Pariser Kommune der Fall war (vgl. Traverso 2003, 109ff.), ist ein Verfahren, das der Problematik nicht angemessen ist und sie nicht einmal erkennt. Wer beispielsweise meint, dass die eigenen „Werturteile zum revolutionären Terror philosophisch" nicht rechtfertigungsbedürftig seien, da „sie im Rahmen einer modern-aufgeklärten, also zugleich universalistischen, egalitären und liberalen Moralkonzeption unstrittig sind" (Wildt 2002, 427), abstrahiert von der eigentlichen Frage zugunsten der Subreption eines fiktiven moralischen Gesellschaftszustandes, der jene realen historischen Antagonismen verschleiert, die überhaupt erst das Problem emanzipatorischer Gewalt generieren. Abgesehen davon, dass einerseits die pro-terroristischen Formulierungen von Marx und Engels selbst dort, wo sie unmissverständlich sich artikulieren, keine Glorifizierung von Gewalt beinhalten, und andererseits die Vernichtungswut der herrschenden Gewalt keine Erfindung der Revolutionäre war, ist grundsätzlich festzuhalten, dass die unterstellten universalistischen Werte zu Marx' Zeiten kein politisches Allgemeingut, auch nicht im Liberalismus, waren, und von einer politisch-rechtlichen institutionalisierten Verankerung dieser überhaupt keine die Rede sein kann; eine Unterstellung, die nichts anderes ist als eine unhistorische Projektion. Die Persistenz der herrschenden Gewalt, ihre historische Genesis wie ihr Fortwirken, wird in der unterstellten Universalität der Moral entsorgt, womit die im Raume stehende Gewaltfrage zum Verschwinden gebracht wird. Die unhistorisch vorausgesetzte Moral steht *realitas* im Widerspruch zu einer Wirklichkeit, die den kategorischen Imperativ sittlichen Handelns systematisch konterkariert. Würde man es mit der Moral ernst meinen, müsste man zugestehen, dass sich diese in einem substantiellen Konflikt mit einer Realität befindet, die nicht durch moralische Prinzipien konstituiert wird. Es ist genau *dieser* Widerspruch, welcher die Frage der sozialrevolutionären Gewalt überhaupt erst auf den Plan ruft und der reflektiert werden muss, wenn man Marx' und Engels' Beiträge zur Gewaltfrage gerecht werden will. Die Befreiung von der Vorgeschichte findet nicht unter selbst gewählten Umständen statt, sondern zwingt zum politischen Kampf, dessen Gewaltdimension nicht durch ein Bekenntnis zur Moral beseitigt ist. Dass sich aus dieser Kritik keine Apologie des Terrors oder eine Verwässerung moralischer Normen herleiten lässt, ist unbestritten. Will man aber emanzipatorische Gewalt in ihrer Theorie und Praxis angemessen verstehen und treffend kritisieren, so ist ein Ausgangspunkt der falsche, der die Geschichte und Gegenwart der unmoralischen Gewalt des Bestehenden unterschlägt:

> „Der unterschiedliche Charakter der Gewalt erschließt sich nicht der Unmittelbarkeit. Die Verurteilung von Gewalt überhaupt ist einfach, aber sie schließt die Rechtfertigung der bestehenden ein. [...]. Bei der gesellschaftlichen Analyse von Gewalt kann es weder um ihre Verherrlichung noch um ihre Kriminalisierung gehen, sondern es kommt auf die Unterscheidung ihrer Formen an. [...]. Bei der Anwendung der herrschenden Gewalt kommt es nicht auf das Bewußtsein an; denn das die Gewalt ausübende Individuum ist während des Gewaltaktes Charaktermaske des bestehenden Gewaltzusammenhangs, seiner Institutionen von Politik, Justiz, Strafvollzug oder Militär. [...]. Zur emanzipativen Gewalt gehört jedoch das Bewußtsein notwendig hinzu. [...] es ist die Funktion revolutionärer Gewalt, die alte Gewalt zu stürzen, aber in sich selbst muß sie den Bildungsprozeß eines Lebens, einer neuen Moral und eines neuen Bewußtseins enthalten." (Claussen 1982, 15)

Genau diese Dimension bleibt von Marx und Engels systematisch unreflektiert. Hier, nicht mit einer geschichtslos-abstrakten Fiktion, hat die Kritik einzusetzen. Das wirkliche Problem besteht bei Marx und Engels in einer spiegelverkehrten Abstraktion, die nicht unhistorisch die Bedingungen des politischen Handelns moralistisch unterschlägt, sondern geschichtsphilosophisch die aus den Handlungsbedingungen resultierenden moralischen Aporien als unwesentlichen Schein meint ausblenden zu können. Das durch heteronomen politischen Zwang generierte unethische Handeln, etwa die bewusste Tötung von anderen Individuen im Kampf, wird geschichtsphilosophisch legitimiert, womit das moralische Problem der an sich verwerflichen Handlung liquidiert wird. Wird die Differenz von sozialrevolutionär-emanzipatorischer Gewalt und konterrevolutionärem Terror geschichtsphilosophisch verkannt und eingeebnet, so werden durch die Flucht in den sicheren Hafen von übermoralischen Geschichtsgesetzen die Widersprüche und moralischen Anforderungen emanzipatorischer Praxis abstrakt negiert. Ein Ausweg aus den Aporien sozialrevolutionärer Gewalt besteht weder in ihrer geschichtsphilosophischen Leugnung, in der die Gewalt als Mittel eines höheren Zwecks (der Revolution) moralisch gereinigt wird, noch in der Abstraktion von den antagonistischen Handlungsbedingungen, die eine kontrafaktische Universalität von Moralität unterstellt, die es dem Philosophen am Schreibtisch so einfach macht, aus der Retrospektive zur (ver-)urteilen. Was Marx und Engels anzulasten wäre, ist nicht ihr partielles Votum für revolutionäre Gewalt, sondern ihr (hegelianischer) Glaube an geschichtsphilosophische Gewissheiten, die es verunmöglichen, die moralischen Aporien revolutionärer Praxis auch nur anzuerkennen, geschweige denn bewusstwerden zu lassen und adäquat zu reflektieren.

Sowohl der moralistische als auch der geschichtsphilosophische Gewaltbegriff sind, wenn auch in verschiedener Hinsicht, *unpolitisch*. Während jener von den gesellschaftlichen Bedingungen politischen Handelns abstrahiert, negiert dieser das dem politischen Handeln immanente moralische Element, indem revolutionäre Praxis als *Herstellungs- und Produktionsprozess* von Geschichte ausgegeben wird. Hieraus folgt direkt ein für Theorie wie auch für Praxis gleichermaßen nicht minder schwerwiegender Irrtum: Gewalt als technisch handhabbares und beherrschbares *Werkzeug* für politische Zwecke misszuverstehen. Ein solcher technokratisch-rationalistischer Gewaltbegriff, der in sich unpolitisch ist, tritt beispielsweise in Engels' Analysen der Revolution von 1848 hervor, die diese vorrangig unter militärischen Gesichtspunkten betrachten. In seinem Artikel *Die Junirevolution* (1848) beschreibt Engels den Verlauf der Revolution nahezu ausschließlich als eine militärische Schlacht zwischen der alten Ordnung und den Insurgenten:

> „Es ist überhaupt wunderbar, wie rasch die Arbeiter sich den Organisationsplan aneigneten, wie gleichmäßig sie einander in die Hände arbeiteten [...]. Dies wäre rein unerklärlich, wenn nicht die Arbeiter schon in den Nationalwerkstätten ziemlich militärisch organisiert und in Kompanien eingeteilt gewesen wären, so daß sie ihre industrielle Organisation nur auf ihre kriegerische Tätigkeit zu übertragen brauchten, um sogleich eine vollständig gegliederte Armee zu bilden." (MEW 5, 147)

Die Niederlage der Arbeiter war für Engels denn auch primär militärisch bedingt: personelle Unterlegenheit und Skrupel bei der Gewaltanwendung, von denen die Herrschenden frei waren. Für die Zukunft wünscht sich Engels, dass die Arbeiter hieraus lernen: „Die Bourgeoisie führt mit klarem Bewußtsein einen Vernichtungskrieg gegen sie. Ob sie für den Augenblick siegt, oder ob sie gleich unterliegt, die Arbeiter werden eine fürchterliche Rache an ihr nehmen. Nach einem solchen Kampfe wie dem der drei Junitage ist nur noch *Terrorismus* möglich, sei er von der einen oder der andern Partei ausgeübt." (127)

Engels hat gerade als Militärexperte diese Ansicht korrigieren müssen, da der Gewalt der Herrschenden zunehmend nicht mehr mit einfacher Gegengewalt zu begegnen war; die Revolution ist in dieser Beziehung der herrschenden Ordnung in einem wachsenden Maße unterlegen (vgl. MEW 22, 519-523). Entscheidender ist aber auch in diesem Zusammenhang die abermalige Negation der Spezifik sozialrevolutionärer Gewalt. So unterscheidet Engels später in der Gewaltkritik des sog. *Anti-Dühring* nur zwischen den revolutionären und konterrevolutionären *Zwecken*, für die das Mittel der Gewalt dient. Diese sei nicht, abstrahierend von ihrer geschichtlichen Spezifik, das „absolut Böse", ein „Teufelsmacht", sondern ebenso ein revolutionär anwendbares „Werkzeug, womit sich die gesellschaftliche Bewegung durchsetzt und erstarrte, abgestorbene politische Formen zerbricht" (MEW 20, 171). Diese Unterscheidung ist, auch wenn Gewalt kein Werkzeug, sondern eine Praxis ist, zwar richtig, unterschlägt aber, dass sich sozialrevolutionäre Gewalt nicht nur dem Zweck, sondern auch der *Form* nach von der herrschenden Gewalt unterscheiden muss. Sie kann den Terror der Konterrevolution nicht kopieren. Sie wäre ihm entweder notwendig unterlegen oder aber selbst nur die Reproduktion der alten Gewalt. Gewalt, die Gewalt abschaffen will, muss vielmehr einen Moralisierungsprozess unterlaufen, wie auch Engels implizit (an-)erkennt, wenn er auf den „hohen moralischen und geistigen Aufschwung[s]" verweist, der „die Folge jeder siegreichen Revolution" (171) und ihrer Gewalt gewesen sein soll. Dass sich hierbei allerdings der Zweck in den Mitteln reflektieren muss, wenn es um die sozialrevolutionäre Befreiung von Herrschaft, und nicht bloß um einen (revolutionären) Umsturz politischer Systeme handeln soll – davon lässt sich in Engels' rationalistischer Gewalttheorie nichts finden.

Wenn Engels Gewalt allein „entweder als Staatsgewalt oder speziell als Militärgewalt betrachtet" (Claussen 1982, 95), dann verweist dies darauf, dass die Flucht in die Apologie des Terrors und einer militärischen Konzeption des Klassenkampfs auch einem historisch bedingten Mangel geschuldet ist. Dieser besteht vorrangig darin, dass Marx und Engels als Revolutionäre die Erfahrung einer qualitativ neuen sozialrevolutionären Aktion noch gar nicht gemacht hatten. Die von ihnen unter besonderen historischen Umständen vertretene Apologie des Terrors ist ein Zeichen dafür, dass sie revolutionäre Politik selbst noch häufig in bürgerlichen Kategorien dachten. Terror wird dort bejaht, wo die historisch neuartige sozialrevolutionäre Emanzipation noch keine adäquaten Formen und Mittel ihrer Verwirklichung entwickelt hat. Der revolutionäre Erfahrungshorizont von Marx und Engels war nach wie vor durch die Französische Revolution bestimmt und die proletarischen Emanzipationsversuche verliefen auch realgeschichtlich weithin noch in bürgerlichen Bahnen (vgl. 88ff.). Selbst wo Marx und Engels das Problem der Tradierung bürgerlicher Politikkonzepte bisweilen deutlich sahen, blieben sie diesen in real-politischer Hinsicht verhaftet. Terror und Krieg als die Geburtshelfer der bürgerlichen Gesellschaft, welche die direkte Herrschaft mit der Guillotine beseitigt, nicht aber jedes Gewalt- und Herrschaftsverhältnis aufhebt, sind demzufolge für sie auch Mittel zum Zweck der sozialen Revolution. Abgesehen von der militärischen Unterlegenheit der Aufständischen und der Tatsache, dass die Gewalt genauso wenig „Geschichte oder Revolution" macht, „wie die Hebamme das Kind erzeugt oder gebiert" (Arendt 1998, 15), wird das prinzipielle Problem einer solchen Annahme deutlich. Die Differenz zwischen emanzipatorischer und herrschender Gewalt wird auf diese Weise notwendig eingezogen und stellt bei einer unterstellten Neutralität der Mittel die Gegner auf eine Ebene, was die zerstörerische Dialektik der (Konter-)Revolution generiert. Mittel und Zweck müssen aber im Emanzipationsprozess vermittelt sein. Sie sind nicht beliebig. Der Sieg über die herrschende Ordnung kann nicht militärischer Natur sein, sondern nur das Resultat eines Kampfes, der selbst schon die Veränderung der Umstände wie der Menschen bedingt. Die Überlegenheit sozialrevolutionärer Praxis kann in letzter Instanz nur eine moralische sein, wie ihre Gewalt noch im Angriff eine sich selbst abschaffende sein muss. Von daher ist ihr Mittel nicht der Terror und ihr Verlauf keine militärische Operation.

Die rationalistische Fassung der Gewalt als für verschiedenste Zwecke beliebig anwendbares Mittel unterschlägt aber nicht nur diese entscheidende Differenz. Sie ist zudem auch tendenziell blind gegenüber den Verselbstständigungstendenzen der Gewalt, was insbesondere dann problematisch wird, wenn, was von dem verkürzten Gewalt-als-Mittel Begriff her durchaus konsequent ist, auf den Staat als Instrument der Emanzipation gesetzt wird. Dies ist in der Marx-Engelsschen „Zwei-Phasen-Theorie der kommunistischen Revolution" (Korsch 1974, 387) der Fall, deren jakobinisches Primat auf der politischen Revolution liegt, die der sozialrevolutionären Umwälzung vorgeschaltet wird.

Man wird mit Recht einwenden können, dass Marx sich schon in seinen frühen Schriften ganz anders, nämlich explizit staatskritisch und sozialrevolutionär äußert, und mit den Schriften zur Pariser

Kommune eine Staatskritik und ein sozialrevolutionäres Programm der Befreiung formulierte, die dieser These entgegensteht. Die Bedeutung dieser Arbeiten für eine Theorie sozialrevolutionärer Befreiung ist in der Tat nicht zu leugnen. Marx hebt dort hervor, dass die politische Revolution zwar ein „großer Fortschritt" (MEW 1, 356) ist, nicht aber die „letzte Form" (356) der Emanzipation des Menschen darstellt, die nicht auf dem Wege einer allein politischen Revolution zu vollbringen ist. Der Versuch, die menschliche Emanzipation mit den Mitteln der politischen Revolution zu erzwingen, erzeugt vielmehr ein „Drama" der „*Vernichtung*", der „Aufhebung des Lebens", mit einem Wort: die „*Guillotine*" (357). Wird die politische „Revolution für *permanent* erklärt", bedarf sie des „gewaltsamen" (MEW 1, 357) Zwangs. Die politische Revolution ist für Marx nicht Perspektive der menschlichen Emanzipation, sondern als vollbrachte der zu überwindende Zustand vollendeter Zerrissenheit, von dem Politik, Staat und die Religion soziale Erscheinungen sind. Die Individualität wird nicht von der menschlichen bzw. sozialen Emanzipation, die diese vielmehr erst freisetzt, bedroht, sondern von der politischen Revolution. Diese beruht auf dem Glauben an die „*Allmacht* des Willens" und sitzt somit der typischen Irrung des „politischen Verstandes" (402) auf, auf dem Wege der Politik alles erreichen zu können, was und wenn man nur wolle. Die menschliche Emanzipation hat hingegen einen Weg zu beschreiten, der sich keinen Illusionen über die „*Schranken* des Willens" (402) hingibt und von politischer Kritik zur Kritik am „*Wesen* des Staats" (401) fortschreitet. Marx geht diesen Weg, weil er in der Kritik der Französischen Revolution nicht nur die Verwechslung von politischer und menschlicher Emanzipation, wo ein Teil für das Ganze genommen wird, aufdeckt, sondern ebenfalls sieht, wie der Illusion der politischen Emanzipation über ihre eigentliche Bedeutung der Terror inhäriert.

Marx lässt allerdings offen, wie er sich die menschliche Emanzipation im Unterschied zur politischen konkret vorstellt. Allemal, auch das sei zugestanden, geht es ihm weder um die Schaffung eines neuen Menschen noch um gewaltsame Homogenität und Uniformität – Imaginationen eines „ganz rohen und gedankenlosen Kommunismus" (MEW 40, 534) –, sondern um die Aufhebung einer historisch spezifischen Form gesellschaftlicher Zerrissenheit, welche das Individuum in ein konkretes und abstraktes, jeweils aber defizitäres, spaltet. Marx' Projekt der menschlichen Emanzipation hat als Telos die gesellschaftliche Befreiung des Einzelnen, der in seiner je spezifischen Nichtidentität erst jenseits der paradoxen uniformierenden Atomisierung der bürgerlichen Gesellschaft und der abstrakten Homogenität des staatsbürgerlichen Subjekts in Erscheinung treten kann. Die menschliche Emanzipation ist die Zurücknahme des externalisierten Selbstbezugs in Form des Staates und der entfremdeten Potenzen der Gesellschaft in die Gesellschaft selbst. Eine solche Konzeption hat über den Staat, der noch in seiner demokratischen Verfassung von der sozialen Wirklichkeit der Individuen abstrahieren muss und als abstrakte Allgemeinheit sie unter sich subsumiert, als Paradigma der menschlichen Emanzipation hinauszugehen. Marx' Perspektive ist nicht das totalitäre Zusammenschweißen von Staat und Gesellschaft, sondern eine qualitativ höhere Form menschlicher Freiheit, die zu ihrer Bedingung das erreichte Maß an Freiheit qua politischer Emanzipation hat. Marx setzt daher die liberale Demokratie und die Menschenrechte als unhintergehbare *conditio sine qua non* menschlicher Emanzipation voraus. Sie sind die gegen ihre eigenen regressiven Tendenzen zu verteidigenden Normen der kapitalistischen Gesellschaft, „ihr historisch erreichtes und zu erreichendes ökonomisches, politisches und allgemein kulturelles Niveau“ (Maihofer 1992, 120) – nicht mehr, aber auch nicht weniger.

Den Grundgedanken der politischen Moderne, dass der Staat das Alpha und Omega politischen Agierens ist und das souveräne Zentrum der modernen Gesellschaft darstellt, verabschiedet Marx hierbei gründlich. Er depotenziert das „politische Göttertum“, welches sich einbildet „mit seinem Apparat und seinen Abstufungen“ die „profane Welt gemacht“ zu haben und „deren Allerheiligstes“ (MEW, 4, 345) zu sein. Marx stellt die *„Ohnmacht“* des weltlichen Gottes gegenüber den Phantasmen des politischen Willens heraus, welcher den „Staat [...] als ein selbständiges Wesen behandelt“ (MEW 19, 28): „Das Prinzip der Politik ist der *Wille.* Je einseitiger, das heißt also, je vollendeter der *politische* Verstand ist, um so mehr glaubt er an die *Allmacht* des Willens, um so blinder ist er gegen die *natürlichen* und geistigen *Schranken* des Willens“ (MEW 1, 402). Weil ein solches Bewusstsein „in der Form der Politik denkt, erblickt es den Grund aller Übelstände im *Willen* und alle Mittel zur Abhülfe in der *Gewalt* und dem *Umsturz* einer bestimmten Staatsform“ (407). Aufbauend auf dieser Kritik des Politizismus erblickt Marx dann Jahrzehnte später in der Pariser Kommune schließlich eine mögliche Form „der Zerstörung und der Auflösung“ (409) der „abscheuliche[n] Maschine der Klassenherrschaft“ (MEW 17, 541): „Die Kommune war eine Revolution gegen den *Staat* selbst, gegen diese übernatürliche Fehlgeburt der Gesellschaft" (541). Sie war der heroische Versuch einer „Rücknahme der Staatsgewalt durch die Gesellschaft als ihre eigene lebendige Macht" (543; vgl. 338ff.).

Die politische Basis-Norm, die all diesen Vorstellungen zugrunde liegt, ist für Marx zweifelsohne die individuelle und kollektive Freiheit (vgl. Pies/Leschke 2005; Demirović 2018). Sein politisches Denken ist, wovon insbesondere seine frühen Schriften zur Verteidigung der Pressefreiheit zeugen (vgl. Wallat 2009a, 55-60), tief verwurzelt in der klassischen Aufklärung – „Marx' Lehrmeister sind Aufklärer, Liberale, Utilitaristen" (Marti-Brander 2018, 117) – und seine Kritik anderer sozialistischer Theoretiker gilt jeder Form der Gleichmacherei und des Anti-Individualismus (vgl. Wallat 2009c). Von der Agenda radikaler Autonomie als Inbegriff sozialrevolutionärer Befreiung, der *policy*, ist aber, was entscheidend ist, nicht ohne weiteres zurückzuschließen auf Marx' Konzeption von *polity* und *politics*. Schillert die strukturell-institutionelle Dimension (polity) des Politischen, sofern sie, wie noch zu zeigen sein wird, überhaupt angemessen reflektiert wird, zwischen radikal-demokratischen und etatistisch-technokratischen Vorstellungen, so steht Marx' Konzept des politischen Prozesses (politics) nahezu durchgehend in einem widersprüchlichen Verhältnis zu seiner Autonomieemphase. Die Annahme, dass sozialrevolutionäre Praxis sich nicht auf die Mittel von Herrschaft und Gewalt gründen kann, sondern die erstrebte gesellschaftliche Autonomie bereits im Prozess der Befreiung institutionell und in ihren Mitteln antizipieren muss, ist Marx und Engels weitgehend fremd und Anlass von Polemik gegen die sog. Anti-Autoritären, die wenigstens der Naivität, wenn nicht der Lächerlichkeit preisgegeben werden (vgl. MEW 18, 42f., 299ff.). Wenn Marx im Widerspruch hierzu schreibt, dass die „Arbeiterklasse [...] nicht die fertige Staatsmaschinerie einfach in Besitz nehmen und diese für ihre eignen Zweck in Bewegung setzen" dürfe, weil das „politische Werkzeug ihrer Versklavung [...] nicht als politisches Werkzeug ihrer Befreiung dienen" (MEW 17, 592; vgl. 336, 591) könne, dann fällt dies nicht gänzlich aus dem Rahmen eines politischen Denkens, für das „Selbstorganisation, Selbstbewußtsein und Selbstbefreiung der Klasse" in der Tat durchaus bestimmende „Leitmotive" (Arndt 1985, 122) sind, die zugleich aber, was Arndt unterschlägt, in Bezug auf die konkrete Praxis stets autoritär-etatistisch vermittelt sind. Diese Facetten unterscheiden Marx' und Engels' politische Theorie grundsätzlich von leninistischen Politikkonzepten und macht sie für nicht-autoritäre politische Theorie und Praxis wenigstens anschlussfähig. Die expliziten Formulierungen, die auf ein nicht-etatistisches Befreiungskonzept und ein nicht-instrumentalistisches Staatsverständnis verweisen, stehen jedoch im deutlichen Kontrast zu der Überzahl jener real-politischen und geschichtsphilosophischen Ausführungen, die auch die Selbstbefreiung der Arbeiterklasse in etatistisch-instrumentellen Kategorien denkt.

Die Frage ist, wie sich dieser Widerspruch deuten lässt. Die Spekulation über die Redlichkeit von Marx' Ausführungen sei nur angedeutet. Weitere, nicht-öffentliche Schriftstücke weisen jedenfalls den Kommune-Tenor als strategische Konzession aus. Wie später Lenin gegenüber den Sowjets sah sich Marx mit seinen Stellungnahmen nicht zuletzt genötigt, der spontanen Revolte der Massen sein Tribut zu zollen, wobei er im Grunde mit seinen Ausführungen zur Pariser Kommune zugleich unter der Hand die längst bekannte Revolutionstheorie des anti-autoritären Gegners verifizierte, ohne dies kenntlich zu machen (vgl. Kellermann 2015, 159ff.). Im privaten Briefwechsel machen Marx und Engels dagegen „Gewissenskrupel" (MEW 33, 205) sowie Mangel an „Autorität und Zentralisation" (MEW 33, 372) für die Niederlage der Kommune verantwortlich. Der erste Enthusiasmus (vgl. MEW 33, 205f.) wird später allemal verflogen sein: „bloß Erhebung einer Stadt unter ausnahmsweisen Bedingungen" (MEW 35, 160). Diese Aussagen passen auch zu der Einschätzung des Deutsch-Französischen Krieges, die Marx an Engels übermittelte, bevor die beiden Revolutionäre, wie auch Engels andeutet (vgl. MEW 19, 101), von der Pariser Kommune historisch überrumpelt wurden:

> „Die Franzosen brauchen Prügel. Siegen die Preußen, so die Zentralisation der State power nützlich der Zentralisation der deutschen Arbeiterklasse. Das deutsche Übergewicht würde ferner den Schwerpunkt der westeuropäischen Arbeiterbewegung von Frankreich nach Deutschland verlegen, und man hat bloß die Bewegung von 1866 bis jetzt in beiden Ländern zu vergleichen, um zu sehn, daß die deutsche Arbeiterklasse theoretisch und organisatorisch der französischen überlegen ist. Ihr Übergewicht auf dem Welttheater über die französische wäre zugleich das Übergewicht *unsrer* Theorie über die Proudhons etc." (MEW 33, 5)[6]

Zwei andere Aspekte, die für den autoritären Grundzug von Marx' Befreiungskonzeption auf der Ebene von *politics* sprechen, sind in diesem Zusammenhang indes noch entscheidender: *Erstens* ist es fraglich, ob den Kommune-Schriften substantielle Bedeutung im Marxismus zukommt. Für die politische Praxis der Parteien, die sich auf Marx und Engels beriefen, war dies jedenfalls jenseits von Lenins programmatischer Schrift *Staat und Revolution* nicht der Fall[7], und sie hatten auch keine tiefergehenden Spuren in der Theorie politischer Organisation bei Marx und Engels selbst hinterlassen. Auch sie setzten, als es um den konkreten Aufbau der sich formierenden Arbeiterbewegung in der zweiten Hälfte des 19. Jahrhunderts ging, auf die Bildung von Parteien, die Eroberung der Staatsmacht und die Apologie der Autorität, wie sie insbesondere gegenüber den Anarchisten deutlich machten. Bereits in der *Deutschen Ideologie* (1845/46) wird die Priorität der politischen Machteroberung hervorgehoben (vgl. MEW 3, 34), die dann im *Manifest der Kommunistischen Partei* in aller Deutlichkeit formuliert wird: „Das Proletariat wird seine politische Herrschaft dazu benutzen, der Bourgeoisie nach und nach alles Kapital zu entreißen, alle Produktionsinstrumente in den Händen des Staats, d.h. des als herrschende Klasse organisierten Proletariats, zu zentralisieren und die Masse der Produktionskräfte möglichst rasch zu vermehren" (MEW 4, 481; so auch Jahrzehnte später z.B. MEW 20, 261f.), was den „Arbeitszwang für alle, Errichtung industrieller Armeen, besonders für den Ackerbau" (481) impliziert. Nach der 1848er Revolution verdeutlichen Marx und Engels nochmals ihr primäres politisches Ziel: „entschiedenste Zentralisation der Gewalt in die Hände" der proletarisch eroberten „Staatsmacht", wobei das revolutionäre Proletariat sich „durch das demokratische Gerede von Freiheit der Gemeinden, von Selbstregierung usw. nicht irremachen lassen" (MEW 7, 252) dürfe. Nachdem die Revolution nicht mehr auf der politischen Tagesordnung stand, wird sodann für den Weg durch das Parlament geworben, früh etwa in Bezug auf England, dem eine spezifische parlamentarische Tradition und Kultur attestiert wird, in der sich auch die Arbeiterbewegung produktiv entfalten könne:

> „Das allgemeine Wahlrecht ist aber für die Arbeiterklasse Englands gleichbedeutend mit politischer Macht; denn das Proletariat bildet dort die große Majorität der Bevölkerung und hat sich in langem, wenn auch versteckt geführtem Bürgerkrieg zum klaren Bewußtsein seiner Klassenlage durchgerungen. […]. Das Durchsetzen des allgemeinen Wahlrechts wäre daher in England in weit höherem Maße eine Errungenschaft sozialistischen Inhalts als irgendeine Maßnahme, die auf dem Kontinent mit dieser Bezeichnung beehrt

worden ist. Hier wäre ihr unvermeidliches Ergebnis die *politische Herrschaft der Arbeiterklasse.*" (MEW 8, 344)

Engels' Lob des allgemeinen Wahlrechts und der parlamentarischen Arbeit der Sozialdemokratie geht noch erheblich weiter als Marx' politische Einschätzung der Bewegung der Chartisten. Das Wahlrecht wurde, wie Engels emphatisch herausstellt, „verwandelt aus einem Mittel der Prellerei, was es bisher war, in ein Werkzeug der Befreiung [...]. Mit dieser erfolgreichen Benutzung des allgemeinen Stimmrechts war aber eine ganz neue Kampfweise des Proletariats in Wirksamkeit getreten, [...]. Man fand, daß die Staatseinrichtungen, in denen die Herrschaft der Bourgeoisie sich organisiert, noch weitere Handhaben bieten, vermittelst deren die Arbeiterklasse diese selben Staatseinrichtungen bekämpfen kann" (MEW 22, 518f.), wobei Engels meint, dass man dafür vor allem das richtige Personal in der Arbeiterpartei brauche (und August Bebel im Reichstag), um die Interessen der Arbeiterklasse effektiv durchzusetzen.

Ob Engels auf der einen Seite sich von dem Stimmzuwachs der deutschen Sozialdemokratie – „die stärkste, die diszipliniertеste, die am raschesten anschwellende sozialistische Partei" (518) – über die tatsächliche Stärke des revolutionären Proletariats täuschen ließ und sich der illusionären Hoffnung eines, sich in den Mitgliederzahlen andeutenden, evolutionär notwendigen Sieges der Arbeiterklasse hingab, und ob es auf der anderen Seite überhaupt eine nennenswerte realistische Alternative zur ‚Verstaatlichung' der Sozialdemokratie gab, in der sich die deutsch-preußische Geschichte der staatlich protegierten Kapitalisierung organisatorisch und ideell spiegelte (vgl. Faßler 1977, 118ff.; zu Engels 134ff.), ist gegenüber einem anderen Problem nachrangig: Auf die Eigenmacht staatlicher Institutionen, deren Realität sich in der, von Engels scheinbar nicht einmal als Möglichkeit erahnten Verstaatlichung der deutschen Arbeiterbewegung historisch überaus deutlich bezeugt wurde, wird selten reflektiert, was vor allem ein Effekt der ökonomistischen Verengung der materialistischen Gesellschaftstheorie ist. Während diese Schwundstufe der materialistischen Theorie die Eigendynamik bürokratisch-staatlicher Institutionen entwicklungsgesetzlich negiert, hatte der junge (vormaterialistische) Marx noch die zentrale politische Problematik der Präponderanz naturwüchsig gewachsener Verhältnisse und Strukturen gegenüber dem Willen der handelnden Menschen explizit thematisieren und wenig später zu einer ersten Kritik des

Bürokratismus ausformulieren können, die er später (leider) nicht mehr vertieft hat:

> „Bei der Untersuchung staatlicher Zustände ist man allzu leicht versucht, die sachliche Natur der Verhältnisse zu übersehen und alles aus dem Willen der handelnden Personen zu erklären. Es gibt aber Verhältnisse, welche sowohl die Handlungen der Privatleute als der einzelnen Behörden bestimmen und so unabhängig von ihnen sind als die Methode des Atemholens. Stellt man sich von vornherein auf diesen sachlichen Standpunkt, so wird man den guten und bösen Willen weder auf der einen noch auf der andern Seite ausnahmsweise voraussetzen, sondern Verhältnisse wirken sehen, wo auf den ersten Blick nur Personen zu wirken scheinen" (MEW 1, 177; zum Bürokratismus vgl. 248ff.).

Entscheidend ist in diesem Zusammenhang, dass die dominante Zwei-Phasen-Theorie, die je nach geschichtlichen Voraussetzungen für die friedliche oder gewaltsame Übernahme der politischen Macht und des Staatsapparates votiert, den zentralen Gedankengang impliziert (vgl. MEW 17, 641; MEW 18, 160; MEW 22, 234), dass die Gewaltmittel des Staates in den Dienst der Befreiung gestellt werden könnten und sollten. Die anarchistische Kritik hieran ist sattsam bekannt (vgl. stellvertretend für viele weitere Rocker 1980a).[8] Sie hat sich historisch hinlänglich bewahrheitet, was nicht besagt, dass der klassische Anarchismus eigene politische Konzepte vorgelegt hat, die überzeugend sind.[9] Marx und Engels wussten auf ihre anti-autoritären Gegner jedenfalls nicht anders als mit der Spaltung der I. Internationale zu antworten (vgl. Rühle 1928, 334ff; Eckhardt 2011; ‚unparteiisch' Schieder 1991; 82ff.), die sie mit allen Mitteln, allen voran der politischen Intrige und der Denunziation, „der persönlichen Beschmutzung und Infamierung" (Rühle 1928, 359), betrieben[10], welche bis heute in Zerrbildern vom Anarchismus nachlebt. In diesem Bruch innerhalb der Arbeiterbewegung besteht die welthistorische Weichenstellung hin zum autoritären Sozialismus.[11] Sein legitimer Erbe wurde der Bolschewismus, der an die Verfolgung des Anarchismus genauso anschließen konnte, wie an den autoritären Avantgardismus des revolutionären „Urmarxismus von 1848" (Rosenberg 1975, 69), den die russischen Revolutionäre dann auch gegen den anderen Gegner, die attentistisch-reformistische Sozialdemokratie, auffuhren.[12]

Keineswegs soll in diesem Zusammenhang die entscheidende Differenz zwischen dem Marxschen Begriff der Diktatur des Proletariats, der primär (aber nicht allein und ausschließlich) die sozio-ökonomische Ausrichtung – die Enteignung der Bourgeoisie – derselben bezeichnet[13], und der Leninschen Fassung eingeebnet werden, die eine gewaltsame, an kein Recht gebundene politische Herrschaftsform meint. Marx schreibt bekanntlich: „Zwischen der kapitalistischen und der kommunistischen Gesellschaft liegt die Periode der revolutionären Umwandlung der einen in die andre. Dem entspricht auch eine politische Übergangsperiode, deren Staat nichts anderes sein kann als *die revolutionäre Diktatur des Proletariats*" (MEW 19, 28). Diese zeichnet sich dadurch aus, dass sie die sozio-ökonomischen Voraussetzungen der kapitalistischen Klassenherrschaft aufhebt. In diesem Sinne sprechen Marx und Engels auch von der „Diktatur der Bourgeoisie" (MEW 7, 40) im Kapitalismus, die durchaus mit sehr verschiedenen Regierungsformen, insbesondere auch mit der „demokratischen Republik" als der „letzten Staatsform der bürgerlichen Gesellschaft" (MEW 19, 29) zu koexistieren vermag. So ist die „Diktatur der Bourgeoisie" nicht „die Diktatur des Säbels über die bürgerliche Gesellschaft", sondern „Diktatur der Bourgeoisie durch den Säbel": „Das Geld hat keinen Herrn! [...]: Die Bourgeoisie hat keinen König, die wahre Form ihrer Herrschaft ist die Republik." (MEW 7, 40). Während Engels die Pariser Kommune als Diktatur des Proletariats bezeichnet (vgl. MEW 17, 625) und gegen Ende seines Lebens die „Republik" (MEW 39, 215) als die „politische Form für die künftige Herrschaft des Proletariats" (216; vgl. MEW 22, 235) ausgibt, bedeutet für Lenin die Diktatur des Proletariats „nichts anderes als eine durch nichts beschränkte, durch keine Gesetze eingeengte, sich unmittelbar auf Gewalt stützende Macht." (Lenin 1975, 244; vgl. Castoriadis 2008, 212f.) In der Tat haben Marx und Engels – in Gegensatz zu Lenin – mit dem nur sehr sporadisch gebrauchten Begriff der Diktatur des Proletariats kein Programm entworfen, „hinter dem ein wirkliches Konzept stünde" (Fishan 2018, 175). Diesen substantiellen, im Umfeld der Schriften zur 1848er Revolution bisweilen auch verschwimmenden Differenzen ungeachtet, ist den verschiedenen Spielarten des revolutionären Marxismus dennoch gemeinsam – und das ist an diesem Punkt entscheidend –, dass sie, anders als der Anarchismus, keinen tiefergehenden theoretischen Sinn für die (systematisch und historische) Bedeutung und (sozialrevolutionäre) Problematik von politischer Macht und Staatsgewalt aufbrachten.

Zweitens ist selbst noch in den Kommuneschriften eine Zweck-Mittel-Differenzierung zwischen politischen Formen und ökonomischen Inhalten latent enthalten, in welcher die kommunale Selbstverwaltung als „Hebel" (MEW 17, 342) der „unwiderstehlich" (343) sich vollziehenden ökonomischen Umwälzung als dem „Ziel" der „*Befreiung der Arbeit*" (546) dient. Sie „schafft das rationelle Zwischenstadium" der Emanzipation, die den „Klassenkampf [...] auf rationalste und humanste Weise" (546) organisiert: „die endlich entdeckte Form, unter der die ökonomische Befreiung der Arbeit sich vollziehen kann." (342) Ob die Kommuneverfassung als erste (Vor-)Form der Rätedemokratie überhaupt ein überzeugendes Modell für die Selbstregierung einer klassenlosen (Welt-)Gesellschaft sein kann, ist abermals sekundär gegenüber der Marxschen Annahme, dass die Selbstregierung nicht Selbstzweck und „Endziel" (342) der Befreiung ist, sondern ein Mittel jener ökonomischen Transformation, welche die Klassengesellschaft aufhebt. Die Einheit von ökonomischer Befreiung und gesellschaftlich-politischer Autonomie wird durch ein Ableitungsmodell substituiert, in dem jene die Substanz und diese das Akzidenz ist. Der „Zusammenhang zwischen der ‚ökonomischen Befreiung der Arbeit' und der Errichtung einer wahrhaft demokratischen Republik erscheint daher nicht als ein wechselseitiges, sondern letztlich doch als ein einseitiges Bedingungsverhältnis" (Wellmer 1973, 131f.), in dem das Politische und seine Form sekundär und variabel (hin zu autoritär-zentralistischen Varianten) gegenüber ihrem materiellen, auf das Ökonomische verkürzten Inhalt bleiben.

2. Die politisch-institutionelle (Nicht-)Vermittlung einer sozialistischen Gesellschaft

Ein weiterer, nicht minder zentraler Aspekt der Entpolitisierung und Technokratisierung der politischen Theorie bei Engels und Marx ist die „Degradierung der politischen Institutionen" (Euchner 1991). Fragen des Schutzes des Individuums vor dem politischen Zugriff der Revolution wie überhaupt alle Fragen, die mit der Kontrolle von politischer und sozialer Macht zu tun haben, fristen bei Engels und Marx ein Schattendasein. Nimmt man etwa Engels' kurze, aber vielsagende Polemik *Von der Autorität*, so spricht diese Bände. Engels ebnet die von Marx noch herausgestellte Differenz ein, die zwischen notwendigen Hierarchien in Organisationen bestehen, die aus fortgeschrittener Arbeitsteilung und Komplexität resultieren, und jenen, die dem heteronomen Zweck der Produktion unter kapitalistischen Herrschaftsverhältnissen entspringen (vgl. MEW 23, 350-52; MEW 25, 397ff.; Schäfer 1994, 37ff., ders. 2006, 151ff.; Castoriadis 2007, 120ff.). Die Kritik an autoritären Verhältnissen in (betrieblichen) Großorganisationen kann somit nur noch, was Engels' Beweisziel ist, eine phantastische Kinderei darstellen, die den Anforderungen entwickelter industrieller Produktion prinzipiell widerspricht: „Wenn der Mensch mit Hilfe der Wissenschaft [...] sich die Naturkräfte unterworfen hat, so rächen diese sich an ihm, indem sie ihn, in dem Maße, wie er sie in seinen Dienst stellt, einen wahren Despotismus unterwerfen, der von aller Organisation unabhängig ist. Die Autorität in der Großindustrie abschaffen wollen, bedeutet die Industrie selber abschaffen wollen" (MEW 18, 306f.). Die Frage, welche Autoritätsverhältnisse dem Zweck der kapitalistischen Profitproduktion entspringen, der nicht nur die Organisation der lebendigen Arbeit bestimmt, sondern auch in die Entwicklung der technischen Produktivkräfte eingeht[14], und welche der Komplexität technisch entwickelter Produktionsvorgänge an sich zukommen, obgleich auch diese selbst nicht unabhängig von ihrer kapitalistischen Formierung zu bestimmen sind, lässt Engels gar nicht erst aufkommen.

Fraglos wäre eine klassenlose sozialistische Gesellschaft als Weltgesellschaft nicht weniger komplex als heutige Verhältnisse der Wertvergesellschaftung. Die Effizienz ihrer institutionellen und organisatorischen Vermittlung wäre folglich eine ihrer Überlebensbedingungen, was aber, dies sei Engels unumwunden zugestanden, ohne Wissens- und Entscheidungshierarchien schwer denkbar ist (vgl. Schäfer 1994, 38ff.; Castoriadis 2007, 162ff.): „Alle unmittelbar gesellschaftliche oder gemeinschaftliche Arbeit auf größerem Maßstab bedarf mehr oder minder einer Direktion, welche die Harmonie der individuellen Tätigkeiten vermittelt und die allgemeinen Funktionen vollzieht, die aus der Bewegung des produktiven Gesamtkörpers im Unterschied von der Bewegung seiner selbständigen Organe entspringen." (MEW 23, 350) Umso wichtiger ist dann aber die weder von Engels noch von Marx hinreichend beachtete Frage der politischen Institutionalisierung von Entscheidungsstrukturen und Leitungsfunktionen: das Problem einer herrschaftsfreien Direktion arbeitsteiliger Kooperation. Verbindliche Strukturen, Verfahren und Leitungsfunktionen sind Voraussetzungen funktionierender politischer Vermittlung des gesellschaftlichen Lebensprozesses. Leitungsfunktionen dürften sich aber nicht zu sozialen Privilegien, zu einer sozialen Hierarchie verselbstständigen, die Leitende und Geleitete durch Machtbesitz voneinander sozial scheidet, wenn diese als vernünftig gelten können sollen. Genau dieses Faktum der Verselbstständigung der Leitungsfunktion war aber nicht nur einer der zentralen Mechanismen der geschichtlichen Genese von Herrschaft, wie Engels eigentlich wusste (vgl. MEW 20, 166f; MEW 21, 166f. u. 302), sondern es stellt auch ein ubiquitäres Merkmal aller uns bekannten Sozialismen dar, die im Kern stets ausgeprägte Gestalten bürokratischer Herrschaft waren. Dass Engels diese Gefahr nicht einmal andeutungsweise antizipierte, ist kein Zufall, sondern folgerichtig. Die soziale Formblindheit von Engels paart sich unheilvoll mit seinem fehlenden Sinn dafür, wie sich bleibende Hierarchien und Autoritätsverhältnisse legitimieren müssten, um als vernünftig, also herrschaftsfrei gelten zu können. Wie ein „dominierender Wille" zustande kommt, wie er kontrolliert werden kann, wem er Rechenschaft schuldig ist, ob er durch „einen einzelnen Delegierten [...] oder durch ein Komitee" (307) vertreten wird – all das sind fundamentale, über Autonomie und Freiheit der Individuen entscheidende politische Fragen, denen Marx und Engels keine angemessene Aufmerksamkeit geschenkt haben.

Der Aspekt der Technokratisierung des Politischen spiegelt sich folgerichtig auch in Marx' und Engels' Sozialismuskonzeption, die die explizit politische Frage der Planung der materiellen Reproduktion der klassenlosen Gesellschaft durch die rationalistischen Mythologeme des gesellschaftlichen Kollektivsubjekts und totaler gesellschaftlicher Transparenz ersetzen (vgl. Kuhne 2022, 458, 464f.). Bereits in Marx' *Kapital* findet man eine folgenschwere *metabasis eis allos genos* vom individuellen Subjekt auf die Gesellschaft, so wenn er meint, dass sich im „Verein freier Menschen" die Bestimmungen von „Robinsons Arbeit wiederholen [...], nur gesellschaftlich statt individuell" (MEW 23, 92); eine Analogie von Subjekt und Gesellschaft, die Marx sonst zu Recht selbst kritisiert (vgl. MEW 3, 37; MEW 42, 29).[15] „Vermittlung muß natürlich stattfinden" (MEW 42, 104), konstatiert Marx. Wie diese unter den Bedingungen einer bewussten gesellschaftlichen Produktion, die das Profitmotiv, den Preisbildungsmechanismus und das Privateigentum abgeschafft hat, aussehen würde, expliziert Marx hingegen nicht. Stattdessen argumentiert er mit einem Zirkelschluss, der das Problem nicht löst, sondern wiederholt: In der kapitalistischen Produktionsweise „findet die Vermittlung statt durch den Austausch der Waren, den Tauschwert, das Geld, die alle Ausdrücke ein und desselben Verhältnisses sind. Im zweiten [sozialistischen; HW] Fall ist die *Voraussetzung selbst vermittelt*; d.h. eine gemeinschaftliche Produktion, die Gemeinschaftlichkeit als Grundlage der Produktion, ist vorausgesetzt." (104) Marx gibt stets nur das fertige „Resultat" (Zimmermann 1985, 111) an, welches die postkapitalistische Vergesellschaftung bestimmen soll, nicht aber die es gestaltenden und „vermittelnden Bedingungen" (112). Die Gesellschaftlichkeit der Produktion, ihre Konstitution wie auch die Form ihrer Vermittlung, sind gleichermaßen schlicht (voraus-)gesetzt und begrifflich weder bestimmt noch entfaltet. Marx sieht fraglos, dass das „[r]eale[s] Setzen der individuellen Arbeit als gesellschaftlicher und vice versa" (MEW 42, 188) Bedingung bewusst geplanter Produktion ist. Wie diese sich konkret gestalten soll, bleibt indes völlig unklar. Es bleibt bei einem Verweis auf die „Ökonomie der Zeit", deren „planmäßige Verteilung [...] erstes ökonomisches Gesetz auf Grundlage der gemeinschaftlichen Produktion" (105) sei. Nicht nur die konkrete Vermittlungsweise des Einzelnen und seiner individuellen Bedürfnisse (in der Produktion und der Konsumtion) mit der Konstitution eines allgemeinen Plans der materiellen Reproduktion lässt Marx unthematisiert, sondern auch die nicht minder bedeutende Frage, wie die Gesetze der Ökonomie der Zeit sich zur Autonomie der Gesellschaft verhalten: Reduzieren sie Freiheit auf die bewusste, technokratisch zu bewältigende Einsicht in die Notwendigkeit? Ist es unter dem Gesichtspunkt einer Ökonomie der Zeit nicht geradezu zwingend, ökonomisch-technische Effizienz und nicht Autonomie zur gesellschaftlichen Leitnorm sozialistischer Gesellschaften zu machen?

In der staatssozialistischen Realität wurden all diese Probleme nicht zufällig stets autoritär-direktiv zu Ungunsten des Einzelnen ‚gelöst'. Wie Renate Damus in ihren wegweisenden materialistischen Studien (vgl. Damus 1978; ferner dies. 1973a, 1973b u. 1979) zur staatssozialistischen Vergesellschaftung zeigt, ist der wirtschaftliche Plan tatsächlich das „herausragende Spezifikum" (129), das die staatssozialistischen grundlegend von kapitalistischen Gesellschaften unterscheidet; ausgehend von einem Begriff wie ‚Staatskapitalismus' oder ‚Staatsbourgeoisie' sind sie daher auch nicht angemessen zu verstehen (vgl. 159f.). In der Realität der Planwirtschaft haben sich genau die Probleme gezeigt – daher auch diese kurze geschichtliche Abschweifung –, die in der Theorie von Marx und Engels nicht gesehen oder verdrängt wurden. Ökonomisch gesehen ist der Plan der Versuch, das transepochale Problem der gesamtgesellschaftlichen Verteilung und des Vergleichs von geleisteter Arbeit rationaler bzw. bewusster zu lösen, als dies in Marktwirtschaften geschieht, wo dies indirekt vermittelt über das Wertgesetz geschieht (vgl. MEW 32, 552f.). Die kapitalistische Lösung zeichnet sich (nach Marx) bekanntlich dadurch aus, dass sie blind, hinter dem Rücken der Akteure wirkt und rein quantitative Aspekte in den Blick bekommt. Die gesamte Produktion ist auf den Profit ausgelegt und ist nach rein formaler Rationalität geregelt, die Effektivität allein auf die Erreichung des Ziels der Profitproduktion und -aneignung ausrichtet. Der Vergleich und der Ausgleich von gesamtgesellschaftlichen arbeitsteiligen Prozessen ist selbstredend auch für den Sozialismus wichtig – alles andere unterstellt (a) ein fiktives Kollektivsubjekt, das alles überschaut und/oder (b) kollektive Interessenidentität oder (c) einen grenzenlos materiellen Überfluss –, weil nur so Kontrolle über effizientes Wirtschaften, die Ökonomie der Zeit, möglich ist (vgl. Damus 1978, 130ff. u. 177f.). Formale Rationalität darf also nicht ausgeschaltet werden, sie müsste allerdings gesellschaftlich qualitativ anders begründet, gestaltet und institutionalisiert sein, als dies im Kapitalismus der Fall ist. Dies ist im Staatssozialismus tatsächlich der Fall gewesen – allerdings in einer Form, die auf eine anti-emanzipatorische Restitution direkter Herrschaft gründet, welche obendrein noch zentrale Charakteristika kapitalistischer Gesellschaften in ineffizienterer Art und Weise reproduzierte.

Ein zentrales Problem der dirigistischen Planwirtschaft bestand in diesen Gesellschaftstypen durchgehend in der mangelhaften Allokation von Arbeit und fehlerhaften Ermittlung von Nutzen und Effektivität. Die hierarchisch-autoritäre und zentralistisch-dirigistische Form und Methode der Ermittlung von Bedarf (an Arbeitskraft, Produktionsmitteln und Konsumgütern) bzw. die institutionalisierten Entscheidungsprozesse haben sowohl auf die Ermittlung selbst als auch auf den Inhalt der Ermittlung zurückgewirkt (vgl. 133f.). Dies generierte systematisch Probleme und Widersprüche, die unter anderem zur Reproduktion kapitalistischer Vergesellschaftungsmechanismen führten, ohne jedoch ihre ökonomische Effizienz zu besitzen. Es herrschte jenes unpolitische Primat technischen Fortschritts, das Effektivität und Nutzen nach wie vor nur im Sinne quantitativen Wachstums verstanden hat, nicht jedoch als qualitative Veränderung der Arbeit und der materiellen Reproduktion selbst; einer der Gründe hierfür war die, nicht zuletzt durch die Systemkonkurrenz erzwungene Legitimation der Herrschaft durch den Fortschritt materiellen Reichtums vor allem in Form von Konsumprodukten. Grundsätzlich reproduzierte der Staatssozialismus einseitig die rein formale Rationalität, vor allem weil ökonomische Planung nicht als eine gesellschaftliche und politische Aufgabe verstanden wurde, in und mit der sich die Menschen bewusst kollektiv selbstbestimmen, sondern als objektivistische Anwendung ökonomischer Gesetze, die auf zu exekutierende technisch-zweckrationale Normen reduziert wurden, deren politisch-gesellschaftlicher Gehalt unaufgeklärt blieb (vgl. 136f. u. 185ff.). Damit bewegte man sich weiterhin auf der gleichen ‚Wert'-Ebene wie der Kapitalismus, und reproduzierte so dessen charakteristische Spaltung von Öffentlichem und Privatem, in das sich die Individuen zurückzogen, da die Arbeitswelt nach wie vor fremdbestimmt und unattraktiv war (vgl. 61ff.). Der Kapitalismus war diesbezüglich indessen ungleich effektiver, was historische wie systematische Gründe hat. Einerseits formierte sich der Staatssozialismus in ökonomisch rückständigen Gesellschaften. Andererseits blieb die Entfaltung formeller Rationalität, die einseitig den Begriff der ökonomischen Planung bestimmte, prinzipiell beschnitten – und damit auch ineffektiver als im Kapitalismus –, wenn sie mit dem monopolitischen Herrschaftsanspruch der Staatspartei in Konflikt geriet. Die formale Rationalität stand mit anderen Worten stets unter politischem Vorbehalt. Hierin bestand eine strukturell-systemische Entwicklungsgrenze staatssozialistischer Vergesellschaftung, der somit immanent eine systemgefährdende „Sprengkraft eingebaut" (198) war, die aus der basalen polit-ökonomischen Herrschaftsstruktur des Staatssozialismus selbst entsprang.

Damus führt diese Problematik am Beispiel der Schwierigkeiten zentralistischer Planung weiter aus, die fiktive politisch sanktionierte Preise hervorbrachte, mit denen nicht rational kalkuliert werden konnte, und systematisch Fehlinformationen von unten nach oben produzierte (139ff.; vgl. Castoriadis 2016a, 24ff.). Unten wurde zumeist, aus Angst vor Mangel, zu viel Bedarf angemeldet und eher zu wenig Leistung angeboten, um nicht mit unrealistischen Planvorgaben von oben bedacht zu werden. Betrieblicher Egoismus blieb bestehen und war auch ökonomisch genauso zweckrational wie geringe, da nicht weiter materiell belohnte Leistungsbereitschaft bei gleichzeitiger Tradierung kapitalistischer Leistungs- und Arbeitsnormen. Formale Rationalität stand somit nicht weniger als autonome Eigeninitiative, die mehr Befugnisse der Betriebe voraussetzen würde, stets unter Herrschaftsvorbehalt. Auf der einen Seite wollte man nicht qualitativ anders, sondern lediglich quantitativ erfolgreicher als im Kapitalismus wirtschaften, blockierte aber auf der anderen Seite strukturell diejenigen Merkmale des Kapitalismus, die seine Effizienz mitbedingen. Die soziale

Absicherung im Staatssozialismus behinderte überdies noch den technischen Fortschritt und die ökonomische Effizienz, weil der kapitalistische Konkurrenzdruck wegfiel und zugleich durch die autoritäre Form der Vergesellschaftung die individuellen Entfaltungsmöglichkeiten, Voraussetzung von Selbstständigkeit und Autonomie, radikal beschnitten waren. Insgesamt eine tödliche Konstellation für eine gesamtwirtschaftliche Planung, die letztlich fiktiv und ineffizient blieb: „Der rechenhaft technische Aspekt des Plans wird somit behindert durch die Art und Weise seiner Durchführung. […]. Diese Plandurchführung, die der hierarchischen Struktur der Gesellschaft entspringt, ergibt sich aus der Vergesellschaftung über direkte Herrschaft" (155; vgl. 219f.). Diese hat zwar die „Synthesis über den Tausch negiert" (153), nicht aber die soziale Heteronomie, die vielmehr in der Verbindung von politischer und ökonomischer Macht eine geschichtlich neue Qualität erhält. Für diese ist weder eine indirekte Form der Herrschaft wie im Kapitalismus noch persönliche Abhängigkeitsverhältnisse vorkapitalistischer Provenienz eigentümlich, sondern eine zentrale politische Macht – die Staats-Partei –, die mittels ökonomischer Potenz, die Vergesellschaftung „direkt zentral" erzwingt und die Individuen „direkt beherrscht" (195; vgl. 192ff.), wobei sie auf Elemente bürgerlicher und indirekter Vergesellschaftung zurückgreifen muss. Die Menschen waren mit anderen Worten als Subjekte gesellschaftlicher Praxis nach wie vor negiert, und zwar nicht nur in der gesellschaftlichen Realität, sondern auch in der sie in diesem Fall tatsächlich adäquat widerspiegelnden Theorie. Dies verunmöglichte nicht nur prinzipiell jede Autonomie, sondern zerstörte auch jene menschliche Substanz, auf die eine emanzipatorische postkapitalistische Vergesellschaftung allein bauen kann (vgl. 87ff., 101f.).

Was die Analysen von Damus im Kern verdeutlichen, ist, dass sich mit dem Plan kein Kriterium über den Abbau von Herrschaft und dem Zuwachs von Autonomie verbindet. Das Gegenteil war vielmehr der Fall, was neben kontingenten historischen Gründen, auch jene systematischen Aspekte aufweist, die bei Marx und Engels in ihrer Problematik bereits virulent sind, ohne angemessen reflektiert zu werden:

> „Vollzieht sich die gesellschaftliche Synthesis nicht über den Tausch, so besteht die Möglichkeit und Notwendigkeit, mehr oder weniger im vorhinein, prinzipiell nicht indirekt, die gesellschaftlichen Möglichkeiten zu planen und zu verteilen. Diese Form des gesellschaftlichen Zusammenhangs birgt die Gefahr einer stren-

gen Zentralisierung und einer damit verbundenen Einparteienherrschaft in sich, zumal in der Phase der Klassenkämpfe [...]. Des Weiteren impliziert die prinzipiell andere Synthesis die Gefahr einer überhandnehmenden Verwaltung, des Bürokratismus. Die Organisationsformen sind folglich vor dem Hintergrund solcher Gefahren zu bedenken" (208; vgl. 162).

Genau dies war aber, was zu den Begründern des ,wissenschaftlichen' Sozialismus zurückführt, bei Marx und Engels gerade nicht der Fall, um von der leninistischen Tradition hier gar nicht zu sprechen, die diese Problematik mit aller Gewalt auch noch verschärft hat. Während die Antwort auf die Probleme direkter und bewusster Vergesellschaftung nur in der bewussten demokratischen Gestaltung der ökonomischen und politischen Prozesse durch alle Gesellschaftsmitglieder bei Anerkennung und Vermittlung von Partialinteressen bestehen kann, eine gesellschaftliche Synthesis, die von ,unten nach oben' organisiert sein müsste und pluraler Interessenvertretung und -organisation sowie der Verflechtung von formeller und materialer Rationalität bedürfte (vgl. 160ff.; 201ff.), finden wir gerade in jenen Schriften von Marx und Engels, die politisch massenwirksam waren, die konträre Vorstellung des Sozialismus als hierarchische Super-Fabrik. Bei Engels steigert sich diese Problematik zu der bekannten Vorstellung vom Sozialismus, der an die Stelle kollektiver Autonomie die „Verwaltung von Sachen" (MEW 20, 262) durch ,die' Gesellschaft setzt:

> „Mit der Besitzergreifung der Produktionsmittel durch die Gesellschaft ist die Warenproduktion beseitigt [...]. Die Anarchie innerhalb der gesellschaftlichen Produktion wird ersetzt durch die planmäßige bewußte Organisation. Der Kampf ums Einzeldasein hört auf. Damit scheidet erst der Mensch [...] endgültig aus dem Tierreich [...]. Die Gesetze ihres eignen gesellschaftlichen Tuns, die ihnen bisher als fremde, sie beherrschende Naturgesetze gegenüberstanden, werden dann von den Menschen mit voller Sachkenntnis angewandt und damit beherrscht. [...]. Es ist der Sprung der Menschheit aus dem Reiche der Notwendigkeit in das Reich der Freiheit." (264; vgl. 288).

Das von Engels durch ein gesellschaftliches Subjekt bzw. der Gesellschaft als Subjekt ,gelöste' zentrale ökonomische Problem der rationalen proportionalen „Verteilung der gesellschaftlichen Arbeit", die

„nach Aufhebung der kapitalistischen Produktionsweise" im Sozialismus „wesentlicher denn je wird", verweist Marx profan an eine sich auf diesem Wege notwendig universalisierende und soziale Macht zentralisierende „Buchführung" (MEW 25, 859). So wenig wie Engels jedoch erwähnt Marx dabei den bürokratischen und politischen Aspekt dieser Konzeption einer verwalteten Welt. Entscheidende politische und ökonomische Aspekte einer befreiten, postkapitalistischen Gesellschaft werden bei Engels wie bei Marx offensichtlich hierbei abermals „entweder überhaupt nicht bedacht, stillschweigend als leicht lösbar vorausgesetzt oder simplifiziert" (Damus 1973a, 58), was insbesondere jenes ökonomische Zentralproblem der „wirtschaftlichen Rechnungsführung" (59) ohne Preisbildung am Markt betrifft, dessen Nichtlösbarkeit Ludwig v. Mises als ökonomische Fundamentalwiderlegung des Sozialismus bewertete (vgl. Mises 1920).[16] Vorrangig betrifft diese Problematik über die ökonomische Kernfrage der Wertbestimmung der Güter hinaus die bereits angedeutete Frage, *wer, wie und warum* Verwalter und somit potentiell Herrscher über und mittels Sachen ist. An dieser Stelle muss der Verweis darauf genügen, dass Engels das in seiner Formulierung liegende Problem scheinbar gar nicht sieht oder allenfalls rhetorisch löst. Sowohl aus anti-, als auch aus pro-etatistischer Perspektive wurde zu Recht darauf hingewiesen, dass die Verwaltung von Sachen nicht von der Verwaltung der Menschen und beide gleichermaßen nicht von sozialen Machtbeziehungen zu trennen sind:

> „Wer Herrschaft über Dinge hat, hat Herrschaft über Menschen, wer die Produktion beherrscht, beherrscht den Produzenten [...]. Entweder werden die Dinge entsprechend der freien Vereinbarungen der Betroffenen verwaltet – dann bedeutet das Anarchie; oder sie werden entsprechend den Gesetzen der Verwaltenden verwaltet – dann bedeutet das Regierung, Staat" (Malatesta zit. n. Fabbri 1977, 27).

Mit umgekehrter Schlussfolgerung vertritt Hans Kelsen dieselbe Ansicht: „Denn es gibt keine Verwaltung von Sachen, die nicht Verwaltung von Menschen, das heißt die Bestimmung des einen menschlichen Willen durch den anderen, es gibt keine Leitung von Produktionsprozessen, die nicht Regierung über Personen [...] wäre." (Kelsen 1965, 89) Kelsen leitet daraus ab, dass der Staat notwendige und bleibende Voraussetzung des Sozialismus ist, da vor allem dessen geplante Ökonomie ohne Recht und öffentlich-allgemeine Zwangsgewalt nicht bestandsfähig sei (vgl. 88-92) – sofern man nicht Zuflucht nehme in die kontrafaktische Utopie „einer solidarischen Gemeinschaft, in der alle eines und dazu eines *guten* Willens" (93) aus freiwilliger Einsicht sind, was einen an sich bereits guten Menschen oder die Schaffung eines neuen Menschen voraussetze (vgl. 87, 90-93).

Kelsens anthropologisch-psychologische Begründung für die Notwendigkeit des Staates ist selbstredend streitbar und spekulativer als es sein Gestus abgeklärter empirischer Validität – die „nüchterne Erfahrung" (46) – erscheinen lassen will. Allemal ist sie aber, wie auch die entsprechenden Kritiken am Sozialismus von Nietzsche und Freud, nicht mittels einiger Taschenspielertricks simplifizierter Ideologiekritik (‚unhistorisch', ‚naturalistisch', etc.) aus der Welt zu schaffen. Kelsen ist darin beizupflichten, dass für den Aufbau und das Funktionieren der (nicht-etatistischen) sozialistischen Gesellschaft der bewusste moralische Wille jedes Einzelnen Voraussetzung ist, was Marx und Engels indirekt eingestehen, wenn sie etwa Zuflucht nehmen zu einer gleichsam automatischen wie äußerlichen Veränderung der Menschen durch die Macht des Geschichtsprozesses, der zu Kampf und Selbstveränderung nötige (vgl. MEW 8, 412; MEW 17, 343; MEW 22, 199) – eine Konstruktion, deren geschichtsphilosophisch-politische Implikation wie folgt lautet: „Das jetzige Geschlecht gleicht den Juden, die Moses durch die Wüste führt. Es hat nicht nur eine neue Welt zu erobern, es muß untergehen, um den Menschen Platz zu machen, die einer neuen Welt gewachsen sind." (MEW 7, 79) Malatesta spricht demgegenüber durchaus unumwunden und keineswegs unverfänglich von ‚Liebe' als Voraussetzung einer befreiten Gesellschaft, allerdings ohne sich diesbezüglich naiven Illusionen hinzugeben oder die von Kelsen pointierten Probleme zu ignorieren. Malatestas ‚Liebe' lässt sich, ohne ihr übermäßig hermeneutische Gewalt anzutun, vielleicht wie folgt interpretieren: Die sozialrevolutionäre Befreiung bedarf zwar keines messianischen Wunders[17], durchaus aber, wie Kant schreibt, einer „Revolution der Gesinnung" (Kant 1968a, 698) derjenigen, die „eine Fahne der Tugend als Vereinigungspunkt für alle" hissen, „die das Gute lieben, ausgesteckt, um sich darunter zu versammeln, und so allererst über das sie rastlos Anfechtende die Oberhand zu bekommen" (752).

Neben dem revolutionären Akt moralischer Spontaneität und der vernünftigen Einsicht bedarf es hierzu, auch das sehen Malatesta und Kant, eines unabschließbar evolutionären Elements: eines (im engen und weiten Sinne des Wortes) Bildungsprozess der sich selbst Befreienden, der nur gewalt- und zwangsfrei ablaufen kann, wenn er sich und seine Substanz, die Vernunft, nicht selbst konterkarieren soll:

> „Ich gestehe, daß mich der Ausdruck, dessen sich auch wohl kluge Männer bedienen, nicht wohl finden kann: Ein gewisses Volk [...] ist zur Freiheit nicht reif. [...]. Nach einer solchen Voraussetzung aber wird die Freiheit nie eintreten; denn man kann zu dieser nicht reifen, wenn man nicht zuvor in Freiheit gesetzt worden ist (man muß frei sein, um sich seiner Kräfte in der Freiheit zweckmäßig zu bedienen zu können). [...]: allein man reift für die Vernunft nie anders, als durch eigene Versuche (welche man machen zu dürfen frei sein muß)". (862f.; vgl. Castoriadis 1990, 128f.)

Was Kant, dessen Philosophie für Marx und Engels doch vorrangig Ausdruck der preußisch-deutschen Untertanenmisere war, auf die Apologeten des Absolutismus gemünzt hat, passt nur allzu gut auf die Begründung autoritärer Befreiung. Die Emanzipation verträgt weder der autoritär-bürokratischen Stellvertretung noch bedarf sie neuer Menschen, die vom Klassenkampf gestählt, im Erziehungslager zurechtgebogen oder gleich im Labor produziert werden. Was sie fordert und fördert sind ‚allein' Menschen, die bereit sind, moralisch und solidarisch zu handeln, um die Handlungsbedingungen selbst Vernunft gemäß zu organisieren, und zwar in der (für Kelsen illusorischen) Hoffnung, dass Menschen unter vernünftigen Bedingungen nicht nur willens sind, moralisch zu handeln, sondern auch ihre, das Leben ja überhaupt erst bewegenden Konflikte anders als mittels Gewalt und Herrschaft zu bewältigen. Mit eschatologischen Erwartungen an die Revolution als eines Heilsakts hat diese Hoffnung auf die Freiheit, gerade auch im Anarchismus (vgl. z.B. Rocker 1980b, 99), nichts zu tun. Die notwendigen Voraussetzungen dafür, dass sich das „Nebelland der *Utopie*" (Kelsen 1965, 93) dereinst aufklären mag, sind auf der einen Seite ‚nur' die Vernunftbegabung des Menschen und die Möglichkeit ihrer Entwicklung durch Bildungsprozesse, die insbesondere das Aggressionspotential, die menschlich-allzumenschliche Herrsch- und Habsucht, kultivieren, und nicht bloß destruktiv unterdrücken (vgl. Horkheimer 1988a, 83ff.). Auf der anderen Seite benötigt es aber, um zur eigentlichen Problematik zurückzukommen, der Entwicklung gewaltfreier öffentlicher Institutionen und der Konfliktregulierung, was die zentrale, von Marx und Engels beiseitegeschobene politische

Herausforderung einer autonomen Gesellschaft ist, die im Übrigen überhaupt nicht von den Bildungs- und Sozialisationsprozessen der Individuen zu trennen sind. Das Problem des Zwangs bei der Bildung einer vernünftigen Allgemeinheit und einer politischen, aber nichtstaatlichen Öffentlichkeit ist, wie Kelsen und Malatesta mit Recht monieren können, bei Engels im Grunde durch ein „bloßes Wortspiel" (Malatesta zit. n. Fabbri 1977, 27) beseitigt, dessen „bestechender Schein bei näherer Prüfung nicht die innere Haltlosigkeit verbergen kann." (Kelsen 1965, 89)[18]

Auch der bereits zitierte Kant ringt mit vergleichbaren Problemen bei der Errichtung des ethischen Gemeinwesens, wie die spätere Arbeiterbewegung in Hinblick auf den Kommunismus, was kein Zufall ist, sondern auf ein sachliches Problem weitreichendster Art verweist. Ein Blick zurück auf seine geschichts- und moralphilosophische Spekulation auf das ethische Gemeinwesen kann daher nochmals verdeutlichen helfen, worum es im Kern bei der Kritik an Engels und Marx geht und was die zentrale Schwierigkeit bei der Aufhebung von (kapitalistischen) Herrschaftsverhältnissen ausmacht. Bei Kant taucht bereits sowohl die Frage nach der politischen Organisation als auch die nach der gesellschaftlichen Synthesis im ethischen Gemeinwesen auf – und zwar in einer Form, die wie eine Antizipation der Diskussion Absterben vs. Abschaffung des Staates anmutet. Kant will dem (anarchistischen) Ideal nach, wie er in Ermangelung historischer Vorbilder oder späterer Parteibegriffe formuliert, nur eine „unsichtbare Kirche" (Kant 1968a, 760), eine von „Beamten" (826) freie Vernunftvereinigung aller Menschen, die aber weder im Nu entstehen könne noch sofort ein (institutionelles) Moment der Beharrlichkeit aufweise, was für die dauerhafte Vereinigung in irgendeiner Form nötig sei. Dem Ideal nach handelt es sich um „keine ihren Grundsätzen nach der politischen ähnlichen Verfassung" (762). Sie kann als „allgemeine[n] Vereinigung" keine partikuläre Partei sein, sondern muss eine „Einheit" darstellen, deren qualitative „Beschaffenheit" die moralische „Lauterkeit" ist, deren innere „Konstitution" (761) unveränderlich ist: „weder monarchisch [...], noch aristokratisch [...], noch demokratisch", sondern eine „freiwillige, allgemeine und fortdauernde Herzensvereinigung" (762). Für die ‚Transformationsperiode' nimmt Kant jedoch die Notwendigkeit des Fortbestehens einer gewissen „Autorität" der „sichtbaren Kirche" (827) an, zumal der historisch tief verwurzelte autoritäre Charakter dem reinen Vernunftglauben nicht über Nacht weichen werde (vgl. 762f.).

Es bleibt also auch für Kant das Problem bestehen, dass das Endziel des ethischen Gemeinwesens auf irgendeine Art und Weise mit seiner Konstitution unter den Bedingungen historisch gewachsener Unfreiheit vermittelt werden muss. Der Akt der Befreiung ist für Kant zwar nicht an irgendwelche Reifebedingungen gebunden, sondern ist als Potential der Vernunft jederzeit anstoßbar. Selbst wenn „die ersten Versuche" der Selbstbefreiung womöglich „roh, gemeiniglich auch mit einem beschwerlicheren und gefährlicheren Zustande verbunden" sein werden, so kann dies niemals die Herrschenden dazu berechtigen, der Befreiung eine Absage zu erteilen: „es zum Grundsatze zu machen, daß denen, die ihnen einmal unterworfen sind, überhaupt die Freiheit nicht tauge, und man berechtigt sei, sie jederzeit davon zu entfernen, ist ein Eingriff in die Regalien der Gottheit selbst, die den Menschen zur Freiheit schuf." (862f.) Dessen ungeachtet bedarf die Befreiung dennoch einer bewusst konstituierten Organisation – eine „beharrliche Vereinigung" mit „gesetzgebenden Ansehen" (827) –, weil weder die „Einhelligkeit" der ‚neuen Menschen' sich „von selbst erhalten" (826) kann, noch aus der (allemal unwahrscheinlichen) Einhelligkeit „von selbst" eine dauerhafte Organisation des freien Gemeinwesens „entspringt" (827), die das Allgemeine zwangsfrei vermittelt. Mit anderen Worten: Die Möglichkeit der Freiheit ist mit dem Vernunftwesen des Menschen prinzipiell immer mitgesetzt, die Befreiung selbst kann aber nichts anderes als ein Prozess sein, der unter den Bedingungen der Unfreiheit sich vollziehen muss. Die „Erreichung des Zwecks" einer vernünftigen herrschaftslosen Weltgesellschaft kann für Kant somit nicht „von der freien Zustimmung der einzelnen, sondern nur durch fortschreitende Organisation der Erdbürger in und zu einer Gattung als einem System, d.i. kosmopolitisch verbunden ist, erwartet werden" (Kant 1968b, 690).

Doch selbst im vollendeten ethischen Gemeinwesen bliebe eine Crux bestehen. Das dort allein herrschende Sittengesetz kann nicht von außen erzwungen werden, und doch bedarf auch jenes gewalt- und herrschaftslose Gemeinwesen der realisierten Anarchie einer Instanz, die die Geltung ihrer moralischen Gesetze verbürgt (vgl. Kant 1968a, 757f.). Das könnte aber nur Gott als der allwissende „Herzenskünder" sein, der „als oberster Gesetzgeber" zwingende „Gebote" erlässt, die zugleich identisch mit der moralischen Selbstgesetzgebung einer „freie[n] Tugend" sein sollen: „ein Volk unter göttlichen Geboten" (758). Die Anarchie unter Menschen gründet demnach auf der absoluten und ungeteilten Herrschaft Gottes, die alle irdische Herrschaft negiert. Die autonome, allein moralische Selbstgesetzgebung muss sich daher zumuten, sich zugleich als der heteronome, „durch die Vernunft geoffenbarte[n] Wille[n] des Weltherrschers" (785) zu begreifen. Freiheit und Zwang werden somit ununterscheidbar (vgl. Städtler 2011, 72f.). Vergleichbar mit der allwissenden kommunistischen Partei, die nicht mit dem Staat abstirbt, sondern auf seinen Trümmern erst zu vollem Leben erblüht und den Kommunismus aufbaut (vgl. Grundlagen des Marxismus-Leninismus 1960, 793ff.), fundiert Kants Anarchie auf der Voraussetzung absoluter, transzendenter Herrschaft des „moralischen Weltherrschers", der als (legislativer) „Schöpfer", (exekutiver) „Regierer" und (judikativer) „Richter" alle Macht in sich „vereinigt" (Kant 1968a, 806f.) – eine widersprüchliche, die Extreme verbindende Vorstellung, die jedoch ein rationales Moment aufweist, das in der Frage besteht, wie eine sich selbst entwaffnende Weltgesellschaft mit jenen umgeht, die ihre moralischen Gesetze verletzen.

Kant hat mit diesen Spekulationen genau jene Probleme umkreist, mit der jede Theorie emanzipatorischer Praxis konfrontiert wird, und die sich weder, wie es gegenüber der gesamten marxistischen Tradition festzuhalten gilt, geschichtsphilosophisch lösen noch materialistisch aus der Welt schaffen lassen. Die Frage der Konstitution, Form und Legitimation öffentlicher Institutionen ist *die* zentrale politische Problematik einer autonomen sozialistischen Gesellschaft, womit der zweite zentrale Sachverhalt benannt ist, den Engels in seinen Ausführungen systematisch de-thematisiert und, wie gezeigt, auch Marx an entscheidenden Stellen ebenfalls verdeckt hat. Kollektive Prozesse der Willensbildung (auch in Hinblick auf die Gestaltung der materiellen Produktion der Gesellschaft) sind immer *intersubjektiv* und bedürfen entsprechender institutioneller Vermittlung, weil ‚die' Gesellschaft oder ‚die' Menschheit nie *ein* Subjekt mit *einem* Selbstbewusstsein sein kann:

> „Eine Gesellschaft ohne Institutionen ist also undenkbar, wie weit sich die Individuen, der technische Fortschritt und der ökonomische Überfluß auch entfaltet haben mögen. Keiner dieser Faktoren wird die zahllosen Probleme zum Verschwinden bringen, die die kollektive menschliche Existenz beständig schafft, keiner dieser Faktoren wird bestimmte Regeln der Übereinkunft und des Vorgehens bei der Diskussion und Entscheidung darüber entbehrlich machen – es sei denn, man wollte eine biologische Mutation der Menschheit postulieren, die jeden in allen und alle in jeden

unmittelbar gegenwärtig werden ließe" (Castoriadis 1990, 194; vgl. Demirović 2018, 339, 358f.).[19]

Kollektive Praxis als intersubjektive Interaktion kann nicht, wie es in den marxistischen Praxisphilosophien zu meist der Fall war, nach dem „Modell der Praxis als subjektive Telos-Realisierung" (Arndt/Lefèvre 1983, 27) konzipiert werden, ohne ihre zentralen Charakteristika grundlegend zu verkennen oder mittels mythologischer Abstraktionen aufzuheben (vgl. Castoriadis 1990, 190-195). Weder ist die konfliktfreie Einsicht in die Notwendigkeit Freiheit noch die (kaum vorstellbare) Interessenidentität aller Menschen. Freiheit erweist sich zum einen nicht allein als Freiheit vom Naturzwang (der Arbeit), sondern auch und gerade in der freien und vernünftigen Gestaltung des Umgangs mit der Notwendigkeit selbst, dem Naturzwang (der Arbeit), was nicht allein eine technische Frage (der Produktivkraftentwicklung), sondern auch ein Politikum darstell. Zum anderen bestünde Freiheit gerade nicht in der technischen Exekution des Notwendigen, sondern in der Erweiterung und Entfesselung von Handlungsmöglichkeiten, der verschiedene Alternativen und somit immer auch Notwendigkeit zur Diskussion und Potential zum Dissenz innewohnen, die öffentlich artikuliert und politisch vermittelt werden müssen.

Noch Horkheimers Annahme, dass die kommunistische Gesellschaft sich mittels der Planwirtschaft „als vernünftiges Subjekt" konstituiert, womit auch die „gesellschaftlichen Vorgänge" historisch erstmals „mit Bestimmtheit vorauszusagen" (Horkheimer 1988b, 156) seien, ist beispielhafter Ausdruck der rationalistischen wie entpolitisierten sozialen Mythologie des Marxismus, welche Autonomie auf die fiktive Einsicht in die vermeintliche Notwendigkeit durch ein ebenso fiktives Kollektiv-Subjekt restringiert: „Es kommt darauf an, diesem freien, das gesellschaftliche Leben bewußt gestaltenden Subjekt zur Existenz zu verhelfen: dieses selbst ist nichts anderes als die ihr Sein selbst regelnde, rational organisierte sozialistische Gesellschaft." (Horkheimer 1987, 362). Hiermit wird im gleichen Maße viel zu viel von einer emanzipatorischen Aufhebung der kapitalistischen Ökonomie erwartet, wie die herrschafts- und klassenlose Gesellschaft um ihren eigentlichen politischen Kern und Gehalt gebracht wird. Der Sozialismus erscheint bei Engels und Marx am Ende – auch hierin konnten die Bolschewiki den ‚Klassikern' folgen – nicht zufällig als gesamtgesellschaftlich organisierte Fabrik, die die in der Vorgeschichte blind wirkenden Gesetze der materiellen Reproduktion nun bewusst anwendet. Telos ist nicht die kollektive Autonomie, die auf die herrschaftsfreie Re-Politisierung aller sozialen Belange zielt – auf die Ent-Naturalisierung und Ent-Technokratisierung scheinbar unpolitischer/wertfreier Sachverhalte und Zustände –, sondern Rationalisierung und Effektivierung der materiellen Produktion und der gesellschaftlichen Naturbeherrschung ist das Ziel: Plan anstelle der ‚Anarchie des Marktes'. Dabei wird nicht nur dem Problem der politischen Konstitution der befreiten Gesellschaft aus dem Wege gegangen, es wird auch einkassiert, dass die ökonomische Befreiung von der Klassenausbeutung und der blinden wie selbstzweckhaft verselbstständigten Herrschaft der Produktion über die Produzenten, zwar eine notwendige, aber eben keine hinreichende Bedingung der befreiten Gesellschaft ist. Der technokratischen Substitution des Politischen korrespondiert daher die ökonomische Reduktion der Befreiung:

> „Die Errichtung des Reichs der Freiheit wird so in das gleiche Kontinuum historischer Notwendigkeit zurückversetzt, in dem sich für Marx die ‚Vorgeschichte' der menschlichen Gattung bewegt hatte. Unter dieser Voraussetzung kann aber die Vernünftigkeit emanzipatorischer Praxis nicht mehr daran gemessen werden, wieweit sich die über ihr wahres Interesse aufgeklärten handelnden Subjekte von dem Zwangszusammenhang bereits emanzipiert haben, sondern nur noch daran, wieweit sie aus der Einsicht in die wissenschaftlich erkennbaren Gesetzmäßigkeiten des Geschichtsablaufs handeln." (Wellmer 1973, 75f.; vgl. 124f.)

Freiheit wird entweder auf Notwendigkeit beschränkt oder Freiheit und Notwendigkeit bleiben unvermittelt und fallen in zwei Welten auseinander. Das Problem der Vermittlung wird nicht gelöst, und zwar nicht nur nicht von Engels, der Freiheit in Notwendigkeit und Sozialismus in ökonomische Planung auflöst, sondern auch nicht stringent von Marx, der zwischen drei verschiedenen Alternativen changiert: (a) der politischen, theoretisch nie hinlänglich explizierten Idee universeller kollektiver gesellschaftlicher Autonomie, die auch die Arbeit selbst erfasst und befreit, (b) der technokratischen Dichotomisierung von einem Reich der Freiheit jenseits des Reichs der Notwendigkeit der materiellen Produktion und (c) der Elimination des Reichs der Notwendigkeit durch den Fortschritt der technischen Produktivkräfte, der die Menschheit von der Arbeit selbst befreit. Letztere Vision einer „materialistisch gewendeten Wissenschaftslehre eines Saint-Simonistisch übersetzten Fichte" (Habermas 1968, 66), die sich prominent in den *Grundrissen* findet, macht noch einmal deutlich, dass Marx auch jenseits der Verewigung der Arbeit als Not(wendigkeit) und der Absage der Befreiung der (entfremdeten) Arbeit der Versuchung der Option einer technokratisch-wissenschaftlichen Synthesis einer zwar klassenlosen, nicht mehr aber vollumfänglich autonomen Gesellschaft unterliegt. Wenn Marx die voll-automatisierte Produktion als die Selbstaufhebungstendenz des Kapitals werttheoretisch antizipiert, reduziert sich ihm die Autonomie des Menschen abermals auf die technische Beherrschung der materiellen Produktion, wobei die Befreiung der Arbeit mit ihrer sukzessiven Verwissenschaftlichung und soziale Freiheit mit wissenschaftlich-technisch optimierter Naturbeherrschung mittels einer geplanten Ökonomie identifiziert wird. Der vergesellschaftete Mensch „tritt neben den Produktionsprozeß, statt sein Hauptagent zu sein" (MEW 42, 601) und unterwirft den „gesellschaftlichen Lebensprozess[es]" der „Kontrolle des general intellect" (602), der die totale „Beherrschung" (601) der Natur und die Entfesselung der Produktivkräfte verfolgt, um allen Menschen möglichst viel *„disposable time"* (604) zu verschaffen, „die sowohl Mußezeit als Zeit für höhre Tätigkeit ist" (607; vgl. 601):

> „Der qualitative Umschlag, der in dem Gedanken einer Aufhebung des kapitalistischen Privateigentums immer mitgedacht war, ist hier in die eindimensionale Bewegung eines Rationalisierungsprozesses einbezogen […]. Das Modell, das hier zugrunde gelegt ist, ist nicht das einer in zwangloser Kommunikation und Kooperation wirklich werdenden praktischen Vernunft, sondern das einer Natur und Gesellschaft gleichermaßen sich entgegensetzenden und sie beherrschenden technischen Rationalität" (Wellmer 1973, 116; vgl. Spekker 2018, 166ff.).

Die herausragende, von Marx und Engels de facto ignorierte Bedeutung des Politischen für den Emanzipationsprozess wie für die Vermittlung einer befreiten Gesellschaft ist damit gesetzt (vgl. Castoriadis 2016b, 95f.; Kuhne 2022, 467-470, 474ff.). Im Prozess der Befreiung muss die zukünftige Freiheit institutionell (und habituell) antizipiert werden, weil diese nicht das notwendige Nebenprodukt der Entwicklung technischer Naturbeherrschung ist. Marx und Engels vermochten aufgrund ihres technokratischen Primats der Befreiung nur polemisch auf diesen zentralen Sachverhalt reagieren. Ihrem Kampf gegen den Anarchismus lag nicht nur der autoritäre politische Wille zur Macht, sondern auch die zwar nicht durchgängige, aber doch dominante Verengung der menschlichen Befreiung auf den Aspekt der Naturbeherrschung systematisch zugrunde. Der Zielinhalt menschlicher Emanzipation ist aber nicht die Perfektionierung der technischen Naturbeherrschung, sondern die individuelle und kollektive Autonomie. Naturbeherrschung ist für diese keine hinreichende sondern allein eine partiell notwendige Bedingung. Zudem ist Naturbeherrschung selbst in ihren technischen Gestalten und Formen sowie in ihren Resultaten politischer Kontrolle und öffentlicher Reflexion zu unterwerfen, und kein sich selbst legitimierender automatischer Prozess. Nicht nur die ungewollten Resultate und (Neben-)Produkte menschlicher Naturbeherrschung, auf die Engels selbst emphatisch hinweist (vgl. MEW 20, 452f.), machen dies notwendig, sondern auch die historische Vermittlung von Naturbeherrschung und sozialer Herrschaft. Diese hat sich im menschlichen Naturverhältnis, entgegen des Scheins seiner geschichtslosen Objektivität, selbst derart niedergeschlagen, wie sich zugleich die Resultate der Naturbeherrschung in Mittel der Beherrschung von Menschen verkehrten: Freiheit vom Naturzwang in Form von Heteronomie, die sich im Subjekt als (Resultat) gewaltsame(r) Selbstbeherrschung reproduziert, die die innere Natur nicht kultiviert, sondern unterdrückt. Wenn Autonomie die Bedingung, die Vermittlungsform, das Resultat und der Zielinhalt der Emanzipation ist, der zugleich ihrem geschichtlichen Prozess bereits inhärieren muss, wenn nicht die technische Beherrschung der Natur, sondern die kollektive Selbstbestimmung des gesellschaftlichen Lebens eine befreite Gesellschaft ausmachen – dann ist diese als konstitutiv politisch-kommunikativ bestimmt, was freiheitliche Institutionen genauso voraussetzt wie autonomiefähige Individuen, die beide sich im Prozess der Emanzipation bewusst bilden müssen. Dies bedeutet keineswegs, dass technisch-ökonomisches Verfügungswissen und der Fortschritt der Wissenschaft deswegen unbedeutend für den Prozess der Emanzipation und für die Konstitution einer autonomen Gesellschaft würden; genauso wenig wie eine demokratisch begründete und dennoch unbedingt zweckrational verfahrende (Selbst-)Verwaltung, ohne die sich keine komplexe Gesellschaft effizient reproduzieren könnte. Keinesfalls ist dem von Helmuth Plessner scharfsinnig, wenn auch nicht frei von autoritären Ideologemen kritisierten Alptraum vermittlungsloser Vergemeinschaftung (vgl. Plessner 2003) oder basisdemokratischer Dauerdiskussion das Wort geredet, die mit Autonomie wenig, mit politisch-ökonomischer Ineffizienz und sozialem Zwang hingegen sehr viel gemein haben. Dennoch: der Unterschied zwischen einem Emanzipationsverständnis, das sein Paradigma und Ziel in der durch ökonomische Planung optimierten technisch-wissenschaftlichen Naturbeherrschung hat, und einem, welches das Ziel kollektiver gesellschaftlicher Selbstbestimmung autonomer Individuen auf Basis gewaltloser Interaktion und herrschaftsfreier Diskussion hat, markiert eine *qualitative* Differenz, die einzuebnen kein Grund besteht.

Bei Marx (und auch Engels) waren beide Perspektiven angelegt. Erstere aber hat den historischen Sieg davongetragen, was gleichermaßen daher rührte wie es dazu führte, dass die „politische Frage im weiteren Sinne – Frage der Gesamtinstitution der Gesellschaft – ebenso wie die politische Frage im engeren – die Macht, ihr Wesen, ihre Struktur, die Möglichkeit ihrer realen Ausübung [...] und die dadurch entstehenden Probleme [...] ignoriert" (Castoriadis 2008, 204) wurden, da sie mit der Überwindung des kapitalistischen Eigentumsordnung irrtümlicherweise zugleich als gelöst erschienen. Die Verwechslung von Politik mit Technik und Autonomie mit Naturbeherrschung ist für diese Fundamental-Täuschung Voraussetzung wie Resultat. Systematisch folgen diese Verkehrungen aus der Mischung von hegelianisierender Geschichtsphilosophie und szientistisch-positivistischen Verengung der Erkenntnis, welche, wie sich des Weiteren zeigen lässt, an die Stelle des absoluten Geistes die Abstraktionen ‚Ökonomie' und ‚Materie' als autonome, die Geschichte und Geschicke der Menschen bestimmenden Mächte setzt.

Die Ökonomisierung der Geschichts- und Gesellschaftstheorie (bei Engels)

Im Folgenden stehen jene Schriften von Engels im Fokus der Betrachtung, die im besonderen Maße zur Kanonisierung des Marxismus als materialistischer Weltanschauung dienten. Vor allem wird Engels' ökonomistisch-evolutionistische Reduktion des kritischen Materialismus einer Kritik unterzogen. Eine Vorbemerkung sei allerdings vorausgeschickt: Erstens ist die Kritik an Engels, wie einleitend bereits angemerkt, nicht von der Intention geleitet, diesen als ersten und wirkmächtigen Missinterpreten der Marxschen Theorie auszugeben; dass sich die zur Kritik stehenden Reduktionen des Materialismus auch bei Marx finden, wird beiläufig stellenweise exemplarisch wenigstens erwähnt. Zweitens wird sich allein auf die problematischen Aspekte von Engels' Werk gestützt, welches darüberhinausgehend durchaus auch in Teilen jene Züge des kritischen Materialismus trägt, die als die primäre philosophische und wissenschaftliche Leistung von Marx gelten müssen, die unabgegolten ist. Drittens ist Engels, auch wenn er sich selbst den sekundären Platz hinter Marx zugewiesen hat, ein eigenständiger, überaus enzyklopädischer Theoretiker gewesen, der es verdient hat, nicht allein als Zuarbeiter wahrgenommen zu werden; dies betrifft vorrangig den Militärexperten und Geschichtsschreiber. Auch wenn eine solch umfassende Würdigung von Engels' Werk hier nicht geleistet werden kann, sollte dieser Sachverhalt trotz der zwingend gebotenen Kritik nicht vergessen werden, wenn denn historische Gerechtigkeit geübt werden soll.

Im theoretischen Zentrum der Entpolitisierung des kritischen Materialismus steht die Ökonomisierung der Geschichts- und Gesellschaftstheorie. Für diese ist es charakteristisch, *die* Ökonomie zu einer unhistorischen Abstraktion zu hypostasieren, die *das* Bewegungsgesetz der Geschichte begründet. Obwohl auch bei Marx durchgehend und theorie-konstitutiv von der *Deutschen Ideologie* an bis in die reife Kritik der politischen Ökonomie anwesend[20], findet sich diese Tendenz, bei allen selbstkritischen Momenten[21], besonders ausgeprägt in den populären Schriften von Engels. In diesen, für die Geschichte des Marxismus grundlegenden Arbeiten firmieren die vermeintlichen Bewegungsgesetze der Ökonomie als gesellschaftliche Erscheinungen der dialektischen Bewegungsgesetze der Materie. Im Kern wird hierbei die zentrale Einsicht der reifen Marxschen Ökonomiekritik negiert und ein evolutionistischer Produktivismus unter sozialistischen Vorzeichen entworfen, der die soziale Spezifik, welche die kapitalistische Produktionsweise kennzeichnet, enthistorisiert und verallgemeinert: *Die Ökonomie wird zu einem universalen Explanans*. Die einmalige Rolle, welche die sich überhaupt erst unter kapitalistischen Bedingungen herausbildende Ökonomie in der Moderne spielt, nämlich den gesellschaftlichen Zusammenhang zu vermitteln und ihn historisch beispiellos zu dynamisieren, wird zu einer Macht, welche die gesamte Geschichte bestimmt und bewegt. Alle anderen Momente, gerade auch Politik und Gewalt, werden aus ihr deduziert und erscheinen nur als Potenzen der Ökonomie in anderer Gestalt. Am Ende herrscht nicht nur in der Natur, sondern auch in der Geschichte „Notwendigkeit", auf deren „Einsicht" (MEW 20, 106) Engels Freiheit reduziert. Diese berühmte, an Hegel angelehnte Formulierung ist insofern berechtigt, als Engels auf den Sachverhalt verweist, dass das menschliche Freiheitsvermögen sich nicht jenseits von den Naturgesetzen bewegt, sondern die Eigengesetzlichkeit der materiellen Handlungsbedingungen zur Voraussetzung hat. Damit ist aber weder etwas über die Willensfreiheit, dass sich der Mensch sein Handeln prinzipiell durch vernünftige Gründe selbstbestimmen kann, ausgesagt, noch zureichend berücksichtigt, dass die strukturelle, eigengesetzliche Verfassung der Gesellschaft (trotz ihrer Vermittlung mit der Natur) nicht Naturgesetzen entspricht, sondern der politischen Praxis prinzipiell, wenn auch zweifelsohne nicht beliebig, verfügbar ist. Natur und Geschichte sind zwar nicht (sozial-)ontologisch voneinander unabhängig oder dualistisch sich gegenüberstehend; für den historischen Materialismus ist vielmehr die heute mehr denn je aktuelle Erkenntnis zentral, dass Natur und Gesellschaft ein geschichtlich prozessierendes Vermittlungsverhältnis darstellen. Das die Geschichte gegenüber der Evolution auszeichnende Moment ist dennoch das der intentionalen und bewussten Praxis von Menschen, wie Engels selbst hervorhebt (vgl. MEW 21, 296), was seine deutliche Ahnung von dem prinzipiellen Unterschied zwischen Natur und Geschichte bezeugt. Weil Engels aber weder über einen Begriff der Willensfreiheit noch über einen Begriff des Politischen als Praxis der Freiheit verfügt, entdeckt er am Ende auch in der Geschichte nur die Notwendigkeit von Gesetzmäßigkeiten, die den scheinbar zufälligen menschlichen Einzelhandlungen zugrunde liegen (vgl. 297f.). Dass sich folgerichtige Entwicklungen in der Geschichte retrospektiv erkennen lassen, ist genauso wenig infrage zu stellen wie der Sachverhalt, dass das Bewusstsein der Handelnden und ihre Motive „keineswegs die letzten Ursachen der geschichtlichen

Ereignisse sind, daß hinter diesen Beweggründen andere bewegende Mächte stehn" (298). Die „letzten Triebkräfte der Geschichte" (298) sind deshalb aber noch lange nicht, was entscheidend ist, in Analogie zu den Gesetzmäßigkeiten der Natur zu bestimmen, womit der Materialismus in einen unkritischen Naturalismus umschlägt. Diesen Umschlag von der Kritik in die Apologie der Geschichte gilt es nun im Einzelnen kritisch zu analysieren.

1. Die geschichtliche (Ent-)Spezifizierung des historischen Materialismus

Deutlich wird die ökonomistische Reduktion der materialistischen Geschichtstheorie unter anderem an Engels' Erklärung für die Entstehung von staatlicher Herrschaft, die hier zur exemplarischen Verdeutlichung herangezogen wird. Engels begründet die Staatsgenese aus Produktivkraftentwicklung und Arbeitsteilung, die in die Klassenspaltung der Gesellschaft münden: „Aus der ersten großen gesellschaftlichen Arbeitsteilung entsprang die erste große Spaltung der Gesellschaft in zwei Klassen: Herren und Sklaven, Ausbeuter und Ausgebeutete." (157; vgl. 105f., 155-168; Hauck 1979, 13ff.) Durch Sesshaftigkeit, Ackerbau und Viehzucht sei eine Produktivkraftentwicklung in Gang gesetzt worden, die ein kontinuierliches Mehrprodukt generierte. Das Vorhandensein dieses Mehrprodukts sei die Voraussetzung von Arbeitskraft gewesen, die nicht unmittelbare Reproduktionsarbeit leisten musste und sich spezialisieren konnte. So entstanden gesellschaftliche Arbeitsteilung (zwischen Bauern und Handwerkern, Stadt und Land), Handel und Eigentum. Damit seien aber zugleich ursprüngliche Formen der sozialen Integration (über Verwandtschaftsverhältnisse) obsolet geworden. Der Staat betritt die Weltgeschichte, um die komplexer und durch zunehmende Ungleichheit gekennzeichneten ersten Klassengesellschaften zu organisieren und zu formieren: „Die Gentilverfassung hatte ausgelebt. Sie war gesprengt durch die Teilung der Arbeit, und ihr Ergebnis, die Spaltung der Gesellschaft in Klassen. Sie wurde ersetzt durch den *Staat*." (164)

Diese prima facie plausible Entwicklungsthese stellt nicht nur eine von Engels im Verlauf der weiteren Argumentation immer wieder vorgenommene falsche Rückprojektion des Verhältnisses von Privateigentum, Klasse und Staat in der bürgerlichen Gesellschaft auf vorkapitalistische Gesellschaften dar, ist doch der Staat nachweislich älter als das Privateigentum, das folglich nicht sein Grund sein kann (vgl. Junge 1980, 2f. u. 59-66), sondern weist auch eine weitere Schwachstelle auf: Die (technische) Möglichkeit einer Produktion von Mehrprodukt ist keinesfalls gleichzusetzen mit ihrer Wirklichkeit oder Notwendigkeit. Ohne äußeren (von Menschen oder der Natur ausgehenden) Zwang lässt sich kein Automatismus hierzu feststellen. Mehrarbeit und Mehrprodukt sind nicht das Resultat einer durchaus erklärungsbedürftigen, in vorkapitalistischen Gesellschaften allemal nicht gesetzmäßig formierten Produktivkraftentwicklung oder einer der „menschlichen Arbeit eingebornen, okkulten Qualität", sondern setzen politische Herrschaft und „Zwang" (MEW 23, 538) voraus, wie Marx gegenüber jeder ‚Arbeitsmetaphysik' (Adorno) hervorhebt. Wie jüngst James C. Scott in seiner anarcho-materialistischen ‚Tiefengeschichte der frühsten Staaten' nochmals eindrucksvoll dargestellt hat (vgl. Scott 2022, 159ff.), steht nicht eine natürliche oder ökonomische Notwendigkeit, sondern die Unterwerfung von Menschen am Anfang der Herrschaft, die zuallererst eine Verfügungsmacht über Menschen und ihre Arbeitskraft ist, die sich auf materielle und ideologische Gewaltmittel stützt. Die politische Herrschaft ist demnach die notwendige Voraussetzung der Etablierung von sozialer Klassenherrschaft als eines dauerhaften Systems ökonomischer Ausbeutung, welche die politische Herrschaft wiederum materiell reproduziert. Dass beide historisch zumeist eine Einheit bildeten, die Marx als asiatische Produktionsweise bezeichnete, ist Resultat dieser Vermittlung. Eine notwendige Bedingung – ein Mindestmaß an Produktivkräften und gesellschaftlicher Arbeitsteilung – wird bei Engels, was das zentrale Problem seiner Argumentation ist, zu einer sich scheinbar selbsterklärenden Ursache hypostasiert, die falsche Automatismen und Notwendigkeiten postuliert. Arbeitsteilung an sich begründet keine Entstehung von Klassen, die zwar sich entwickelnde Arbeitsteilung und Produktivkräfte zur materiellen und sozialen Voraussetzung haben, an sich aber erst durch politische Gewalt konstituiert werden. Ohne diese scheidet der materielle Reproduktionsprozess keineswegs die Gesellschaft von sich aus in ‚Herren und Sklaven, Ausbeuter und Ausgebeutete'. Die Entwicklung der Staatsgewalt und ihre partikulare Okkupation sind hierfür notwendig, die in den Anfängen der Klassengesellschaften auch nicht zur Erhaltung einer Privateigentumsordnung dient, sondern zumeist selbst Mittel zur Aneignung des gesellschaftlichen Mehrprodukts ist.

Das technizistische Verständnis der Produktivkraftentwicklung, das Engels' Klassen- und Staatsentstehungstheorie zu Grunde liegt, ist eines der wirkmächtigsten (Selbst-)Missverständnisse des historischen Materialismus gewesen. Auch wenn diese Argumentationsfigur nicht nur von Engels bemüht wird, sondern auch zur Begründung gesellschaftlicher Evolution und Revolution in dem *Vorwort zur Kritik der politischen Ökonomie* von 1859 als „allgemeines Resultat" (MEW 13, 8) von Marx postuliert wird, so kongruiert diese Konzeption dennoch nicht mit den Erkenntnissen der *Grundrisse* von 1857-58 und des *Kapital*. Letztere widersprechen vielmehr im Kern der einst populären technizistischen Deutung der Produktivkraftentwicklung (vgl. Reichelt 1983, 50-55). Die systemische Dynamik der Produktivkraftentwicklung wird erst durch die Zwangskonkurrenz der Kapitalakkumulation generiert und verwirklicht sind dann in der reellen Subsumtion der Arbeit unter das Kapital. Sie ist nicht Ursache, sondern Folge der kapitalistischen Produktionsweise. Fraglos ist es eine gut begründete, weil empirisch hinlänglich belegbare Annahme, dass Menschen unabhängig von ihrer jeweiligen Produktionsweise ein elementares, materielles Interesse daran haben, sich die Arbeit an der Reproduktion ihrer Existenz zu erleichtern und sie mit möglichst geringem Kraftaufwand zu bewerkstelligen. Dies dürfte ein transepochales Faktum sein und ein überhistorisches Moment der *möglichen* Produktivkraftentwicklung darstellen, die bereits seit den Anfängen der frühgeschichtlichen Klassengesellschaften überaus beeindruckende technologische Fortschritte verzeichnen kann. Diese Tatsachen erlauben jedoch nicht jene Rückschlüsse, die der technizistischen Deutung des historischen Materialismus zugrunde liegen (vgl. Castoriadis 1990, 34ff., 65-67):

Erstens belegen die technologischen Entwicklungen der Produktivkräfte in vorkapitalistischen Gesellschaften nicht, dass diese gesetzmäßig fortschreiten und/oder das überhistorische Universalgesetz menschlicher Geschichte selbst darstellen. Am ehesten kann von einem systematischen Fortschritt der Produktivkraftentwicklung in vorkapitalistischen Gesellschaften im Bereich der Rüstungstechnologie gesprochen werden, wo ein Konkurrenzmechanismus der (Aneignungs-)Gewalt waltete, der dem des Kapitals strukturisomorph ist (vgl. Brenner 1986, 31f.).[22] Dies ist kein Zufall, sondern entspricht dem politischen Charakter ihrer materiellen Reproduktion.

Zweitens ist das überhistorische Interesse an Arbeitserleichterung (auch durch neue Produktivkräfte) etwas substantiell anderes als ein natürlicher Hang zur Produktivitätssteigerung. Es mag eine überspitzte Formulierung sein, die archaischen Gesellschaften als solche „der Arbeitsverweigerung" (Clastres 1976, 186) zu bezeichnen. Überschussproduktion, Akkumulation von Reichtum, ein verselbstständigtes autonomes System der (Mehr-)Arbeit – all das war den frühen Gesellschaften allerdings allemal wesensmäßig fremd. Historisch sind Mehrarbeit, Mehrprodukt und damit (potentiell) einhergehende Produktivkraftentwicklung zuerst direkten außerökonomischen Zwang geschuldet, bevor die kapitalistischen Konkurrenzgesetze ihre Form und Dynamik bestimmen. Wo der Markt nur *eine* ‚ökonomische' Handlungsoption von vielen ist, verändert die vorkapitalistische Tauschwirtschaft auch nicht (unter entwickelteren Verhältnissen, als sie Clatres schildert) strukturell die bäuerliche Hauswirtschaft, die essentiell auf Reduktion von Arbeitsaufwand sowie den Erhalt der gewohnten Produktionsrhythmen, auf Subsistenz, ausgelegt ist und bleibt. Abermals lässt sich weder ein überhistorischer, gleichsam natürlich-biologischer Hang zum Gewinnstreben noch zur Steigerung der Produktivität konstatieren. Zugespitzt könnte man formulieren, dass unter vorkapitalistischen Produktionsverhältnissen weit mehr die Nicht-Entwicklung der Produktivkräfte angelegt ist (vgl. Brenner 1986, 29-32), während sie unter kapitalistischen Bedingungen systematisch entfesselt werden. Die unmittelbaren Produzenten sind unter jenen Bedingungen im Besitz der Produktionsmittel und nicht dem Konkurrenzzwang des Marktes ausgeliefert. Die Eigentümer haben (zumeist) folglich keinen direkten Zugriff auf die Produktion, und sind somit um die Option gebracht, die Ausbeutungsmöglichkeiten mittels (technischer) Optimierung der Arbeitsprozesse zu vergrößern. Beide Sachverhalte stehen strukturell einer kontinuierlichen Entwicklung der Produktivkräfte entgegen. Dementsprechend kann die Akkumulation von Reichtum durch die Herrschenden nur in der Forcierung direkter Auspressung der Produzenten, die sich gleichzeitig diesem Vorhaben zu entziehen versuchen, und der gewaltsamen Eroberung der basalen wie endlichen ökonomischen Ressource des Landes bestehen, was den permanenten (latenten) Kriegszustand zwischen den Herrschenden begründete. Zusammen mit den erstgenannten Faktoren der marktunabhängigen Subsistenzwirtschaft bedingen diese vorkapitalistischen (Eigentums-)Verhältnisse stagnative Tendenzen in der Produktivkraftentwicklung auf der einen und die einseitige Entwicklung im Bereich der militärischen Destruktionsmittel auf der anderen Seite. Statt einer beständig sich erweiternden Produktion von sich selbst verwertenden Wert findet ein endloser, produktive Ressourcen verzehrender militärischer Konkurrenzkampf um Land und bescheidenes ökonomisches Mehrprodukt statt, der in die Akkumulation von politischer (sich staatlich zentralisierender) Macht kulminiert.

Drittens taugt die historisch kontingente Produktivkraftentwicklung nicht zur Basis der Menschheitsgeschichte auch aus dem Grund, dass es überhaupt erst der kapitalistische Weltmarkt ist, der die verschiedenen Entwicklungspfade menschlicher Vergesellschaftung zu einer Einheit, zur Weltgeschichte, zusammenschweißt. Marx und Engels selbst haben diesen Sachverhalt in der *Deutschen Ideologie* hervorgehoben:

> „Die große Industrie universalisierte trotz dieser Schutzmittel die Konkurrenz (sie ist die praktische Handelsfreiheit, der Schutzzoll ist in ihr nur ein Palliativ, eine Gegenwehr in der Handelsfreiheit), stellte die Kommunikationsmittel und den modernen Weltmarkt her, unterwarf sich den Handel, verwandelte alles Kapital in industrielles Kapital und erzeugte damit die rasche Zirkulation (die Ausbildung des Geldwesens) und Zentralisation der Kapitalien. Sie zwang durch die universelle Konkurrenz alle Individuen zur äußersten Anspannung ihrer Energie. [...]. Sie erzeugte insoweit erst die Weltgeschichte, als sie jede zivilisierte Nation und jedes Individuum darin in der Befriedigung seiner Bedürfnisse von der ganzen Welt abhängig machte und die bisherige naturwüchsige Ausschließlichkeit einzelner Nationen vernichtete." (MEW 3, 60)

Einen gesetzmäßigen Fortschritt der Produktivkräfte als einem Bestandteil der Entwicklung menschlicher Gesellschaften, der diese zunehmend zu einer Entwicklungseinheit synthetisiert, gibt es folglich erst unter der Voraussetzung kapitalistischer Vergesellschaftung. Erst mit der kapitalistischen Produktionsweise etabliert sich *eine* Weltgeschichte mit gesetzmäßigen Formen ihrer ökonomischen Entwicklung, während es, wie Marx und Engels ebenfalls wussten, vorher Lokalgeschichten mit kontingenten Entwicklungsmustern (auch der Produktivkräfte) gab, die zudem keinesfalls notwendig auf die Konstitution der kapitalistischen Produktionsweise ausgelegt waren, auch wenn sie rein logisch ihre notwendige historische Voraussetzung gewesen sind:

> „Es hängt lediglich von der Ausdehnung des Verkehrs ab, ob die in einer Lokalität gewonnenen Produktivkräfte, namentlich Erfin-

> dungen, für die spätere Entwicklung verlorengehen oder nicht. Solange noch kein über die unmittelbare Nachbarschaft hinausgehender Verkehr existiert, muß jede Erfindung in jeder Lokalität besonders gemacht werden, und bloße Zufälle, wie Irruptionen barbarischer Völker, selbst gewöhnliche Kriege, reichen hin, ein Land mit entwickelten Produktivkräften und Bedürfnissen dahin zu bringen, daß es wieder von vorne anfangen muß. In der anfänglichen Geschichte mußte jede Erfindung täglich neu und in jeder Lokalität unabhängig gemacht werden. Wie wenig ausgebildete Produktivkräfte selbst bei einem verhältnismäßig sehr ausgedehnten Handel vor dem gänzlichen Untergange sicher sind, beweisen die Phönizier, deren Erfindungen zum größten Teil durch die Verdrängung dieser Nation aus dem Handel, die Eroberung Alexanders und den daraus folgenden Verfall auf lange Zeit verlorengingen. Ebenso im Mittelalter die Glasmalerei z.B. Erst wenn der Verkehr zum Weltverkehr geworden ist und die große Industrie zur Basis hat, alle Nationen in den Konkurrenzkampf hereingezogen sind, ist die Dauer der gewonnenen Produktivkräfte gesichert." (54; vgl. Junge 1980, 19ff., 55f.)

Ein gesetzmäßig funktionierendes Universalmuster der geschichtlichen Entwicklung mittels Produktivkraftentwicklung, welches von den archaischen über die vorkapitalistischen Klassengesellschaften hin zum Kapitalismus und am Ende zum Kommunismus führt, kennt der *kritische* Materialismus mit anderen Worten gerade nicht.[23]

Die Produktivität der Zivilisation ist folglich nicht das Resultat einer ‚okkulten Qualität der Arbeit' oder eines autodynamischen technischen Fortschritts der Produktivkraftentfaltung, sondern des Zwangs, den die Herrschaft auf die Beherrschten ausübt. Ohne das Moment der menschlichen Willkür ist diese Verkehrung von Freiheit in Herrschaft nicht denkbar. Gemeint ist hiermit keine bewusste Verschwörung, müssten doch die ersten Herrscher bereits vor der Existenz aller Herrschaft um ihr Wesen und ihre Funktionsweise gewusst haben. In vielerlei Hinsicht haben wir es vielmehr mit nicht intendierten sozialen Verselbständigungsprozessen zu tun, die Herrschaft mit ermöglichten: vom demographischen Wandel über die Entwicklung gesellschaftlicher Arbeitsteilung bis zur Ausdifferenzierung militärischen und religiösen Spezialwissens. Die menschengemachten wie ökologischen Bedingungen der Herrschaftsgenese können an sich jedoch nicht hinreichend Herrschaft und ihre Entstehung erklären, weil sich die erschließbaren, nicht aber schon an sich wesensmäßig aufeinander bezogenen Voraussetzungen keinesfalls notwendig aus sich selbst heraus zu etwas qualitativ Neuem verbinden (vgl. Castoriadis 1990, 260-265). Aus den einzelnen Bestandteilen und ihren Eigenschaften sowie ihrer addierten Gesamtheit ergibt sich nicht das Ganze als ihre spezifische Verbindung von genuiner Qualität. Weder folgt diese Beziehung allein aus den einzelnen Bestandteilen selbst, noch lässt sich das spezifische Wesen dieser Beziehung aus den Eigenschaften der einzelnen Bestandteile deduzieren. Diese erhalten vielmehr im Beziehungsgeflecht des Ganzen selbst neue Facetten, die ihnen außerhalb dieser Konstellation nicht zukommen. Es bedarf menschlicher Praxis als desjenigen konstitutiven Elements, das die Möglichkeitsbedingungen zur Wirklichkeit von Herrschaft synthetisiert. Ohne die menschliche (Gewalt-)Tat ergibt sich aus allerlei naturwüchsigen sozialen Transformationen keinesfalls zwingend Herrschaft, die jene Freiheit der Willkür zur Voraussetzung hat, die sie zugleich als ontologisch zufällig und somit als im Prinzip abschaffbar ausweist; weder Natur noch Gesellschaft erzwingen sie. Engels' ‚zweiter' Staatsentstehungstheorie, die den Sachverhalt beschreibt, nicht aber erklärt (vgl. Junge 1980, 66-73, 187f.) ist daher darin zuzustimmen, dass die „Anfänge der Staatsgewalt" (MEW 20, 166; vgl. MEW 21, 166f., 302) wahrscheinlich in die sich institutionalisierende „gesellschaftliche Amtstätigkeit" (167) zurückreichen, die sich im Zuge der Vermittlungsnotwendigkeit komplexerer gesellschaftlicher Verhältnisse und fortschreitender Arbeitsteilung etablierten. Dieser Vorgang ermöglichte eine Verselbständigung der gesellschaftlichen Funktion der Verwaltung gegenüber der Gesellschaft, die „mit der Zeit sich bis zur Herrschaft über die Gesellschaft steigern konnte" (166), was ohne Gewaltanwendung gegenüber der nun beherrschten Gesellschaft allerdings auf Dauer kaum denkbar ist.

Engels' weitere Ausführungen zur Frühgeschichte der Klassengesellschaften sind trotz dieser Kritik in dreierlei Hinsicht bis heute mit Gewinn zu lesen. Dies betrifft erstens seine Darstellung der Verkehrung der alten „militärischen Demokratie" (MEW 21, 159), gleichsam eine ‚basisdemokratische' Selbstorganisation des bewaffneten Stammes, in eine aristokratische Herrschaft der Kriegsführer. Diesen gelang es zunehmend, die ihnen verliehene militärische Führungsposition und die mit ihr verbundene Gewalt zur Anhäufung von Macht und Reichtum auszunutzen. Hiermit lässt sich, zusammen mit der Verselbstständigung der gesellschaftlichen Amtstätigkeit, ein Stückweit diejenige Lücke schließen, die zwischen der postulierten historischen Notwendigkeit des Staates und seiner realen historischen Entstehung klafft. Zweitens gibt Engels wichtige Hinweise auf die Entstehung und Funktionsweise patriarchaler Herrschaft, die auf einer bis in die Gegenwart reichenden „*weltgeschichtliche[n] Niederlage des weiblichen Geschlechts*" (MEW 21, 61) fußt. Die Veränderung von Produktionsbedingungen und Eigentumsverhältnissen spielte demzufolge dem männlichen Geschlecht derart in die Hände, dass es die naturwüchsige Arbeitsteilung zwischen den Geschlechtern zuungunsten der Frauen verschob, deren lebenselementare Hausarbeit zum „*Privatdienst*" einer „Dienstbotin" (75) verkam. Engels stellt in diesem Zusammenhang auch klar, dass für den historischen Materialismus die materielle (Re-)Produktion die Basis der menschlichen Geschichte ist. Diese umfasst nicht nur die Ökonomie (im weiten Sinne von Arbeit und Produktion), sondern an erster Stelle auch die primäre biologisch-generative Reproduktionsarbeit der Gattung selbst: „Nach der materialistischen Auffassung ist das in letzter Instanz bestimmende Moment in der Geschichte: die Produktion und Reproduktion des unmittelbaren Lebens. Diese ist aber selbst wieder doppelter Art. Einerseits die Erzeugung von Lebensmitteln [...]; andrerseits die Erzeugung von Menschen selbst" (MEW 21, 27f.) Beide stehen, wie auch die übrigen gesellschaftlichen Praxisformen und ihre Institutionalisierungen, nicht in einem Ableitungsverhältnis (mit einem abstrakten Primat der Ökonomie), sondern in einem Vermittlungsverhältnis, welches sich geschichtlich wandelt. Die Ansätze, dies zu erkennen und erklären, sind im historischen Materialismus also gegeben. Sie werden allerdings immer wieder bei Engels (und Marx) durch eine ökonomistische Verzerrung verdunkelt.

Drittens schließlich hat Engels' mit seiner Kritik einer reinen Gewalttheorie des Staates, wie er sie in seinem *Anti-Dühring* vorträgt, nicht schlicht unrecht. Dass Problem ist nicht, dass er den Mythos der sich scheinbar selbsterklärenden Gewalt materialistisch zerstört, indem er auf die einfache Tatsache hinweist, dass Gewalt erstens „nur das Mittel, der ökonomische Vorteil dagegen der Zweck ist" (MEW 20, 148), zweitens die gewaltsame Aneignung von gesellschaftlichen Reichtum nicht identisch ist mit dessen Produktion als Bedingung seines Daseins (vgl. 150f.) und drittens die (dauerhafte) Ausübung von Gewalt an Mittel gebunden ist, die überhaupt erst einmal produziert sein müssen, um sie dann anwenden zu können (vgl. 154ff.). Krieg und Gewalt waren entscheidende Katalysatoren bei der Staatsentstehung, die aber selbst schon eine rudimentäre Entwicklung von Herrschaft, Klassenspaltung und Gewaltmitteln voraussetzen, worauf Engels zu Recht hinweist. Krieg und Eroberung sind nicht unabhängig von den Prozessen und Entwicklungen der materiellen Reproduktion zu verstehen. Es muss überhaupt etwas/jemand ausgebeutet und ausgeraubt werden können, also eine entsprechende materielle Voraussetzung und Entwicklung für den Raub-Krieg bereits vorhanden sein. Sicher ist, dass, bei aller späteren Bedeutung für die Staatsgenese, das organisierte Militär nicht am Anfang dieser Entwicklung stehen kann, da dessen Institutionalisierung als etabliert-funktionierendes Herrschaftsverhältnis politische Herrschaft schon voraussetzt. Krieg und militärische Gewalt sind folglich notwendige, nicht aber hinreichende Bedingungen der Staats- und Klassengenese (vgl. Hauck 1979, 50). Es gilt nicht nur die sozio-ökonomischen Voraussetzungen und politischen Differenzierungsprozesse innerhalb von Eroberergesellschaften zu beachten, die dem Krieg in welch rudimentärer Form auch immer schon voraus gegangen sein müssen. Die militärische Gewalt muss sich zudem weitere Machtressourcen aneignen und monopolisieren, damit sie die Herrschaft dauerhaft etablieren kann: „Erst wenn die Aneignung des Mehrprodukts aufgrund militärischer Überlegenheit verbunden wird mit der Übernahme ökonomischer Vermittlungsfunktionen [...], wird die Etablierung von Klassenherrschaft möglich." (73) Der Anfang der Herrschaft kann mit anderen Worten keine einfache Repression gewesen sein, weil dazu schlicht die (materiellen und ideellen) Mittel fehlten, die erst noch produziert und monopolisiert werden mussten. Ein Vorgang der geschichtlich lange dauerte und ein erstes, wenn auch eher unbewusstes Einverständnis zur Etablierung von gesellschaftlichen Rängen und herausgehobenen Positionen voraussetzt. Maurice Godelier hat vielfältige ethnologische Belege dafür gesammelt, dass die ursprüngliche Inthronisierung der Herrschaft (imaginäre) Austauschbeziehungen zwischen Herrschenden und Beherrschten zum Funktionieren benötigt (vgl. Godelier 1990, 24-28, 161-166). Entscheidend in diesem Kontext dürfte eine erste Trennung von Hand- und Kopfarbeit sein, die in die Herrschaft religiöser Experten mündet, deren Macht sich aus der Bedeutung magischen Wissens für die materielle Reproduktion archaischer Gesellschaftsformen ergibt (vgl. Junge 1980, 190-200; Bahro 1979, 82-88 u. 168-176). Einmal etabliert, verlässt sich dann keine Herrschaft mehr allein auf ihre ideelle Legitimation, sondern sichert sich durch die Akkumulation und Monopolisierung von Gewaltmitteln.

Das Problem beginnt folglich erst dort, wo Engels Gewalt und Staat rationalistisch *nur* als Potenz eines sich selbst generierenden Fortschritts der Ökonomie ausgibt und darüber hinaus den zentralen Formunterschied zwischen vorkapitalistischen und kapitalistischen Klassengesellschaften und Vergesellschaftungsweisen immer wieder einzieht (vgl. Gerstenberger 2020, 96f.). Gesellschaftstheoretisch ist die Differenz zwischen allen vorkapitalistischen Gesellschaftsformationen und der kapitalistischen Vergesellschaftung entscheidend, um die historisch einmalige und neuartige Qualität von kapitalistischer Vergesellschaftung zu bestimmen. Auch wenn es in die (reduktionistische) Irre führt, von einer einheitlichen vorkapitalistischen Gesellschaftsformation zu sprechen, wie es in Teilen der marxistisch-leninistischen Klassifikation von Gesellschaftsformationen getan wurde (vgl. Junge 1980, 126ff), ist dieser bestimmte Unterschied (zusammen mit der neolithischen Formierung von Klassengesellschaft) *die* zentrale historische Wasserscheide. Was vorkapitalistische Gesellschaften bei allen internen Variationen gemeinsam haben, wird erst vor dem Hintergrund der kapitalistischen Form von Vergesellschaftung deutlich, die sich somit weder als Telos noch eigentlicher Normalfall von Gesellschaft überhaupt, sondern vielmehr als der historische Ausnahmefall erweist, der aufgrund seiner eigenen Gesetzmäßigkeiten und Strukturen sich jedoch historisch verallgemeinert.

Vorkapitalistische Gesellschaftsformationen sind charakterisiert durch die „Einheit der lebenden und tätigen Menschen mit den natürlichen, unorganischen Bedingungen des menschlichen Stoffwechsels mit der Natur." (MEW 42, 397) Dies bedeutet, dass die Voraussetzungen der gesellschaftlichen Produktion und Reproduktion weitgehend naturgegeben und nicht primär durch Arbeit selbst gesetzt sind, und dass es noch keine abstrakte Form von Vergesellschaftung gibt, sondern eine Vergemeinschaftung, die den Individuen vorausgesetzt ist und ihnen ihren sozialen Platz zuweist: „In all diesen Formen ist die *Reproduktion vorausgesetzter* [...] Verhältnisse des einzelnen zu seiner Gemeinde und ein *vorherbestimmtes objektives* Dasein, sowohl im Verhalten zu den Bedingungen der Arbeit wie zu seinen Mitarbeitern, Stammesgenossen etc. – Grundlage der Entwicklung" (395). Dass jede Gesellschaft sich materiell erhalten muss, versteht sich für einen jeden Materialismus von selbst. Das heißt aber keinesfalls, dass es in anderen Gesellschaftsformationen eine dem Kapitalismus äquivalente gesellschaftsstrukturierende ökonomische Basis gibt. In allen vorkapitalistischen Gesellschaften stellen vielmehr „Produktion und soziale

Synthesis zwei differente Ebenen" (Breuer 1990, 20) dar. Die jeweiligen sozialen und politischen Zusammenhänge sowie die Art und Weise der Produktion tangieren sich in ihnen nur peripher und oberflächlich und transformieren nicht in Wechselwirkung ihre jeweilige Form. Dies wird an zwei historischen Tatsachen deutlich, die eine Ableitung des politischen Überbaus aus einer ökonomischen Basis in vorkapitalistischen Gesellschaften ad absurdum führen. Zum einen stellt die bäuerlich-hauswirtschaftliche Produktionsweise die epochen-, gesellschafts- und kulturübergreifende elementare Form der vorkapitalistischen materiellen Reproduktion dar, die sich mit verschiedensten Herrschaftsformen und kulturellen Entwicklungen verträgt. Einer trotz aller historischer Detailunterschiede qualitativ gleichen Art und Weise das materielle gesellschaftliche Leben zu reproduzieren, entsprechen verschiedenste Formen der Organisation politischer Herrschaft und kultureller Entwicklungen. Reduziert man jene auf das fraglos entscheidende Moment ihrer direkt-persönlichen Konstitution und diese auf eine vormoderne, nicht-produktive Stellung des Bewusstseins zur äußeren Welt, so vermag man zwar eine Einheit zwischen materieller (Re-)Produktion und der Einrichtung der gesellschaftlichen Totalität zu konstruieren. Diese unterschlägt aber die vielfältigen politischen und ideologischen Binnendifferenzen vorkapitalistischer Vergesellschaftungen genauso wie ihre unterschiedlichen Reproduktionsmuster, die belegen, dass die hauswirtschaftliche Produktionsweise gerade nicht wie die kapitalistische Ökonomie die Gesamtgesellschaft dynamisch formiert und strukturiert. Zum anderen lässt sich schon für die neolithische Revolution konstatieren, dass der mit ihr bedingte Produktivkraftfortschritt an der materiellen Basis nicht zwingend mit Veränderungen der politischen Struktur (in Richtung staatliche Herrschaft) einhergeht. Wir kennen sowohl frühe Gesellschaften mit verschiedener ‚ökonomischer Basis' (sesshafter Ackerbau vs. nomadische Jäger-Sammler) aber identischem ‚politischen Überbau' wie auch solche mit identischer ‚Basis' (Ackerbau) aber unterschiedlichem ‚Überbau' (staatliche vs. staatenlose Gesellschaften).

Entscheidend für die materielle (Re-)Produktion in vorkapitalistischen Gesellschaften ist, dass nicht primär systematisch und zwingend für Markt und Gewinn produziert wird. Auch wenn vorkapitalistische Gesellschaften in Teilen bereits über einen ausgeprägten (Welt-)Handel verfügten, so bilden doch die bedarfsdeckenden Haushalte als Elementareinheiten der materiellen Reproduktion kein (im Tauschwert) verselbstständigtes System der Ökonomie im Sinne einer eigendynamischen und -gesetzlichen sozialen Sphäre, die sich aus der sozialen Totalität strukturell klar ausdifferenziert und zugleich deren Entwicklung maßgeblich bestimmt (vgl. Postone 2003, 266f). Unmittelbare Herrschafts- und Gewaltverhältnisse sind dabei für vorkapitalistische Gesellschaften genauso konstitutiv wie Verwandtschaftsverhältnisse und religiöse Praktiken und Institutionen. Godelier hat diese für den kritischen Materialismus fundamentale Erkenntnis mittels ethnologischer Empirie gestützt und spezifiziert. Vorkapitalistische Gesellschaften kennen auch ihm zufolge keine funktionale Differenzierung der Ökonomie zu einem eigenständigen, die Gesamtgesellschaft vermittelnden Basis-System, das nach systemimmanenten Prinzipien sich selbst gestaltet und reproduziert. Die Ökonomie ist vielmehr primär außer-ökonomisch reguliert und formiert. Das heißt nicht, dass die materielle Reproduktion der Gesellschaft nicht basalen Charakter hatte und tatsächlich Politik, Religion, Verwandtschaft an sich die gesellschaftsformierenden und -reproduzierenden Prinzipien waren. Sie übernehmen diese Rolle nur durch ihre direkte Involviertheit in die materielle (Re-)Produktion. Dies bedeutet aber nicht, wie Engels nahelegt, dass die Ökonomie, immer dieselbe soziale Rolle besetzt, sondern dass die historisch je spezifischen Formen der materiellen gesellschaftlichen Reproduktion wesentlich für das Verständnis der Gesamtstruktur der jeweiligen Gesellschaftsformation sind – ein qualitativer Unterschied für jede materialistische Geschichts- und Gesellschaftstheorie.

Auch der bereits von Marx angedeutete Sachverhalt (vgl. MEW 23, 96), dass die Nicht-Dominanz der ‚Ökonomie' weder Zufall noch Willkür war, sondern der Spezifik der vorkapitalistischen (Re-)Produktion entspringt, lässt sich mit Godelier explizieren. Basis und Überbau sind keine verschiedenen Instanzen, Institutionen oder Systeme – als solche formieren sie sich erst unter kapitalistischen Produktionsbedingungen –, sondern sie unterscheiden sich hinsichtlich ihrer gesamtgesellschaftlichen Funktion (vgl. Godelier 1990, 39f.). Zentral ist, dass zur materiellen Basis nicht ein für alle Mal festgeschriebene soziale Institutionen oder Systeme gehören, von denen es fraglich ist, ob sie überhaupt in allen Gesellschaften anzutreffen sind, sondern dass der basale Charakter sozialer Systeme, Institutionen, Praktiken etc. aus ihrer Funktion entspringt, die materielle Reproduktion als Voraussetzung allen gesellschaftlichen Lebens zu bewerkstelligen. Nur solche gesellschaftlichen Verhältnisse, Systeme und Institutionen können, *wie gesagt*, dominant werden, die zugleich als materielles Produktionsverhältnis fungieren (vgl. 136, 152). Welche das sein können, wie sie sich zueinander verhalten und vor allem wie sie historisch variieren, das alles ist entscheidend für jede materialistische Analyse. Zusammenfassend heißt das, dass es nicht der Fall ist, dass Verwandtschaftssysteme, Religion, Politik etc. *an und für sich* die strukturierende Basis der jeweiligen Vergesellschaftung darstellen, sondern sie dies nur dann tun, wenn diese sozialen Formen und Institutionen zugleich diejenigen materiellen Produktionsverhältnisse sozial vermitteln, sanktionieren und repräsentieren, die sich erst im Kapitalismus systemisch zur Ökonomie als eigengesetzlicher sozialer Sphäre ausdifferenzieren. Das Primat der Basis erstreckt sich also auf jenen gesellschaftlichen Funktionszusammenhang, der den menschlichen Stoffwechsel mit der Natur und somit die gesellschaftliche Reproduktion strukturiert und organisiert. Dieser basale gesellschaftliche Funktionszusammenhang ist zum einen bezüglich der Entwicklung der jeweiligen Gesellschaftsformation anderen sozialen Funktionen über- und vorgeordnet, sprich: dominierend, nicht aber determinierend, zum anderen historisch variabel hinsichtlich derjenigen Verhältnisse und Institutionen, die ihm zuzurechnen sind. Dies können vor allem Verwandtschaftsverhältnisse oder religiöse und politisch Institutionen sein, die allerdings so wenig wie die ‚Ökonomie' als separate Funktionssysteme in vormodernen Gesellschaften existieren. Sie sind selbst direkt ökonomisch, wie die Ökonomie direkt politisch, religiös oder verwandtschaftlich organisiert ist.

In kapitalistischen Gesellschaften werden nun gleichermaßen alle diese gesellschaftlichen Teilbereiche selbstständiger (bzw. bilden sich überhaupt erst) und zugleich vermittelter, da die verselbstständigte Ökonomie und ihre immanenten Gesetzmäßigkeiten überhaupt nur unter kapitalistischen Produktionsverhältnissen das Prinzip der Vermittlung und Strukturierung der Gesamtgesellschaft abgeben. Auch vorkapitalistische Gesellschaften kennen strukturelle Muster ihrer materiellen Reproduktion, die die Bedeutung der Art und Weise ihrer materiellen Reproduktion für die Gesamtgesellschaft und ihre spezifischen Entwicklungsmuster belegen. Vorkapitalistische Gesellschaften konstituieren aber nicht eine in und als Kapital, Recht und Staat erscheinende Form abstrakter Vergesellschaftung, die es nur unter kapitalistischen Produktionsbedingungen gibt. Diese wichtigen Sachverhalte unterschlagend, unterstellt Engels hingegen wiederholt der gesamten Geschichte einen Begriff von Ökonomie, ihrer Gesetzmäßigkeit und Produktivkraftentwicklung, die spezifisch kapitalistisch ist, deren neuzeitliche Genesis er jedoch teleologisch-ökonomistisch aus transepochalen geschichtlichen Bewegungsgesetzen deduziert. Die die kapitalistische Produktionsweise formierende politische Gewalt und ihre historische Bedeutung werden von Engels hierbei im Widerspruch zur Marxschen Theorie der sog. ursprünglichen Akkumulation, annulliert: „Der ganze Hergang [der Entstehung der kapitalistischen Produktionsweise; HW] ist aus rein ökonomischen Ursachen erklärt, ohne daß auch nur ein einziges Mal der Raub, die Gewalt, der Staat oder irgendwelche politische Einmischung nötig gewesen wäre." (MEW 20, 152) Die entscheidende Einsicht des kritischen Materialismus in der reifen Gestalt der Kritik der politischen Ökonomie, dass das „Kapitalverhältnis ein gesellschaftliches Produktionsverhältnis ist, oder dass *ökonomische* Kategorien bestimmte *soziale* Beziehungen ausdrücken" (Wood 2010, 33), die immer auch konstitutiv politisch vermittelt sind und denen historisch kontingente, wenn auch selbstredend materielle Zwecke verfolgende Gewalt zugrunde liegt, wird bei Engels zugunsten eines verdinglicht-abstrakten Begriffs von Ökonomie und ihrer Gesetzmäßigkeit unkenntlich gemacht. Kontingent heißt dabei nicht, dass die Gewalt nicht bewusst Zwecke verfolgt, die nicht zuletzt ökonomischer bzw. materieller Natur sind; dies wäre ein Missverständnis der Kritik an der materialistischen Teleologie. Die Gewalt ist auch in diesem Falle fraglos kein Selbstzweck und auch nicht regellos. Sie hat erkennbare gesellschaftliche Gründe, die auch hier am Ende in die Konstitution der gesellschaftlichen Verhältnisse der materiellen Produktion zurückführen. Allein insofern war die Gewalt, die den Kapitalismus und seine ökonomische, die Gesellschaft beständig umwälzende Dynamik erzeugte, kontingent, dass sie sich aus keiner ökonomischen Notwendigkeit (der Produktivkraftentwicklung) deduzieren lässt, auch wenn sie selbstredend von materiellen Interessen angetrieben wurde und nicht unvermittelt zu den Krisen und Entwicklungsprozessen spät-feudaler Vergesellschaftung und ihrer materiellen Reproduktion stand. Die Gewalt ist dennoch keine bloße Potenz der Ökonomie, die die an sich längst entwickelten Produktivkräfte nur noch aus ihren veralteten Produktionsverhältnissen befreit, und so der Notwendigkeit des (ökonomischen) Fortschritts bahnbricht. In Bezug auf die Entstehung der kapitalistischen Produktionsweise lässt sich denn auch festhalten, dass für sie Klassenkämpfe im spät-feudalen England bestimmend waren, die an sich die Erhaltung der bestehenden Muster der Produktion und Aneignung des gesellschaftlichen Mehrprodukts verfolgten. Deren nicht-intendierten

Folgen veränderten allerdings die Eigentums- und somit die Produktionsverhältnisse derart, dass sie am Ende eine genuin kapitalistische Entwicklungslogik des marktvermittelten Akkumulationszwangs und der beständigen Produktivkraftentwicklung generierten, die nicht schon unter feudalen Verhältnissen latent am walten war (vgl. Wood 2015; Wallat 2021, 65ff.).

Der kritische Materialismus zeichnet sich, wie sich zusammenfassen lässt, im Gegensatz zu Engels' Entpolitisierung des Materialismus, demgemäß nicht dadurch aus, soziale, politische, kulturelle und geistige Phänomene aus der gesellschaftlichen Form der materiellen (Re-) Produktion des menschlichen Lebens abzuleiten. Praxis, Vermittlung und konkrete Totalität, nicht Basis-Überbau und Ableitung sind seine sozialontologischen Grundbegriffe. Kennzeichnend für den Begriff der konkreten Totalität als Vermittlungszusammenhang von Praxis und Struktur, in dem „jedes Gesetzte zugleich Voraussetzung ist" (MEW 42, 203), ist deren Bestimmung als prozessierendes komplexes Ganzes: die Voraussetzung und das Resultat der Gesamtheit strukturierender wie strukturierter sozialer Praxis, deren elementare Form und notwendige Voraussetzung die materielle Reproduktion des Menschengeschlechts und der Gesellschaft ist. Dieser Begriff der Totalität trifft auf alle Gesellschaften in dem Sinne zu, dass sie eine historische Einheit bilden. Der emphatische Begriff der Totalität, der einen sich abstrakten Vermittlungsprozess der Gesellschaft durch verdinglichte polit-ökonomische Formen bezeichnet, ist hingegen ein Charakteristikum kapitalistischer Vergesellschaftung. Die materielle Reproduktion des menschlichen und somit auch allen gesellschaftlichen Lebens verselbstständigt sich erst unter kapitalistischen Produktionsbedingungen zu einer dynamisch-gesetzmäßigen Ökonomie und begründet zudem auch keinen transhistorischen Basis-Überbau-Ableitungszusammenhang. Die Produktion ist, wie Marx an der *kapitalistischen* Produktionsweise festmacht, „das übergreifende Moment" (MEW 42, 29) einer „Totalität", für dessen „Einheit" die „Unterschiede" nicht weniger konstitutiv sind als die „Wechselwirkung zwischen den verschiedenen Momenten" (34). Sehr viel treffender als die Basis-Überbau-Metapher[24], die falsche Abhängigkeiten suggeriert, Schichtungsassoziationen hervorruft und an die Stelle der Vermittlung eines komplexen Ganzen, die Deduktion aus einem Ersten nahelegt, ist daher ein anderes Bild von Marx. Die historisch spezifische Produktionsweise „ist eine allgemeine Beleuchtung, worin alle übrigen Farben getaucht sind und [die] sie in ihrer Besonderheit modifiziert. Es ist ein besondrer Äther, der das spezifische Gewicht alles in ihm hervorstechenden Daseins bestimmt." (40) Aus dieser Perspektive erweist sich eine transepochale Ökonomie mit einer einheitlichen Entwicklungs- und Bewegungslogik, die die Basis der Gesellschaft darstellen soll, aus der sich ein Überbau ableitet, somit als falsch, als eine leere Abstraktion, und keinesfalls „als Universalschlüssel einer allgemeinen geschichtsphilosophischen Theorie, deren größter Vorzug darin besteht, übergeschichtlich zu sein" (MEW 19, 112), was wiederum nicht als generelle Absage an Geschichtsphilosophie misszuverstehen ist.

Es ist zwingend geboten, einen weiten Begriff von materieller Basis von einem engeren Begriff der Ökonomie zu unterscheiden, wozu Engels selbst das analytische Werkzeug liefert, welches er aber nicht angemessen angewendet hat. Während die jeweilige ökonomische Struktur einer Gesellschaft allein die spezifische Art und Weise der sozialen und technologischen Einrichtung der Wirtschaftsprozesse (von der Produktion bis zur Distribution) bezeichnet, impliziert der Begriff der materiellen Basis darüber hinaus die Reproduktion des materiellen Lebensprozesses in einem elementaren und weiten Sinne. Hierzu gehört nicht nur der ökonomische Produktionsprozess, sondern auch die biologische Reproduktion, das Geschlechter- und Generationsverhältnis sowie die mit ihnen verbundene Reproduktionsarbeit. Historisch ist die Ausdifferenzierung einer rein ökonomischen Sphäre eben erst und nur für den Kapitalismus konstitutiv, während er vorkapitalistischen Gesellschaften fremd ist, die eine derartige Trennung von ökonomischen Produktions- und regenerativen Lebensprozessen so wenig kennen wie eine entpolitisierte Ökonomie. Der Begriff der (ver-)selbständig(t)en ökonomischen Basis ist folglich an der kapitalistischen Produktionsweise gewonnen, da er nur dort im strengen Sinne gesellschaftliche Realität hat. Er entstammt der Analyse der bürgerlich-kapitalistischen Gesellschaft, kann aber, wenn diese Abstraktion in Sinne eines *„als ob"* (Gerstenberger 2006, 17) reflektiert wird[25], als transepochale Begrifflichkeit benutzt werden, weil sich retrospektiv auch für vorkapitalistische Gesellschaften ein genuiner Bereich ökonomischer Reproduktion als ein konstitutives Moment der Vergesellschaftung isolieren lässt; Feldarbeit war auch im Mittelalter eine andere Tätigkeitsform als der Kirchgang oder die Kinderaufzucht.

Nimmt man nun diesen engeren, ökonomischen Begriff der materiellen Reproduktion des menschlichen Daseins als eine heuristische Abstraktion, so bezieht sich dieser, um die klassische Diktion des historischen Materialismus zu übernehmen, auf die jeweilige historisch spezifische Gestalt der Produktionsweise als Einheit von Produktivkräften und Produktionsverhältnissen. Während die materiellen Produktivkräfte aus den technischen Produktionsmitteln, den natürlichen Produktionsbedingungen und der (menschlichen wie tierischen) Arbeitskraft bestehen, bezeichnen die Produktionsverhältnisse den sozio-politischen Funktionszusammenhang des Arbeits- und Produktionsprozesses. Juristisch werden die Produktionsverhältnisse als Eigentumsverhältnisse, das heißt Verfügungsverhältnisse über die Produktivkräfte und die Arbeitsprodukte gefasst, welche die ökonomischen Herrschafts- und Ausbeutungsverhältnisse rechtlich kodifizieren und politisch sanktionieren, wobei ‚rechtlich' wie ‚politisch' an dieser Stelle ebenfalls in einem historisch wie begrifflich weiten Sinne zu verstehen ist. Die verschiedenen Produktionsweisen der historischen Klassengesellschaften unterscheiden sich demnach durch die jeweilige Form der politisch-juristischen Organisation der Produktions- und Ausbeutungsprozesse sowie die Form der Produktion, Aneignung und Distribution der Arbeitserzeugnisse. Die Basis ist somit prinzipiell, anders als Engels immer wieder suggeriert, kein a-/prä-sozial technischer oder a-/prä-politisch ökonomischer Raum, sondern sie existiert nur in und durch historisch spezifische politisch-juristische institutionalisierte Herrschafts- und Eigentumsverhältnisse. Diese sozialen Formen sind nicht nur historisch auf je spezifische Art und Weise in die Entwicklung der materiellen Basis äußerlich involviert, sondern sind ihr systematisch inhärent.

Die fundamentale Bedeutung der materiellen Re-Produktion für die Gestalt und Dynamik der gesellschaftlichen Totalität begründet folglich kein kausales Determinationsverhältnis, sondern allein ein Abhängigkeits- und Prioritätsverhältnis, was dreierlei impliziert: *Erstens* können sich die sozialen, politischen und kulturellen Formen und Institutionen einer Gesellschaft nicht selbstständig reproduzieren. Alle gesellschaftlichen, auch die (vermeintlich) sich eigengesetzlich gestaltenden ‚Teilsysteme' und sozialen Praktiken haben keine dauerhafte Existenz und Funktionsfähigkeit, ohne dass die materielle Reproduktion der Gesellschaft gesichert ist. Die materielle Basis ist in diesem Sinne den anderen gesellschaftlichen Teilbereichen zwingend logisch vorausgesetzt, ohne doch je historisch konkret ohne sie bestehen zu können. Die jeweilige spezifische Gestalt und Struktur der gesellschaftlichen Totalität, die Formen ihrer Entwicklung, Dynamik und inneren Vermittlung, sind somit nur verständlich vor dem

Hintergrund der spezifischen Gestalt des materiellen Produktionsprozesses, der selbst immer zugleich nur in politisch-rechtlich vermittelter Gestalt existiert. *Zweitens* können sich die jeweiligen Gestalten des ‚Überbaus' nicht autonom aus sich selbst erzeugen, sondern sind durch die historisch spezifische Konstitution der gesellschaftlichen Arbeits- und Ausbeutungsverhältnisse vermittelt. Der gesamte politisch-rechtliche Komplex einer Gesellschaft hat wirkmächtige Eigenschaften, die das gesellschaftliche Ganze betreffen und mitgestalten. Er ist aber in seiner jeweiligen Struktur nicht beliebig und generiert sich nicht autonom aus sich selbst heraus. Das alleine bedingt die Daseinsberechtigung des Terminus ‚Überbau', nicht dass er etwas Sekundäres, Determiniertes oder gar Belangloses in der gesellschaftlichen Totalität wäre. *Drittens* besagt das sozialontologische Primat des Materiellen, dass in der bisherigen Geschichte die sozialen Formen nicht das Produkt bewusster Planung, sondern Resultate naturwüchsiger Vergesellschaftung darstellen. Die Priorität der basalen materiellen und ökonomischen Reproduktionsmechanismen besteht diesbezüglich darin, wie auch Engels herausstellt (vgl. MEW 21, 296-298), dass diese in der ‚Vorgeschichte' eine nicht-intentionale Eigendynamik und -logik annehmen, die sich über die handelnden Akteure hinweg und unabhängig von deren Bewusstsein und Willen durchsetzt; die kapitalistische Wirtschaftskrise ist ein klassisches Beispiel hierfür.

Entscheidend ist nun abermals die weitergehende historische Spezifikation aller dieser bei Marx und Engels mehr oder weniger prägnant bestimmten Kernbegriffe einer materialistischen Gesellschaftstheorie. Das betrifft nicht nur den Begriff der Ökonomie, sondern auch in Korrelation hierzu den der Arbeit selbst, als einem fraglos fundamentalen Begriff des kritischen Materialismus, der aber ebenso wenig geeignet ist wie ‚die' Ökonomie, eine teleologische Geschichtsphilosophie der Entfaltung der menschlichen Wesenskräfte zu fundieren. Vielmehr erweisen sich die un- und überhistorischen Begriffe der ökonomistischen ‚Arbeitsmetaphysik' als Projektionen kapitalistischer Vergesellschaftungsmomente in die Geschichte als solche, der an sich als *principium movens* unterstellt wird, was erst ihr Resultat ist. Marx hat diesbezüglich zwar Wesentliches festgehalten: „Die Bestimmungen, die für die Produktion überhaupt gelten, müssen grade gesondert werden, damit über der Einheit – die schon daraus hervorgeht, daß das Subjekt, die Menschheit, und das Objekt, die Natur, dieselben – die wesentliche Verschiedenheit nicht vergessen wird. In diesem Vergessen liegt z.B. die ganze Weisheit der modernen Ökonomen, die die Ewigkeit und Harmonie der bestehenden sozialen Verhältnisse beweisen" (MEW 42, 21), nicht weniger als die der marxistischen Arbeitsmetaphysik, welche die „Arbeit überhaupt" (38) unabhängig ihrer gesellschaftlichen Formbestimmtheit zum Ausgangspunkt ganzer Geschichtsphilosophien stilisiert(e): „Es gibt allen Produktionsstufen gemeinsame Bestimmungen, die vom Denken als allgemeine fixiert werden; aber die sog. *allgemeinen Bedingungen* aller Produktion sind nichts als diese abstrakten Momente, mit denen keine wirkliche geschichtliche Produktionsstufe begriffen ist." (24)

In Teilen muss diese Kritik allerdings gegen Marx selbst gewendet werden. Auch wenn der Stoffwechsel mit der Natur die materielle Voraussetzung jeder menschlichen Existenz ist, und dieser im Laufe der neolithischen Transformation zunehmend im Modus der, bereits für die frühen, agrarisch fundierten Klassengesellschaften prioritären Arbeit vollzogen wurde, muss dieser – anders als Marx annahm (vgl. MEW 23, 57 u. 198) – jedoch nicht per se durch Arbeit vermittelt sein, wenn man denn seinen eigenen Arbeitsbegriff zugrunde legt (vgl. 192ff.). Von Arbeit und Ökonomie in frühen vorkapitalistischen Gesellschaften als Basis zu sprechen – schon die jeweiligen Wörter fehlen zumeist (vgl. Kuchenbuch/Sokoll 1990) –, macht nur beschränkt Sinn: als Verweis auf die Naturnotwendigkeit des Mensch-Natur-Stoffwechsels. Eine anschauliche und eindringliche Analyse dieses Sachverhalts, der historischen Konstitution des uns zur zweiten Natur gewordenen *homo oeconomicus*, bietet die frühe Arbeit *Die zwei Gesichter der Arbeit* von Pierre Bourdieu. Bourdieu analysiert dort insbesondere die ökonomische Vermittlung von Zeitbewusstsein, wobei das mit einer abstrakten Zukunft und dem wirtschaftlichen Nutzen kalkulierende Denken als historisches Resultat der kapitalistischen Produktionsweise ausgewiesen wird (vgl. auch Thompson 1980, 34ff.; Postone 2003, 303ff.), welches dem archaischen Ethos „der Ehre diametral" (Bourdieu 2000, 46) entgegensteht.[26] Bourdieu macht hierbei deutlich, dass es in vorkapitalistischen Gesellschaften eine verselbstständigte Ökonomie und einen ihr gemäßen Habitus gar nicht gibt. Folgerichtig gilt dies am Ende auch für die Arbeit selbst: „Der Bauer gebärdet sich nicht wie eine wirksame Macht angesichts einer fremden Welt: sehr nahe einer von menschlichen Einflüssen kaum berührten und gezeichneten Natur, kann er gegenüber den natürlichen Mächten […] nur Unterwerfung an den Tag legen. Muß man sich wundern, daß er sein eigenes Tun nicht als Arbeit im eigentlichen Sinne wahrnimmt"? (Bourdieu 2000, 51)

Der Marxsche Arbeitsbegriff impliziert hingegen bereits eine nicht mehr weiter historisch reflektierte Subjekt-Objekt-Beziehung vom aktiven Menschen hier und passiver Natur dort, die in archaischen Sozialverhältnissen inexistent, und in den noch weit in die Geschichte der vorkapitalistischen, agrarisch geprägten Klassengesellschaften hineinreichenden Formen der Vergesellschaftung nicht universalisiert war. Archaische Formen der menschlichen Naturbeziehung zielten nicht auf die Beherrschung des Naturstoffs durch Arbeit als zweckgerichteter, technologisch vermittelter Tätigkeit, sondern auf die magisch-mimetische Beeinflussung und Nachahmung der als Subjekte gedeuteten Naturkräfte. „Magische Arbeit" (Apel 1982, 42) als materiell-ideelle Tätigkeitsform der rezeptiven Subsistenzweise archaischer Gesellschaften intendiert nicht die Transformation und die aktive Umgestaltung der Natur, sondern die repetitive Reproduktion ihrer lebenspendenden, sich rhythmisch wiederholenden Kreisläufe. Sie ist auf Erhalt, nicht auf Veränderung gerichtet, auf Wiederkehr, nicht auf Entwicklung, auf mimetisch-anpassende Aneignung, nicht auf eingreifende und umgestaltende Produktion. Diese auf reproduktive Subsistenz ausgerichtete soziale Organisation der materiellen Reproduktion schlägt sich ihrem repetitiv-statischen Charakter gemäß auch in entsprechenden mythologischen Kosmologien nieder, die auf Zyklik und nicht auf Progression ausgerichtet sind. Auch diese Gesellschaften kennen fraglos Veränderungen und unterliegen Entwicklungen. Diese umfassen allerdings Zeiträume, die es verunmöglichen, dass sich in ihnen ein geschichtliches Bewusstsein herauszubilden vermag, in dem sich der Mensch als tätiges Subjekt erfährt.

Was aus all diesen Sachverhalten deutlich wird, ist, dass der kritische Materialismus kein teleologisches Universalgesetz der Geschichte kennt. Weder ist diese Ausdruck der Selbstentfaltung eines menschlichen Wesens, das sein Gattungspotential (in) der Arbeit aktualisiert, noch das Resultat einer (autonomen) Entwicklung der Produktivkräfte als dem vermeintlich bestimmenden dynamischen Moment des Geschichtsprozesses. Den materiellen Zusammenhang der menschlichen Geschichte als „‚Selbsterzeugung der Gattung'" und „die ‚Gesellschaft als Subjekt'" oder als ein „einziges Individuum […], daß das Mysterium vollzieht, sich selbst zu erzeugen", zu betrachten, ist vielmehr „spekulativ-idealistisch, d.h. phantastisch" (MEW 3, 37). Engels hat diese eigene Einsicht allerdings nur unzureichend beherzigt. An die Stelle eines komplexen Vermittlungsbegriffs von gesellschaftlicher Totalität, die es in ihrer Struktur historisch zu spezifizieren gilt, tritt bei ihm letztlich genau immer wieder jener reduktionistisch-deduktive Basisbegriff, in der die Ökonomie zu einer transhistorischen autonomen Macht stilisiert wird, die von Marx reifer Kritik der politischen Ökonomie als ideologischer Schein kapitalistischer Vergesellschaftung dechiffriert wird. In Engels' populären Schriften geht der politische Kern der Ökonomie wieder verloren, den aufzudecken das Marxsche Anliegen ihrer Kritik war: das für den kapitalistischen Produktions- und Verwertungsprozess konstitutive Klassenverhältnis, welches auf der historischen Scheidung der Produzenten von ihren Produktionsmitteln basiert, die mittels politischer Gewalt vollzogen wurde und von dem (wie demokratisch auch immer verfassten) bürgerlichen Staat und seinem Recht als den gewaltbasierten Garanten der Ordnung des Privateigentums aufrechterhalten wird.

Von Anfang an ist, was Engels verkannt hat, die Marxsche Ökonomiekritik eine Analyse der ökonomischen Kategorien der *kapitalistischen* Produktionsweise unter Berücksichtigung ihrer verschiedenen Erscheinungsebenen. Erst ihr ausgewiesener innerer Zusammenhang weist der Notwendigkeit der geschichtlichen Betrachtung ihren Platz in der Darstellung zu. Die von Engels unterstellte Einheit von historischer und logischer Darstellung (vgl. MEW 13, 473-475; Elbe 2008, 18-21) wird diesem Sachverhalt nicht gerecht und führt gleichermaßen zu einer teleologischen Logifizierung des Geschichtsprozesses wie zu einer historischen Entspezifizierung der Kategorien der Kritik der politischen Ökonomie. Die begriffliche Systematik geht bei Marx nicht zufällig der Darstellung der geschichtlichen Voraussetzungen der gewordenen Totalität voraus. Die sog. ursprüngliche Akkumulation des Kapitals steht wohlbegründet am Ende, nicht am Anfang des *Kapitals*. Die historischen Voraussetzungen des Kapitals werden von Marx erst über dessen begriffliche Bestimmungen eruiert, die einen kontingenten Charakter haben und somit nicht weiter aus dem allgemeinen Begriff des Kapitals oder, wie bei Engels, aus einem logifizierten Geschichtsprozess deduzierbar sind, was weder heißt, dass sie unerklärbar noch bloßer Zufall sind. Sie sind aber nicht zwingendes Resultat der historischen Entwicklung (der Produktivkräfte). Die begriffliche Darstellung besitzt folglich in dem Sinne Priorität, als sie keine abgekürzte und logifizierte Betrachtung der Realgeschichte des Werdens und des Seins der kapitalistischen Produktionsweise ist. Es ist vielmehr die begriffliche Entwicklung selbst, die die irreduzible Historizität und spezifische Gegenständlichkeit ihres Materials aufdeckt. So „zeigt unsre Methode die Punkte, wo die historische Betrachtung hereintreten muß oder wo die bürgerliche Ökonomie als bloß historische Gestalt des Produktionsprozesses über sich hinausweist auf frühre historische Weisen der Produktion." (MEW 42, 373). Die begriffliche Entfaltung des Kapitalbegriffs legt folglich nicht bloß dar, wo die aus dem Begriff nicht deduzierbaren historischen Entstehungsbedingungen des Kapitalismus selbst von konstitutiver Bedeutung sind, sondern ist zudem Voraussetzung, um die Geschichte des Kapitals – „eine Arbeit für sich" (373) – überhaupt angemessen schreiben zu können. Am Anfang der kapitalistischen Produktionsweise steht demnach nicht die eherne Notwendigkeit der Produktivkraftentwicklung oder eines anderen Geschichtsgesetzes, sondern die sozialontologisch als kontingent zu klassifizierende Gewalt der ursprünglichen Akkumulation, die im stummen Zwang der Verhältnisse aufgehoben wurde und sich in den Strukturen von Staat und Kapital sedimentierte. Diese von Zufall wie Notwendigkeit gleichermaßen kategorial unterschiedene Kontingenz ist konstitutiv für den kritischen Materialismus und kennzeichnet diesen als historisch-dialektischen in Differenz zum mechanisch-naturalistischen Materialismus.[27]

Bei Engels wird nicht nur dieser Sachverhalt immer wieder verkannt. Analog zu seinem überhistorischen Ökonomiebegriff analysiert er auch den modernen bürgerlichen Staat in seiner Formspezifik nicht hinreichend, sondern bestimmt ihn in Gestalt einer „marxistischen ‚Herrschaftssoziologie'" (Schäfer 2006, 126) allein von seinem Inhalt her: „eine Organisation der jedesmaligen ausbeutenden Klasse zur Aufrechterhaltung ihrer äußern Produktionsbedingungen, also namentlich zur gewaltsamen Niederhaltung der ausgebeuteten Klasse" (MEW 20, 261; vgl. MEW 21, 164-168, 300-302). Abermals wird hiermit die entscheidende Differenz zwischen kapitalistischen und vorkapitalistischen Formen politischen Zwangs eingeebnet, weil das gesellschaftstheoretisch zentrale Verhältnis von Politik und Ökonomie in seinem historischen Formenwandel nicht erkannt ist. Engels unterschlägt wenigstens implizit, dass die Produktion, Distribution und Aneignung des gesellschaftlichen Mehrprodukts im Kapitalismus nicht durch politische Gewalt direkt erzwungen werden, sondern sich über den ‚freien' Tausch von Waren (gerade auch der Arbeitskraft) auf dem Markt vermitteln. Dies bedingt die Verdoppelung von Gesellschaft in die Gesellschaft der formell gleichen und gewaltlosen Privateigentümer auf der einen Seite und den Staat als allgemeiner und öffentlicher politischer Gewalt auf der anderen Seite, dessen primäre Vermittlungsform das zwangsbasierte, aber nicht bloß die Gewalt der Herrschenden darstellende Recht ist, dessen Klassencharakter durch allgemeine Gleichgültigkeit und nicht mittels verbriefter Privilegien konstituiert ist. Bei Engels hingegen ist auch der „moderne Staat" immer wieder, wenn auch nicht ausschließlich, bloß ein „Staat der Kapitalisten" (MEW 20, 260), der, wie die vormodernen Staaten, Repressionsinstrument der jeweils ökonomisch herrschenden Klasse sei.

Dieses Problem wiederholt sich schlussendlich, wenn Engels den Grundwiderspruch des Kapitalismus als den zwischen gesellschaftlicher Produktion und privater Aneignung ausgibt (vgl. 252f.). Hiermit wird geradewegs die zentrale Einsicht in die soziale Spezifik der kapitalistischen Produktion verdeckt, die „keine unmittelbare Gesellschaftlichkeit ist, sondern sich hinter den Rücken der Produzenten, durch das Wertgesetz und die Marktprozesse vermittelt, herstellt. [...] Engels' [...] Verständnis vermengte die spezifische Gesellschaftlichkeit kapitalistischer *Waren*produktion, samt ihrer Planung, mit gesellschaftlicher Produktion." (Schäfer 2006, 168f.; vgl. Kittsteiner 1977, 44-47) Hieran haben nicht nur diverse Imperialismus- und Stamokaptheorien angeschlossen, deren Hauptaussagen über die Entwicklung des Kapitalismus in einem ungeklärten Verhältnis zur Kritik der politischen Ökonomie stehen. Engels' reproduziert obendrein auch noch die politisch brisante Vorstellung, dass der Staat als Instrument allein in die richtigen Hände, die der revolutionären Avantgarde, geraten muss, um als Hebel der Befreiung wirken zu können, der die quasisozialistische gesellschaftliche Produktion nur noch von den letzten verbleibenden Elementen der parasitären Kapitalistenklasse reinigen muss, um auch an sich sozialistisch zu werden. Damit ist nicht alles über Engels' Staats- und Kapitalismustheorie gesagt.[28] Es bahnt sich aber bereits jene Versimplifizierung einer dialektisch-materialistischen Formtheorie von kapitalistischer Ökonomie und Staat an, die am Ende auf ein Substanz-Akzidenz-Modell hinausläuft: Die Substanz ist der Klasseninhalt (bürgerlich vs. proletarisch), welche die politische Form auf solche Art und Weise bestimmt, dass sie akzidentiell wird. Die möglichen politischen Konsequenzen hiervon lassen sich am Bolschewismus studieren, für den jede politische Form kapitalistischer Herrschaft dieselbe unterschiedslose Klassenknechtung des Proletariats bedeutete, während die Diktatur des Proletariats, möge sie auch ihrer akzidentiellen Erscheinungsform nach brutaler Willkürherrschaft gleichen, notwendig, weil substantiell bestimmt, nichts anderes sein kann als die Befreiung der Arbeiterklasse. Die geschichtlich fatalen

Missdeutungen des Faschismus durch den Parteikommunismus haben hier eine ihrer theoretischen Wurzeln (vgl. Schäfer 1977; ders. 1994, 197ff.).

2. Engels' Geschichtsteleologie

In Engels' Schriften findet sich durchgehend jener deterministisch-ökonomistische Zug des Marxismus, der, nicht frei von groben Schemata und Übergeneralisierungen, immer wieder in eine Apologie von Herrschaft umschlägt. In seinem *Anti-Dühring* treibt er dieses Verfahren auf seine provokative, sich realistisch-abgeklärt gebende Spitze:

> „Erst die Sklaverei machte die Teilung der Arbeit zwischen Ackerbau und Industrie auf größerm Maßstab möglich, und damit die Blüte der alten Welt, das Griechentum. Ohne Sklaverei kein griechischer Staat, keine griechische Kunst und Wissenschaft; ohne Sklaverei kein Römerreich. Ohne die Grundlage des Griechentums und des Römerreichs aber auch kein modernes Europa. [...]. In diesem Sinne sind wir berechtigt zu sagen: Ohne antike Sklaverei kein moderner Sozialismus." (MEW 20, 168)[29]

Hiermit gibt Engels die an sich nahezu tautologische Erkenntnis kund, dass die Gegenwart Resultat der Geschichte ist, die sich in ihrem Verlauf selbstredend nicht ändern lässt. Die Gegenwart ist evidenterweise in dem Sinne ontologisch notwendig, als sie das zwingende Resultat alles Vergangenem darstellt, das die nicht wegzuschaffende Existenzbedingung der Gegenwart ist. Etwas anderes ist es aber, und dies ist bei Engels der Fall, diesem Verlauf retrospektiv eine Notwendigkeit zu unterstellen: dass es so geschehen musste, damit sich die Gegenwart folgerichtig hin auf ihr Ziel, den Sozialismus, zubewegen kann. Die in jeder je gewordenen und zu Geschichte werdenden Gegenwart existierenden realen Möglichkeiten werden auf diese Art negiert und ihr doppelter, die ontologische Mehrdimensionalität der Geschichte begründender Aspekt eingezogen, sowohl historisch bestimmt, als auch in Hinblick auf Zukünftiges offen (für Praxis) zu sein (vgl. Städtler 2020, 21f.). Aus dem Sachverhalt der zeitlichen Kausalkette der Geschichte wird fälschlicherweise darauf geschlossen, dass aus dem Früheren das Spätere in seiner je konkreten Gestalt als das Notwendige folgt. Richtig ist, dass die Bedingungen der Möglichkeit des Resultats sich rückblickend erschließen lassen, da dieses nicht aus dem Nichts sich generiert. Deswegen kann aber noch lange nicht das Gewordene aus seinen Voraussetzungen als notwendig im Sinne einer Alternativlosigkeit abgeleitet werden, die gleichermaßen die Notwendigkeit des Wirklichen wie seine Unveränderbarkeit durch bewusste Praxis behauptet. Der herrschaftsaffirmative Paralogismus *post hoc, ergo propter hoc* (vgl. Bulthaup 1973, 55; ders. 1998, 143f.) erhält seine besondere Brisanz bei Engels noch dazu dadurch, dass er nicht allein von der Gegenwart her argumentiert, sondern von dem Ideal einer sozialistischen Zukunft, die nicht nur das ganze Leiden der vergangenen Geschlechter und den Widersinn der Geschichte rechtfertigt, sondern auch alle gegenwärtigen Verbrechen als Dienst an der heroischen Zukunft decken kann.[30]

Dem kritischen Materialismus stellt sich das Verhältnis von Notwendigkeit und Möglichkeit im Geschichtsprozess anders dar als in seiner deterministischen Deutung. Retrospektiv erweist sich der Geschichtsverlauf nicht als zwingend, aber doch als folgerichtig entschlüsselbar. Es kann zwar nicht von den Voraussetzungen (vorkapitalistische Klassengesellschaften) auf das Resultat (kapitalistische Weltgesellschaft) geschlossen werden, wohl aber von diesem auf jene:

> „Die bürgerliche Gesellschaft ist die entwickeltste und mannigfaltigste historische Organisation der Produktion. Die Kategorien, die ihre Verhältnisse ausdrücken, das Verständnis ihrer Gliederung gewähren daher zugleich Einsicht in die Gliederung und die Produktionsverhältnisse aller der untergegangnen Gesellschaftsformen, mit deren Trümmern und Elementen sie sich aufgebaut, von denen teils noch unüberwundne Reste sich in ihr fortschleppen, bloße Andeutungen sich zu ausgebildeten Bedeutungen entwickelt haben etc. Die Anatomie des Menschen ist ein Schlüssel zur Anatomie des Affen." (MEW 42, 39)

Diese Annahme ist das „Gegenteil einer teleologischen oder sogar funktionalen Erklärung" (Wood 2010, 144; vgl. Arndt 1994, 306-308). Das geschichtlich Spätere ist nicht gesetzmäßig notwendig im Früheren angelegt und es ist auch nicht das Resultat einer geschichtlich funktionalen Perfektionierung in dem Sinne, dass das Spätere per se die die Entwicklung des Früheren hemmenden Widersprüche produktiv aufhebt. Das Spätere entstand weder aus einem sich entfaltenden, zielgerichteten Bewegungsgesetz der Geschichte, noch ist es funktional in der Weise ableitbar, die sein Werden und seine Existenz dadurch bestimmt, dass es in die Welt kam, *um* die Entwicklungshemmnisse des Früheren zu beseitigen. „Das historisch Spätere“ ist vielmehr nur „erkenntnistheoretisch der Ausgangspunkt zur Bestimmung der Medien seiner Genesis“ (Haag 2005, 194; vgl. Ritsert 1973, 69, 72f.), wobei sich gerade im Spiegel der vorkapitalistischen Gesellschaftsformationen die „historische Besonderheit“ (Wood 2010, 143) kapitalistischer Vergesellschaftung zu erkennen gibt, die nicht das Resultat einer historischen Teleologie ist:

> „Die Geschichte ist nichts als die Aufeinanderfolge der einzelnen Generationen, von denen Jede die ihr von allen vorhergegangenen übermachten Materiale, Kapitalien, Produktionskräfte exploitiert, daher also einerseits unter ganz veränderten Umständen die überkommene Tätigkeit fortsetzt und andrerseits mit einer ganz veränderten Tätigkeit die alten Umstände modifiziert, was sich nun spekulativ so verdrehen läßt, daß die spätere Geschichte zum Zweck der früheren gemacht wird, z.B., daß der Entdeckung Amerikas der Zweck zugrunde gelegt wird, der französischen Revolution zum Durchbruch zu verhelfen, wodurch dann die Geschichte ihre aparten Zwecke erhält und eine ‚Person neben anderen Personen‘ (als da sind: ‚Selbstbewußtsein, Kritik, Einziger‘ etc.) wird, während das, was man mit den Worten ‚Bestimmung‘, ‚Zweck‘, ‚Keim‘, ‚Idee‘ der früheren Geschichte bezeichnet, weiter nichts ist als eine Abstraktion von der späteren Geschichte, eine Abstraktion von dem aktiven Einfluß, den die frühere Geschichte auf die spätere ausübt.“ (MEW 3, 45)

So wenig wie der geschichtliche Verlauf eine zwingend-kausale Ursache-Folge-Kette ist, die sich vom Resultat her auch noch als Fortschritt rechtfertigt, so wenig ist die pure Faktizität des geschichtlich gewordenen Seienden zugleich der zwingende Beweis für die Unmöglichkeit aller historischen Alternativen und der kompletten Vergeblichkeit der Kämpfe für sie. Diesen muss man nicht nur zumindest zusprechen, dass sie auf das jeweilige Resultat der Geschichte eingewirkt haben, welches ohne sie selbstredend anders ausgefallen wäre; auch ihr Scheitern bleibt nicht wirkungslos. Vielmehr sind es allein diese (bisher gescheiterten) Kämpfe, die aus bloßen Traumgebilden reale Möglichkeiten werden lassen können. Die Bedingungen der Befreiung sind selbst immer auch Resultat vorangegangener Kämpfe, von bedingter, nicht aber kausal-bestimmter Praxis, und somit wandelbar und nicht determiniert. Das heißt nicht, dass sich Verlauf und Resultat der Geschichte in eine Agglomeration von puren Zufällen oder in politische Kräfteverhältnisse auflöst. Dem widerspricht, wie Engels unumwunden zugestanden sei, jede materialistische Einsicht in die strukturell-materielle Komponente des Geschichtsverlaufs und ihrer retrospektiv erschließbaren Folgerichtigkeit, die allerdings etwas kategorial anders ist als eine determinierte Notwendigkeit. Der historische Materialismus ist folglich nur dann als *kritisch* zu klassifizieren, wenn er sich vom deterministischen „*naturalistischen Materialismus*" abhebt: „Berechtigung des Zufalls. […]. (Der Freiheit u.a. auch.)" (MEW 42, 43), die von menschlicher Praxis nicht zu trennen sind. Sie ist es, die Geschichte offenhält und von natürlicher Evolution qualitativ unterscheidet.

Die Re-Politisierung des Materialismus, die das kritische Primat der Praxis fortschreibt, ist damit angezeigt. Kritisch ist dies in einem doppelten Sinne: Praxis als Ausdruck menschlichen Freiheitsvermögens ist das Fundament der materialistischen Kritik an der ‚Dyspraxia' (Aischylos). Kritisch ist dies zugleich aber auch im Sinne von prekär. Der kritische Materialismus leugnet nicht die (Über-)Macht und Selbstständigkeit der Objektwelt von Natur und Gesellschaft. Sie kann nicht, wie es noch Lukács' Hoffnung war, durch die „*Tathandlung*" (Lukács 1970, 262) des Proletariats oder der Menschheit als des identischen Subjekt-Objekts der Geschichte negiert werden. Es geht allein darum, die Dominanz von Natur und Gesellschaft im Allgemeinen und ihrer eigengesetzlichen Verselbstständigung unter kapitalistischen Produktionsverhältnissen im Besonderen historisch-genetisch zu erklären und in Beziehung zur menschlichen Praxis zu setzen als dem aktiven, aber nicht allmächtigen und einzigen Moment einer komplexen Vermittlungsbeziehung. Die historische Spezifikation der Praxis in und aus ihren ökologischen und gesellschaftlich-strukturellen Voraussetzungen und Resultaten ist somit das eigentliche Anliegen des kritischen Materialismus. Praxis ist ihm kein theoretischer Zauberschlüssel. Die Reflexion auf ihre natürlichen und gesellschaftlichen Voraussetzungen und Grenzen macht ihren materialistischen Begriff aus. Die menschliche Praxis als von Bewusstsein geleitetes Freiheitsvermögen findet demnach zum einen unter Voraussetzungen statt, die ihr nicht beliebig verfügbar sind, sondern an denen sie sich im wahrsten Sinne des Wortes ‚abarbeitet'. Zum anderen produziert das Handeln selbst jene nicht-intentionale strukturelle Wirklichkeit als eine verselbstständigte soziale Macht, die sich durch das Handeln (re-

)produziert, indem sie sich als nicht-beliebige Handlungsbedingung (voraus-)setzt, wie Engels mit Recht unterstreicht. Aus den historisch verschieden zu gewichtenden materiellen (natürlichen wie sozialen) nicht-intentionalen Voraussetzungen menschlicher Praxis leiten sich aber weder konkrete Formen von Vergesellschaftung gesetzmäßig ab noch sind diese jenseits von menschlicher intentionaler Praxis. Sie sind in keinem Fall unpolitisch oder Produkte einer überhistorischen Ökonomie, die das Gesetz der Geschichte bestimmt. Die materiellen Handlungsvoraussetzungen stellen keine zwingende kausale Begründung dafür da, dass die bisherige Geschichte eine von verschiedenen Herrschaftsformen war, auch wenn die menschliche Praxis nicht jenseits dieser nicht-intentionalen materiellen Bedingungen existiert und ohne diese nicht in ihrer jeweiligen historischen Gestalt und ihren Resultaten zu verstehen ist. An die Stelle von unstrukturiertem und regellosem Chaos, das sich der Erkenntnis entzieht, tritt für den kritischen Materialismus eine Folgerichtigkeit, die nicht teleologisch begründet ist und/oder naturgesetzmäßig verläuft. Weil sie das sich beständig transformierende Resultat des Zusammenspiels von objektiven materiellen Bedingungen und menschlicher Praxis ist, die sich prozessual gegenseitig vermitteln und somit verändern, stellt Geschichte weder eine Ansammlung von Un- und Zufällen noch einen determinierten Zusammenhang dar.

Das Politische als Ausdruck von sozialer (Gestaltungs-)Freiheit geht dabei den Bedingungen der materiellen (Re-)Produktion weder in vorkapitalistischen noch in kapitalistischen Gesellschaften voraus, sondern gestaltet diese in Auseinandersetzung mit ihnen; findet in ihnen, nicht vor oder über ihnen statt. Dass jede Form der Vergesellschaftung politisch und somit veränderbar ist, ist Resultat davon, dass sie menschlicher Praxis entspringt, die ohne Freiheit nicht wäre. Die historischen Formen und Resultate menschlicher Praxis lassen sich aber nur entschlüsseln, wenn sie rückbezogen werden auf ihre zentralen Voraussetzungen, die zu allererst in den basalen gesellschaftlichen Naturverhältnissen und dem materiellen gesellschaftlichen (Re-)Produktionsprozess zu lokalisieren sind. Das unterscheidet den kritischen Materialismus qualitativ von den diversen Spielarten postmarxistischer Ontologien eines Primats des Politischen. Was allein im Raume steht und bisweilen gegen Engels (und Marx selbst) festgehalten werden muss, ist die in der Praxis als bewusster Tätigkeit angelegte Möglichkeit, dass die Menschen Subjekte ihrer Geschichte werden können und somit ihre gesellschaftliche Heteronomie wenigstens virtuell zur Disposition steht. Ein materialistischer

Begriff von Geschichte belegt nicht mehr, aber auch nicht weniger als die Kontingenz der Herrschaft, die, als eine dem Menschen nicht gemäße Vergesellschaftungsweise, abzuschaffen, Aufgabe einer notwendig ungewissen Praxis aus Freiheit wäre.

Exkurs: Moralevolution, Herrschaftsgenese und Klassenkampf (ad Habermas)

Habermas' Rekonstruktion des historischen Materialismus verhält sich antipodisch zu der hier vertretenen Fassung des kritischen Materialismus. Habermas benennt zwar zentrale Probleme eines historischen Materialismus, der die Menschheitsgeschichte als *„einlinige, notwendige, ununterbrochene und aufsteigende Entwicklung* eines *Makrosubjekts"* ausgibt, die sich durch „eine Sequenz von fünf oder sechs Produktionsweisen" (Habermas 1976, 154; vgl. 154f. 165-167) vollzieht. Auch wenn Habermas' Annahme, dass Marx' „Theorie des Kapitalismus" nur ein „Teilstück" (41; vgl. 144) des historischen Materialismus ist, hier geteilt wird, gilt dies jedoch nicht für weitere Begründungen und Resultate seiner Rekonstruktion des historischen Materialismus. Diese verhalten sich nicht nur derart inkompatibel mit den Grundannahmen von Marx und Engels, dass Habermas' terminologische Anlehnung an den historischen Materialismus geradezu irritiert (vgl. Tuschling 1978, 396). Noch fragwürdiger als seine befremdliche Terminologie sind seine Rekonstruktionsvorschläge selbst, die die monierten Probleme der einst dominanten (ökonomistisch-evolutionistischen) Lesart des historischen Materialismus in Teilen sogar noch potenzieren.

Habermas' zentrale spekulative Annahme einer Homologie von onto- und phylogenetischer Bewusstseinsentwicklung (vgl. Habermas 1976, 12ff.; vgl. kritisch Tuschling 1978, 397f.; Holzer 1978, 134f., Hauck 1979, 76f.; Junge 1980, 50f.; Niedenzu 1982, 25f.) führt zu einer biologistisch fundierten Re-Idealiserung der menschlichen Geschichte, in der ganze Gesellschaften zu lernenden Subjekten werden und die Menschheitsgeschichte zu einem evolutionären Lernvorgang mutiert. Der Kritiker der Subjektphilosophie, die doch idealistische Erblast der Marxschen und der Kritischen Theorie sein soll, lässt diese in Gestalt einer sozialwissenschaftlichen Evolutionstheorie wieder auferstehen. In dieser fungieren nicht die menschliche Praxis der materiellen Reproduktion des gesellschaftlichen Lebens, sondern rationalisierende Weltbilder im Allgemeinen und die Entwicklung von Recht und Moral im Besonderen als „Schrittmacher der sozialen Evolution" (Habermas 1976, 35; vgl. 176, 178): „Vermutlich schöpfen die kognitive und interaktive Entwicklung nur einen logischen Spielraum möglicher Strukturbildungen aus, der bereits mit der naturgeschichtlichen Innovation sprachlich hergestellter Intersubjektivität an der Schwelle zur soziokulturellen Lebensform entstanden ist." (38) Nun ist es das eine, auf die naturgeschichtlichen Voraussetzungen menschlicher Existenz und Vergesellschaftung zu verweisen; als logischer Spielraum sind diese so viel wie nichts sagend. Etwas anderes ist es hingegen, Geschichte als Verwirklichungsgeschehen von naturgeschichtlich generierten Rationalitätsstrukturen durch Lernen auszugeben. Ihr Spezifikum – die konstituierende wie konstituierte gesellschaftliche und gegenständliche Praxis – wird somit in ‚soziale' Evolution aufgelöst, die vermeintlich durch die „Errungenschaft der sprachlichen Kommunikation" (132) angetrieben wird, die wiederum eine automatisierte, dem Ontogenetischen parallelisierte phylogenetische Stufenfolge der Moralentwicklung erkennen lasse (vgl. 12ff, 134f.). Was Habermas als Missverständnis abwehren will, dass mit seiner (Re-)Konstruktion der „Geist" bzw. die „normativen Strukturen" zum Erklärungsprinzip der menschlichen Geschichte gemacht werden und eine „abermalige Logifizierung der Geschichte" (35) betrieben wird, ist trotz dieser subjektiven Bekundung treffend und das angebliche Missverständnis der Sache nach objektiv adäquat (vgl. Holzer 1978, 130-138). Der Geschichte wird, eher offen als verdeckt, eine abstrakte, idealistisch ausschlagende Evolutionstheorie *„übergestülpt"* (138) – es „tritt das historische Material unter Bestimmungen der sozialen Evolution" (Habermas 1976, 248; vgl. 245) –, die nicht mehr ökonomistisch eine welthistorische Logik der Gesellschaftsentwicklung konstruiert, sondern diese normativistisch uni-logifiziert und sie somit auf „eine Dimension schrumpfen läßt" (Holzer 1978, 134).

Die „Preisgabe des Konzepts des Gattungswesens" (Habermas 1976, 168), das Habermas unter der Hand selbst normativistisch-eduktionistisch reartikuliert, ist bereits eine theoretische Voraussetzung des historischen Materialismus, der keineswegs eine Gattungsmetaphysik vertritt, wie Habermas unterstellt (vgl. Tuschling 1978, 397). Dieser ist weder die Geschichtslehre eines rationalistisch-biologistisch bestimmten Gattungswesens noch Theorie der sozialen Evolution. Der historische Materialismus ist eine kritische Theorie der menschlichen Geschichte, deren zentrales Charakteristikum und Antrieb nicht das Lernen und die kommunikative Ausbildung normativer Strukturen sind, wie Habermas explizit behauptet (vgl. Habermas 1976, 132). In seinem Zentrum steht vielmehr die eminent politische Verkehrung der Praxis aus Freiheit in Herrschaft.

Die Geschichte dieser Verkehrung ist zum einen (prinzipiell wie realgeschichtlich) kontingenter und mannigfaltiger als es die unhistorischen Rückprojektionen und Überverallgemeinerungen des systemfunktionalistischen Evolutionismus unterstellen. Habermas führt diese mit der „Suche nach hochabstrakten gesellschaftlichen Organisationsprinzipien" (168) als den vermeintlichen „Universalien gesellschaftlicher Entwicklungsniveaus" (167) ein, die ihrerseits als Resultate von gesellschaftlichen „Lernschritte[n]" ausgegeben werden, die auf antizipative „ontogenetische Lernprozesse" (136) zurückgreifen können. *„Arbeit und Sprache"* werden hierbei nicht nur ihrer jeweiligen historisch-gesellschaftlichen Spezifik beraubt, sondern sogar als prähumane Voraussetzungen der sozialen Evolution behauptet, die *„älter als Mensch und Gesellschaft"* (151) selbst seien. Jene sind demzufolge nicht mehr Ergebnis einer gesellschaftlichen und gegenständlichen Praxis, die sie als Voraussetzung und Resultat ihrer selbst geschichtlich erzeugt und sich in ihnen darstellt, sondern werden zu naturgeschichtlichen Transzendentalien menschlicher Existenz. Zum anderen ist die reale Menschheitsgeschichte ungleich brutaler und primär, wenn auch nicht ausschließlich, durch ganz andere Handlungstypen bestimmt, als es solche sind, in der sich retrospektiv *auch* moralische Lernvorgänge erkennen lassen. Auf keine der von Habermas als zentral angeführten historischen Großveränderungen (neolithische Revolution, Entstehung von Staat und Klassengesellschaft, Genese des Kapitalismus) passt daher seine Erklärung der Transformationsprozesse (vgl. Hauck 1979, 81f.) als institutionalisierte Etablierung neuer Lernniveaus der Gesellschaften (vgl. Habermas 1976, 168), die angeblich durch den Rückgriff auf individuell-antizipative „Lernkapazitäten vergesellschafteter Subjekte neue Strukturen bilden, um bestandsgefährdende Steuerungsprobleme zu lösen." (169; vgl. 36f., 133-136)

Habermas unterschlägt mit dieser eduktionistischen Version der Gattungsgeschichte nicht nur den politischen Charakter der Entstehung und Entwicklung von Klassengesellschaften, sondern auch das Gewicht der Naturwüchsigkeit menschlicher Geschichte. Diese ist zwar, wie hinlänglich dargelegt, immer durch Praxis vermittelt, die Bewusstsein und somit selbstredend (normativ-moralische) Lernfähigkeit impliziert, welche als solche aber bewusstlos agiert und heteronom durch die Übermacht des Objektiven (Natur und Gesellschaft im historisch sich verändernden Maßen) bestimmt ist. Die menschliche Praxis ist folglich schon als solche (in all ihren Erscheinungen) nicht der isolierte Motor der historischen Entwicklung. Jenseits ihrer nicht selbst gewählten historischen Handlungsbedingungen, ihrer materiellen Härte und unbeherrschten Selbstständigkeit, ist sie eine falsche Abstraktion; bei aller sozial-ontologischen Bedeutung die der kritische Materialismus der Praxis beimisst, ist dies nie zu vergessen. Noch viel weniger aber war (und ist) ideell-antizipative Praxis der bewusste(re), moralische(re) Transformationsagent systemischer Steuerungsprobleme von Gesellschaften. Die Praxis ist vielmehr selbst in ihrer inneren Motivationsstruktur derart strukturell durch die Objektivität ihre antagonistischen Handlungsbedingungen vermittelt, dass, neben der naturwüchsigen Präponderanz verselbstständigter materiell-gesellschaftlicher Verhältnisse, der Komponente interessengeleiteten strategischen, nicht auf Konsens, sondern auf Vorteil ausgerichteten, sich aller effektiven Mittel (nicht zuletzt solche der Gewaltausübung) instrumentell bedienenden Handelns eine herausragende geschichtliche Bedeutung beigemessen werden muss (vgl. Hauck 1979, 78f., 82) – jedenfalls dann, wenn die reale Geschichte begriffen, und nicht die soziale Evolution von gesellschaftlichen Lernniveaus, normativen Strukturen und Moralität der Menschen (in sie hinein) konstruiert werden soll. Die materialistische Insistenz auf die selbstredend historisch variable und sich transformierende strukturelle Bedingtheit menschlicher Praxis, die selbst (re-)strukturierend wirkt, sowie die historisch spezifische Eigen- und Bewegungslogik ‚materieller' sozialer Verhältnisse, die sich durch das auch, nicht aber primär kommunikative Handeln aller Individuen hindurch formiert und reproduziert, negiert keineswegs die eigenständige historische Rolle und Bedeutung der „Dimension des moralisch-praktischen Bewußtseins" (Habermas 1976, 163). Sie relativiert sie aber qualitativ und kann ihr nicht jene historische Schrittmacherrolle zuschreiben, die ihr Habermas unterstellt.

Nimmt man beispielsweise Habermas' Theorie der Entstehung von Staat und Klassengesellschaften (vgl. 173-178), die sich vornehmlich auf die Arbeiten von Klaus Eder stützen, so erweist sich diese als kontrafaktische Konstruktion, in der die Weltgeschichte, so sehr Habermas dies auch subjektiv bestreiten mag, zur Entfaltung einer moralischen Idee umgedeutet wird; jene ist nicht mehr Weltgericht, sondern ein zweifelhaftes pädagogisches Exerzitium. Der Übergang zur staatlichen Herrschaft sei, so das zentrale Argument seiner Rekonstruktion des historischen Materialismus geschichtlich konkretisierend, als Resultat eines „evolutionären Lernvorgangs" zu begreifen, der eine Antwort auf „Steuerungsprobleme" (Habermas 1976, 176) im vorstaatlichen Sozialsystem darstelle. Die Antwort auf wachsende soziale Ungleichheit, Bevölkerungsentwicklung, Ressourcenknappheit etc. sei die Überwindung des überforderten, alten „familistische[n] Organisationsprinzip[s]“ (178) mittels und zugunsten der Etablierung politischer Herrschaft gewesen: „Legitime Macht kristallisiert sich um die Funktion der Rechtsprechung und die Position des Richters […]. Die Entstehung des Staates soll deshalb mit der erfolgreichen Stabilisierung einer Richterposition erklärt werden, die die konsensuelle Regelung von Handlungskonflikten […] gestattet.“ (177) Ohne an dieser Stelle weiter in jene Details zu gehen, welche die komplizierte Frage der Entstehung von politischer Herrschaft und Klassenvergesellschaftung betreffen (vgl. Wallat 2015, 153ff.), ist dem entgegenzuhalten, dass diese Annahme den zentralen Sachverhalt auf seinen Kopf stellt, was Aufgrund der Prämissen der Theorie allerdings zwingend ist: „Nicht moralische Einsicht, sondern Anfangs die Aussicht auf handfeste Vorteile, später die bloße Furcht vor Schlimmerem, führte zur Unterwerfung unter einen Herrschenden. Nur insofern, als er im Interesse der Erhaltung seiner Stellung in Streitigkeiten eingreifen […] mußte, wurde er zum Richter“ (Drexler, 2001, 251; vgl. Tuschling 1978, 407f., Hauck 1979, 79). Wie Drexler, im Übrigen im Gegensatz zu Habermas, am konkreten historischen Material verdeutlicht, sind es die „praktische Erfahrung“ mit naturwüchsigen Machtbildungsprozessen und „keinerlei *moralische* Lernprozesse“ (248), die sich in der historischen Genese von gesellschaftlichen Herrschaftspositionen niederschlagen. Nicht „konsensuelle Regelung“ und „moralische[r] Einsicht“ (250) wirken hier strukturbildend. Es verhält sich vielmehr umgekehrt. Die sich verselbstständigenden Machtverhältnisse, die eigene Handlungszwänge generieren, werden zu strukturellen Voraussetzungen der Praxis aller Akteure, die sich in den Intentionen und Formen ihrer Handlungen und der sie begleitenden Ideologien effektiv sedimentieren. Hierzu gehört auch die Entwicklung der Moral.

Anstelle der spekulativen Übertragung von Piagets ontogenetischer Stadientheorie der Moralevolution ins Phylogenetische wäre es, um Habermas' Gedanken der Bedeutung des (Lern-)Fortschritts des moralisch-praktischen Bewusstseins für den Geschichtsprozess dennoch aufzugreifen, fruchtbarer, wenn man die Idee von Albert Camus aufnehmen würde, dass das moralische Bewusstsein in der Revolte gegen die Herrschaft entsteht. Camus' *Mensch in der Revolte* ist eine Geschichte des ‚Kampfs um Anerkennung' (A. Honneth) aller und eines jeden als Freie und Gleiche.[31] Die „Revolte keimt auf beim Anblick der Unvernunft“ (Camus 2009, 17). Sie will nicht Chaos, sondern „Ordnung“ (17) ohne Herrschaft. Sie bezeichnet den „Verlust der

Geduld“ (22) gegenüber den bestehenden Verhältnissen. Ihr Anfang ist die „Bewußtwerdung“ (22) des Unrechts der Herrschaft: der Sklave, der an irgendeinem Punkt die Geduld verliert und sein Recht fordert. Er gewinnt das Selbstbewusstsein, Mensch zu sein. Der Mensch in der Revolte fordert nicht für sich, sondern für alle; sie ist Ausdruck einer als substantiell begriffenen Gleichheit der Menschen. Die Revolte zielt auf jene Freiheit und Einheit der Menschheit, die durch die Herrschaft zerstört wurde. Einmal erwacht, zieht das Bewusstsein der Revolte den Tod der Knechtschaft vor und nimmt den (Klassen-)Kampf auf. Dieser zielt nicht, wie das neidisch-giftige Ressentiment, auf die Vernichtung des Anderen, sondern auf die universelle Befreiung von Herrschaft, die auch die Herrschenden deformiert.

Camus entfaltet die *Phänomenologie des Geistes der Revolte*, seiner scharfen Kritik an Hegel zum Trotz, mittels eines Gedankens, der auch dessen idealistischer Geschichtsphilosophie zugrunde liegt: Der Fortschritt im Bewusstsein der Freiheit ist die historische Voraussetzung und das Resultat der Revolte, ein „mehr und mehr erweitertes Bewußtsein, welches das Menschengeschlecht im Laufe seiner Abenteuer von sich selbst gewinnt.“ (29) Diese Entwicklung des Geistes ist auch für Camus ein spezifisch okzidentales Phänomen, das sich an dem Widerspruch zwischen der erkannten Gleichheit der Menschen als vernunftbegabte Sinneswesen und ihrer faktischen Ungleichheit entzündet, was ein entsprechendes Bewusstsein voraussetzt, das sich zugleich entwickeln muss: „Die Freiheit hat nicht in gleichem Grade zugenommen wie das Bewußtsein, das der Mensch von ihr erlangt hat.“ (29) Für Camus besteht dieses Bewusstsein weder in urkommunistischen Gemeinschaften, die jenen Widerspruch gar nicht kennen, noch in festzementierten Herrschaftsordnungen, die den Gedanken der Einheit des Menschengeschlechts, der gleichen Freiheit aller, gar nicht erst aufkommen lassen (vgl. 28). Der moralische Universalismus ist demnach nicht das Resultat einer biologisch-kommunikativ fundierten Menschheitsevolution, sondern das einer konkreten Geschichte, kein Neben- oder Hauptprodukt der sozialen Evolution eines sprechenden Naturwesens, sondern die materielle, explizit gesellschaftliche Erfahrung eines vernunftbegabten Sinnenwesens mit der Unvernunft seiner sozialen Lebensverhältnisse. Die Unhinterfragbarkeit der sozialen Ordnung muss zerstört sein, damit das Bewusstsein der Revolte entflammen kann, was eine genuin politische Erfahrung bzw. die Erfahrung des Politischen selbst ist. Sie entzündet sich im Individuum, das gegen das Bestehende aufbegehrt und in diesem

Aufbegehren die transindividuell-kollektive Erfahrung macht, dass es nicht einsam und allein der Selbstzerissenheit der Welt ausgeliefert ist: „Ich empöre mich, also sind wir." (31)

Moral selbst ist an sich zeitlos und stellt einen radikalen Bruch mit der Natur dar (vgl. Castoriadis 2011, 164). Das Sittengesetz gilt nicht weniger universell als die Gesetze des Denkens für alle Menschen und alle Zeiten. Es gibt so wenig eine erst halbe Vernunft, wie es anno dazumal nur ein Viertel Würde gab, als ob der Galeerensklave ihrer weniger teilhaftig gewesen wäre als ein Mitbürger Kants. Das *Bewusstsein* der Moral hat allerdings, wie die begriffliche Selbstreflexion des Geistes und Vernunft, einen zeitlichen Index und eine empirische Geschichte. Es entfaltet und entzündet sich am Unrecht der Herrschaft und der Revolte gegen sie, und ist dabei nicht umstandslos aus gesellschaftlichen Bedingungen abzuleiten oder mit evolutionären gesellschaftlichen Entwicklungen zu parallelisieren. Die zeitlose Geltung der Moral schlägt sich auch im moralischen Bewusstsein nieder, das folgerichtig die Verfassung seiner eigenen Zeit, wenn auch nicht beliebig, transzendieren kann; das ist der rationale Kern von Habermas' Annahme einer antizipativen Funktion von Weltbildern, die „latent" neue Rationalitätsstrukturen verkörpern, die den „Handlungssystemen aber noch nicht einverleibt sind" (Habermas 1976, 36). Die sozialen Wurzeln des moralischen Bewusstseins sind jedoch nicht organisch-harmonistisch aus der jeweiligen historischen Gesellschaftsstruktur gewachsen, und ihre Entwicklungslogik ist nicht die einer evolutionären gesamtgesellschaftlichen und gattungsmäßigen Verallgemeinerung „des vernünftigen Gehalts anthropologisch tiefsitzender Strukturen" (Habermas 1995, 561) kommunikativer Verständigung. So wenig wie es einen transepochalen gesetzmäßigen Fortschritt der Produktivkräfte gibt, so wenig verläuft die Genese des Moralbewusstseins strikt co-evolutionär zu der Entfaltung der technisch-instrumentellen Naturbeherrschung und den sich wandelnden Herrschafts- und Produktionsverhältnissen. Dass die Entfaltung der universalistischen Prinzipien von Freiheit und Gleichheit im Zuge der Geschichte der Durchsetzung der kapitalistischen Produktionsweise stattfand, ist abermals weder Zufall noch historische Notwendigkeit. Diese haben zwar in der Grundstruktur der kapitalistischen Gesellschaft ein geschichtlich neuartiges materielles Fundament, einen günstigen sozialen Raum ihrer realgeschichtlichen Konstitution. Deswegen sind sie aber keinesfalls nur der ideelle Widerschein materieller gesellschaftlicher Verhältnisse, welche die Verwirklichung universalistischer Normen automatisch bedingen. Es gibt keine naturwüchsig-strukturelle, sich evolutionär entfaltende Einheit von Kapitalismus, Rechtsstaat, liberaler Demokratie und universalistischer Moral. Vielmehr prägen Kampf, Dissens und Ungleichzeitig die Entwicklung des moralischen Bewusstseins und seiner politischen Verwirklichung. Freiheit und Gleichheit aller Menschen müssen daher bis zum heutigen Tage gegen die Herrschaft (auch in ihrer kapitalistischen Form) von jenen durchgesetzt werden, die für sie kämpfen und dabei häufig genug nicht weniger als ihr Leben riskieren.

In diesem Sinne ist das moralische Bewusstsein tatsächlich Resultat eines bis in die antiken Klassengesellschaften zurückreichenden ‚Sklavenaufstandes'. Dieser ist aber weder durch unbewussten Neid und dumpfes Ressentiment motiviert noch stellt er einen gattungsgeschichtlichen ‚Lernprozess' dar, der sich daran macht, systemische Reproduktionsprobleme von Klassengesellschaften zu beseitigen. Vielmehr entspringt der Aufstand (der Moral) der Erfahrung mit dem Unrecht der Herrschaft, welche die Einheit der Menschheit spaltet und sie in meiner Person mit Füßen tritt. Die Revolte ist die kategorische Absage an diese „Umkehrung des Endzwecks der Schöpfung" (Kant 1968c, 362). Etwas von diesem Geist steckt in jedem authentischen Klassenkampf, der für den kritischen Materialismus selbstredend immer mit dem materiellen Interesse verbunden ist, welches selbst aber nicht seine Seele ist, die ihn vielmehr über seine bodenständige Basis hinaustreibt. Ein recht verstandener historischer Materialismus weiß darum. Es ist nicht nötig, ihn unter seinem eigenen Namen in eine idealistische Theorie der sozialen Evolution zu verkehren, die konsequent die (Ab-)Gründe der menschlichen Geschichte verkennt: Rekonstruktion als „*Destruktion* des Historischen Materialismus" (Holzer 1978, 131).

Die Naturalisierung und Re-Objektivierung des kritischen Materialismus

Engels' sog. Naturdialektik stand einst im Zentrum hitziger Debatten, die „eher einer politischen Schlacht" glichen „als einer philosophischen oder wissenschaftlichen Diskussion" (Kangal 2022, 63).[32] In der Kritischen Theorie wurde sie im Anschluss an Lukács' *Geschichte und Klassenbewußtsein* (vgl. Lukács 1970, 62-64) als Einfallstor für eine unkritische herrschaftsapologetische „Legitimationswissenschaft" (Negt 1974) kritisiert, die im Widerspruch zum Marxschen Materialismus der Praxis steht.[33] Dem Marxismus-Leninismus galt sie hingegen seit jeher als Fundament des historischen Materialismus, welches diesem jenen Boden unter dem Füßen verschafft, der vor subjektivistischen, utopischen oder idealistischen Abweichungen vom rechten Wege bewahrt: „nur eine auf der Dialektik der Natur aufgebaute und aus ihr hergeleitete Begründung des historischen Materialismus ist gegen Rückfälle in idealistische Auffassungen vom Wesen der menschlichen Tätigkeit gefeit" (Holz 2015, 106). Die weltanschaulichen Schlachten aus früheren Tagen sind vermutlich endgültig geschlagen, ihr legitimatorischer Überhang ein Relikt vergangener Zeiten.[34] Die systematische Problematik, wie das Verhältnis von Natur und Freiheit sich einem kritischen Materialismus darstellt, ist damit jedoch nicht ad acta. Soll diese nicht unproduktiv zwischen alten Fronten zerrieben werden, ist es geboten vorab drei Fragen zu unterscheiden: (a) die Frage nach der Legitimität von Engels' Vorhaben, (b) die nach der inhaltlichen Durchführung desselben und (c) die nach seinen Resultaten und ihren einstigen politischen Verwendungen.

Fraglos ist Engels' Anliegen einer materialistischen Naturtheorie seiner Intention nach legitim und weist den unabgegoltenen Kern auf, den historischen Materialismus als Theorie menschlicher Geschichte und Praxis auf seine natürlichen Grundlagen und deren materielle Konstitution vermittelnd zurück zu beziehen. Das von Engels' Vorhaben verfolgte Programm, demgegenüber sich Marx an keiner Stelle kritisch äußerst[35], reicht nicht zufällig in die Anfänge der ihrer Zusammenarbeit zurück: „Wir kennen nur eine einzige Wissenschaft, die Wissenschaft der Geschichte. Die Geschichte kann von zwei Seiten aus betrachtet, in die Geschichte der Natur und die Geschichte der Menschen abgeteilt werden. Beide Seiten sind indes nicht zu trennen; solange Menschen existieren bedingen sich Geschichte der Natur und Geschichte der Menschen gegenseitig." (MEW 3, 18; vgl. 20f.) Natur löst sich, so viel lässt sich axiomatisch für jeden Materialismus festhalten, so wenig in Kultur auf, wie die ontologische Substantialität der Dinge, ihre An-sich-Bestimmtheit, in Prozess und Produziertes. Auch ist naturphilosophische Spekulation genauso wie wissenschaftstheoretische Reflexion ein Bestandteil des kritischen Materialismus. Die dialektische Deutung naturwissenschaftlicher Erkenntnisse und Methoden ist sogar zwingend geboten, da dies prinzipiell nicht mit den Mitteln positiver Wissenschaft durchführbar ist (vgl. Wahsner 2002, 35ff.). Weder der erkenntnistheoretische Status der Naturwissenschaft ist Gegenstand dieser selbst noch ihre gesellschaftliche Funktion (vgl. Bulthaup 1973). Engels war zudem sicherlich, auch dies lässt sich vorab festhalten, kein bewusster „Erbauer geschlossener Systeme" (Schäfer 2006, 99; vgl. Negt 1976, 29). Bereits die Vorreden und ersten Kapitel seines *Anti-Dühring* drücken deutlich sein diesbezügliches Problembewusstsein aus:

> „Die Einsicht, daß die Gesamtheit der Naturvorgänge in einem systematischen Zusammenhang steht, treibt die Wissenschaft dahin, diesen systematischen Zusammenhang überall im einzelnen wie im ganzen nachzuweisen. Aber eine entsprechende, erschöpfende, wissenschaftliche Darstellung dieses Zusammenhangs, die Abfassung eines exakten Gedankenabbildes des Weltsystems, in dem wir leben, bleibt für uns sowohl wie für alle Zeiten eine Unmöglichkeit. Würde an irgendeinem Zeitpunkt der Menschheitsentwicklung ein solches endgültig abschließendes System der Weltzusammenhänge, physischer wie geistiger und geschichtlicher, fertiggebracht, so wäre damit das Reich der menschlichen Erkenntnis abgeschlossen, und die zukünftige geschichtliche Fortentwicklung abgeschnitten von dem Augenblick an, wo die Gesellschaft im Einklang mit jenem System eingerichtet ist – was eine Absurdität, ein reiner Widersinn wäre." (MEW 20, 34f.; vgl. 7, 14 24, 29 u.ö.).

Engels' enzyklopädisches Vorhaben der Vermittlung revolutionärer Praxis mit einer dialektischen Theorie des Gesamtzusammenhangs von Natur und Geschichte ist allein vor dem Hintergrund einer doppelten historischen Entwicklung angemessen zu interpretieren. Zum einen antwortet Engels auf den Siegeszug der positiven (Natur-)Wissenschaft, deren mannigfaltige Erkenntnisse er zusammenfasst und zugleich aus (materialistischen) Prinzipien in ihrer Einheit zu erklären versucht (vgl. Holz 2011, 408ff.). Mit diesem Programm knüpft Engels gleichermaßen an die Tradition der materialistischen Aufklärung wie an Hegels Systemphilosophie an, deren rationale Ansprüche er gegenüber einen sich zunehmend irrationalisierenden bürgerlichen Zeitgeist verteidigt. Zum anderen sind Engels' Spätschriften eine Reaktion auf den sich (vermeintlich) anbahnenden Siegeszug der sich bürokratisierenden Sozialdemokratie. Es handelt sich um philosophische Interventionen, die von konkreter politischer Absicht angetrieben werden (vgl. Kuhlmann 1978, 59ff.; Negt 1976, 28f. u. 34; Kangal 2020, 93ff.). Diese erfolgen bei Engels, nicht anders als bei Marx, in dem Wissen, dass es keine emanzipatorische Praxis ohne Theorie gibt und Philosophie selbst Bestandteil des Klassenkampfs ist (vgl. Kangal 2020, 96f.). Die beiden Revolutionäre beanspruchten hierbei für ihre Theorie offensiv einen „Hegemonieanspruch" (Vester 1981, 98), den sie mit Polemik und Ausgrenzungen gegenüber anderen sozialistischen Strömungen durchzusetzen versuchten, was nicht zuletzt in jene geistige Selbsterstarrung führte, die den Parteimarxismus fortan kennzeichnen sollte. Die historischen Transformationen des sich rasant entwickelnden Kapitalismus verändern jedoch spätestens nach Marx' Tod den Ausgangs- und Bezugspunkt von Engels' theoretischen Interventionen, die dadurch ein spezifisches Gepräge erhalten, *die* ihre revolutionären Intentionen konterkariert. Auf diesen Sachverhalt hat insbesondere Oskar Negt hingewiesen. Trotz seiner Kritik am objektivistischen Charakter der Naturdialektik und der Widerspiegelungstheorie hat Negt es nicht nur abgelehnt, Marx gegen Engels auszuspielen (vgl. Negt 1976, 28-38), sondern auch in einem ausführlichen (unveröffentlichten) Aufsatz den spezifischen Charakter von Engels' populären Arbeiten als Resultat einer sich verändernden gesellschaftlichen und politischen Wirklichkeit ausgewiesen: „Der späte Engels hat unter dem Druck der politischen Notwendigkeit der massenhaften Umsetzung der Marxschen Theorie die Frage der dialektischen Beziehungen zwischen Gesellschaftstheorie, politischer Organisation und Massenaktivität als erster thematisiert", wobei er es nicht mehr wie Marx „mit dem immanenten Wahrheitsgehalt der großen bürgerlichen politischen Ökonomie und der Philosophie" zu tun hat, sondern mit dem „Zerfallsprodukten" (Negt o.J., 48f.) des spätbürgerlichen Geistes auf der einen und eines sich etablierenden riesigen Parteiapparates auf der anderen Seite, der den trügerischen Schein des bevorstehenden Sieges der Revolution generierte. Das Resultat dieser Gemengelage ist ein Marxismus mit „Post-festum-Charakter (28), der nicht mehr die (revolutionäre) Praxis der Massen reflektiert und geistig begleitet, sondern Theorie in der Praxis instrumentell durch sich bürokratisierende Parteiapparate meint anwenden zu können: „Die historische Theorie von Marx ist nach meiner Meinung die Grundbedingung jeder *zusammenhängenden* und *konsequenten* Taktik; um diese Taktik zu finden, braucht man nur die Theorie auf die ökonomischen und politischen Verhältnisse des betreffenden Landes anzuwenden." (MEW 36, 304) Will man Engels gerecht werden, ist diese „weltanschauliche[r] Verkürzung des revolutionären Gehalts der Marxschen Kritik" (Negt o.J., 5f.) auf ein politisches Werkzeug materialistisch-genetisch zu reflektieren und nicht einfach einem persönlichen Unvermögen oder subjektiven Theorieschwund anzulasten.

Dessen ungeachtet ist es zwingend geboten, worauf im Folgenden der Schwerpunkt gelegt wird, insbesondere Engels' dialektisch-spekulative und naturphilosophische Schriften auch systematisch in ihrer Geltung und nicht allein hinsichtlich ihrer geschichtlich-gesellschaftlichen Genesis zu diskutieren. Es wird die These zu belegen sein, dass Engels' Arbeiten in den Dienst einer Herrschaftsideologie gestellt werden konnten, ohne sie übermäßig verfälschen und für die eigenen politisch-legitimatorischen Bedürfnisse erst zurecht biegen zu müssen. Sein „Dampf-Marxismus" (Vester 1981) betreibt bereits eine sich in der Geschichte des Marxismus steigernde „De-Potenzierung des Proletariats" (Leineweber 1977, 54; vgl. Vester 1981, 90ff.) zu einem von der Arbeiterpartei geführten Vollstreckungsorgan von Naturgesetzen, die die gesellschaftliche Entwicklung hin zum Sozialismus bestimmen. Nicht mehr ihre Selbstbefreiung aus gesellschaftlicher Heteronomie ist das Ziel der Praxis reflektierenden Theorie, sondern die Theorie vermittelt der Arbeiterklasse ihre historische Mission, die primär darin besteht, die gesellschaftliche Naturbeherrschung auf das Niveau bewusster gesamtgesellschaftlicher Planung zu heben (vgl. 48-55). Wenn in Stalins millionenfach aufgelegtem kanonischen Aufsatz *Über dialektischen und historischen Materialismus* letzterer zu einer Unterart des dialektischen Materialismus und dessen „Anwendung [...] auf die Erscheinungen des Lebens der Gesellschaft" (Stalin 1951, 647; kritisch Marcuse 1974, 131ff.; Negt 1974, 33ff.) transformiert wird, dann ist diese Operation nirgendwo anders als bei Engels selbst präformiert: In „der Natur" sollen sich vermeintlich „dieselben dialektischen Bewegungsgesetze [...] durchsetzen" wie „in der Geschichte" (MEW 20, 11).

Das Problem liegt also nicht in Engels' Intention, wohl aber in seiner inhaltlichen Ausführung. Diese nimmt, durchaus wider eigene Einsichten, Züge einer vorkritischen Ontologie an[36], die auf eine Naturalisierung und technokratische Re-Objektivierung des relationalen Materialismus der Praxis hinausläuft. Das Moment der Freiheit, ohne das von Praxis nicht gesprochen werden kann, wird hierzu in die Notwendigkeit eines Entwicklungsprozesses versenkt, dessen dialektische Gesetze in Natur und Geschichte am Ende dieselben sein sollen. Geschichte wäre demnach nicht bloß naturwüchsig und nichtbewusst gestaltet, sondern im strengen Sinne des Wortes tatsächlich Naturgeschichte (der sich dialektisch entfaltenden Materie). Weil die materialistische ‚Umkehrung Hegels' (G. Wetter) eine Reproduktion der identitätsphilosophischen Prämisse der Deduktion der Welt aus einem Grundprinzip voraussetzt, die anders als idealistisch nicht zu haben ist (vgl. Haag 2005, 115ff.; Schmied-Kowarzik 1981, 249f.; Wetter 1963, 49ff.), kann die materialistische Negation der idealistischen Negation der materiellen Welt jedoch gar keine neue materialistische Ontologie im Sinne einer *prima philosophia* begründen. Sie reproduzierte nur das Negierte unter umgekehrten Vorzeichen. An die Stelle einer Revision und Kritik der idealistischen Dialektik, die Engels bisweilen forderte, tritt denn auch weit mehr ihre materialistische Anwendung (vgl. Kangal 2020, 156ff., 194f.), die sich keine Rechenschaft darüber ablegt, wie einzelne Kategorien und Gesetze aus ihrem idealistischen Systemzusammenhang sich herausbrechen lassen, ohne diesen entweder zu reproduzieren oder ihren Begründungszusammenhang zu zerstören, in dem sie systematisch stehen.

Dem materialistischen Anwendungs- und Umkehrungsversuchen der Hegelschen Dialektik ist prinzipiell entgegenzuhalten, dass aus den rekursiv erschließbaren Voraussetzungen des tätigen und erkennenden Subjekts keine positive materialistische Ontologie als *prima philosophia* folgen kann. Es sind die materiellen Voraussetzungen menschlichen Daseins und dessen Stellung in und zu der Welt selbst, die es unmöglich machen, diese, es sei denn eben um den Preis des absoluten Idealismus, noch einmal spekulativ zu überschreiten, um sie einem (handhabbaren) deduktiven ersten Prinzip zu unterstellen, welches die (Kosmo-)Genese der materiellen Welt und ihrer Gesetze konstituieren soll (vgl. Mensching 1990, 297). Endlichen Wesen ist dieses absolute Wissen über erste Prinzipien kategorial verschlossen, die auch dort, wo sie als materialistisch ausgegeben werden, die idealistische Einheits- und Deduktionshybris reproduzieren. Engels' materialistischer Monismus verfällt, da er genau diesen erkenntnistheoretisch vorkritischen Schritt immer wieder geht, insgeheim einer idealistischen Hypostase, die die Materie, ein Reflexionsbegriff wie der der Idee, zu einer sich selbst schaffenden und entfaltenden Entität verdinglicht. Engels wusste zwar durchaus, dass die „Materie als solche [...] eine reine Gedankenschöpfung und Abstraktion" (MEW 20, 519; vgl. 503) ist. Diese Einsicht hielt ihn dennoch nicht davon ab, eine monistische Spekulation mit dem Begriff zu verbinden, an deren „Ende die Materie als ein hylozoistisches, sich selbst differenzierendes Prinzip übrig" (Bulthaup 1998, 138) bleibt, das Engels zu einem ewigen Kreislauf materieller Evolution entfaltet:

> „Es ist ein ewiger Kreislauf, in dem die Materie sich bewegt, ein Kreislauf, der seine Bahn wohl erst in Zeiträumen vollendet, für die unser Erdenjahr kein ausreichender Maßstab mehr ist, ein Kreislauf, in dem die Zeit der höchsten Entwicklung, die Zeit des organischen Lebens und noch mehr die des Lebens selbst- und naturbewußter Wesen ebenso knapp bemessen ist wie der Raum, in dem Leben und Selbstbewußtsein zur Geltung kommen; ein Kreislauf, in dem jede endliche Daseinsweise der Materie, sei sie Sonne oder Dunstnebel, einzelnes Tier oder Tiergattung, chemische Verbindung oder Trennung, gleicherweise vergänglich, und worin nichts ewig ist als die ewig sich verändernde, ewig sich bewegende Materie und die Gesetze, nach denen sie sich bewegt und verändert. [...] – wir haben die Gewißheit, daß die Materie in allen ihren Wandlungen ewig dieselbe bleibt, daß keins ihrer Attribute je verlorengehn kann, und daß sie daher auch mit derselben eisernen Notwendigkeit, womit sie auf der Erde ihre höchste Blüte, den denkenden Geist, wieder ausrotten wird, ihn anderswo und in andrer Zeit wieder erzeugen muß." (MEW 20, 327)

Dieses „Sisyphusbild" (Bloch 1972, 369) einer ewigen Wiederkehr derselben Entwicklung stellt eine beachtliche „Spiritualisierung der Materie" (Schmidt 1993, 56) dar, die sich nur dem Namen nach von der Hegelschen Idee und ihrer Selbstentfaltung unterscheidet.[37] Der Materialismus reproduziert somit unter anderen Namen und Vorzeichen jenen Idealismus, der ihm doch zugleich als politischer und geistiger Gegner gilt, den der geistige Klassenkampf niederzuringen hätte.

Erkenntnistheoretisch wird die Ambivalenz von Engels' Unternehmen, in der sich die Geschichte und das Schicksal der Philosophie im 19. Jahrhunderts niederschlägt, besonders deutlich. Engels' Naturdialektik changiert epistemologisch zwischen zwei Polen, die in sich gegenläufige Tendenzen aufweisen und den doppelten Abgrenzungsversuchen sowohl gegenüber Hegels Idealismus als auch dem Vulgärmaterialismus geschuldet sind (vgl. Netzsch 1973, 51ff.). Auf der einen Seite ist ihm die Dialektik der Natur ein genuin philosophisches Unternehmen, das naturwissenschaftliche Erkenntnisse begrifflich aufklärt und deutet, womit sich Engels explizit gegen die „platt materialistische[n] Populirasation" (MEW 20, 472) von Naturwissenschaft durch unbedarft philosophierende „Naturforscher" (480) wendet: Der „sicherste Weg von der Naturwissenschaft zum Mystizismus" ist nicht die naturphilosophische Spekulation, sondern „die allerplatteste, alle Theorie verachtende, gegen alles Denken misstrauische Empirie." (345; vgl. 14, 491ff.) Da Engels allerdings, trotz abermals vorhandenen Problembewusstseins (vgl. 334f.), die identitätsphilosophischen Prämissen des Hegelschen Idealismus reproduziert, konnte sich dieses Vorhaben zu einer Legitimationswissenschaft mit absolutem Anspruch aufspreizen, indem die evolutionistisch gedeutete Hegelsche Dialektik zugleich mit den Erkenntnissen positiver Wissenschaft verschmolzen wurde, die dem Idealismus längst den Rang als führende geistige Ideologie entwickelter kapitalistischer Gesellschaften abgelaufen hatte. Die Verschmelzung von evolutionistisch gedeuteter Dialektik, die Engels nicht bereit war zu entsorgen, mit dem szientistischen Positivismus führte dazu, dass die Wissenschaft eine philosophische Weihe erhielt, die positives Wissen zugleich weltanschaulich verabsolutierte und politisch instrumentalisierte. Als solches Unternehmen wurde die Naturdialektik in der postrevolutionären Sowjetunion zu einem Legitimationsmittel bürokratischer Herrschaft (vgl. Negt 1974, 24f., 34ff.), die bemüht war, das Monopol des Wissens zu sichern und wissenschaftlicher Kritik notfalls mit politischer Gewalt begegnete – eine Möglichkeit des politischen Missbrauchs von Wissenschaft, die Engels' selbst bereits voraussah: „Wenn man im Besitz der endgültigen Wahrheit letzter Instanz und der einzig strengen Wissenschaftlichkeit ist, so muß man selbstredend für die übrige irrende und unwissenschaftliche Menschheit eine ziemliche Verachtung haben." (MEW 20, 29)

In einem ungeklärten Verhältnis zu der Hybris einer, wie sie sich selbst bezeichnete, geschlossenen und einheitlichen wissenschaftlichen Weltanschauung, die souverän und absolut über das Wissen von Natur und Gesellschaft verfügt, steht Engels' Empirismus. Angesichts der Endlichkeit des Menschen macht dieser Halt vor einer totalen Erkennbarkeit der Welt (vgl. MEW 20, 80-84, 500ff.) und einer abschließenden Systematik, wie es der Marxismus-Leninismus für sich beanspruchen sollte: „Daß die Welt ein einheitliches System, d.h. ein zusammenhängendes Ganzes vorstellt, ist klar, aber die Erkenntnis dieses Systems setzt die Erkenntnis der *ganzen* Natur und Geschichte voraus, die die Menschen *nie* erreichen." (574; vgl. 34f.) Dieser für jeden Materialismus konstitutive empirische Zug von Engels' Naturdialektik wird nun seinerseits verabsolutiert. Er reduziert, den bürgerlichen Zeitgeist der wissenschaftlichen Überwindung der Philosophie ratifizierend, Erkenntnis auf positive Wissenschaft in ihrer szientistischen Fassung. Philosophie ist dann nur noch eine geistige Schrulle vergangener „Metaphysik" (348), die sich selbst auflöst, in dem sie allein noch die Wissenschaft des reinen Denkens ist:

> „Sobald an jede einzelne Wissenschaft die Forderung herantritt, über ihre Stellung im Gesamtzusammenhang der Dinge und der Kenntnis von den Dingen sich klarzuwerden, ist jede besondre Wissenschaft vom Gesamtzusammenhang überflüssig. Was von der ganzen bisherigen Philosophie dann noch selbständig bestehn bleibt, ist die Lehre vom Denken und seinen Gesetzen – die formelle Logik und die Dialektik. Alles andre geht auf in die positive Wissenschaft von Natur und Geschichte." (MEW 20, 24; vgl. 129, 480).

Beide Positionen, welche Dialektik nicht entfalten, sondern „auf einige Faustformeln" (Arndt 2020, 53) reduzieren, sind für eine materialistische Philosophie unbefriedigend. Aufgabe dieser wäre es, naturwissenschaftliche Methoden und Erkenntnisse als eine spezifische und begrenzte Stellung des Gedankens zur Objektivität zu reflektieren und dialektisch über sich selbst aufzuklären (vgl. Wahsner 2002, 45ff.). Philosophie, die Dialektik nicht einfach, wie Engels meint, empirisch auffindet (vgl. MEW 20, 348) und dann schematisch anwendet, sondern reflexiv begrifflich entfaltet, behielte somit ihren Erkenntnisstatus *sui generis*, der sich jedoch, was für den kritischen Materialismus konstitutiv ist, davon verabschiedet, das Absolute erfassen zu können und im Besitz eines quasi-magischen Universalschlüssels der Erkenntnis zu sein. Der empirische Zug materialistischer Philosophie ist für sie so unabdingbar wie die unaufhebbare Nichtidentität von Sein und

Denken, ohne doch dessen Autonomie zu negieren, die in jener Reflexivität des Geistes gründet, die aller empirischen Erkenntnis immer schon *a priori* vorausgeht und doch nur in ihr erscheint. Auch diesen zentralen Sachverhalt hat Engels selbst unterstrichen:

> „Die Ameisen haben andre Augen als wir, sie sehen die chemischen (?) Lichtstrahlen [...], aber wir haben es in der Erkenntnis derselben, für uns unsichtbaren Strahlen bedeutend weiter gebracht als die Ameisen, und schon daß wir nachweisen können, *daß* die Ameisen Dinge sehn, die für uns unsichtbar sind, und daß dieser Beweis auf lauter Wahrnehmungen beruht, die mit unsern Augen gemacht sind, zeigt, daß die spezielle Konstruktion des menschlichen Auges keine absolute Schranke des menschlichen Erkennens ist. Zu unserm Auge kommen nicht nur noch die andern Sinne hinzu, sondern unsre Denktätigkeit. [...]. Was unser Denken ergründen kann, sehen wir vielmehr aus dem, was es bereits ergründet hat und noch täglich ergründet. Und das ist schon genug nach Quantität und Qualität. Dagegen ist die Untersuchung der Denk*formen*, Denkbestimmungen, sehr lohnend und notwendig, und diese hat, nach Aristoteles, nur Hegel systematisch unternommen." (MEW 20, 506f.)

Erkenntnistheoretisch geht materialistische Dialektik nicht, wie es im Anschluss an Engels für den Marxismus-Leninismus kennzeichnend war, von einem Widerspiegelungs- oder Abbildungsverhältnis zwischen Denken und Sein aus, sondern davon, dass die äußere materielle Welt denkunabhängig existiert und gleichzeitig das Subjekt für alle Erkenntnis und Begriffsbildung ein konstitutives Element ist, das selbst in seiner erkenntniskonstitutiven Funktion durch die Präponderanz des Objekts vermittelt wird.[38] Zwischen Denken und Welt, Bewusstsein und Sein, Begriff und Sache besteht eine Relation, deren Relata derart miteinander vermittelt sind, dass ihre gegenseitige Vermittlung sie in ihrer Selbstständigkeit nicht absolut aufhebt. In der Subjekt-Objekt-Beziehung bleibt über alle Vermittlung beider hinweg ein „*Unterschied* zwischen *Sein* und *Denken*" (MEW 2, 55), Begriff und Sache bestehen. Begriffe sind Reflexionsprodukte, die sich der Spontaneität des denkenden Subjekts, dem unhintergehbaren Moment aller Erkenntnis, verdanken, nicht aber selbst die wesenhafte Wirklichkeit darstellen oder abbilden, mit der sie dennoch verbunden sind, wie abermals Engels an anderer Stelle festgehalten hat:

> Die „beiden, der Begriff einer Sache und ihre Wirklichkeit, laufen nebeneinander wie zwei Asymptoten, sich stets einander nähernd und doch nie zusammentreffend. Dieser Unterschied beider ist eben der Unterschied, der es macht, daß der Begriff nicht ohne weiteres, unmittelbar, schon die Realität, und die Realität nicht unmittelbar ihr eigner Begriff ist. Deswegen, daß ein Begriff die wesentliche Natur des Begriffs hat, daß er also nicht ohne weiteres prima facie sich mit der Realität deckt, aus der er erst abstrahiert werden mußte, deswegen ist er immer noch mehr als eine Fiktion" (MEW 39, 431).

Materialistische Dialektik ist in diesem Sinne reflektiert realistisch, da sie für den Erkenntnisprozess von der Präponderanz des Objekts gegenüber dem Subjekt ausgeht, dessen erkenntniskonstitutive Akte immer schon die ontologische Bestimmtheit der Objekte voraussetzen. Das innere Wesen dieser kann sie aber weder positiv bestimmen, da es keinen direkten Zugang zum denkunabhängigen Sein für das menschliche Bewusstsein geben kann, noch ist es identisch mit den von dem Subjekt gestifteten Begriffen, die in den uns allein gegebenen Erscheinungen das Allgemeine der Dinge erfassen, nicht aber unmittelbar erkennen, schauen oder abbilden. Das innere Wesen der Objekte lässt sich nur negativ als Denknotwendigkeit rekursiv aus der praktischen und theoretischen Erfahrung mit der materiellen Welt bestimmen. Die Wahrheit von Erkenntnis ist der materialistischen Dialektik praktisch vermittelt, wenn auch nicht derart empiristisch-produktivistisch wie Engels unterstellt (vgl. MEW 22, 296f.). Die dem Menschen mögliche, notwendig und allgemein gültige Wahrheit von Erkenntnis der Objektwelt zeigt sich zwar in ihrer reproduktiven Verwendung und Anwendbarkeit im materiellen Produktionsprozess sowie in ihrer Vergegenständlichung in den technischen Produktivkräften. Dies lässt sich als Praxiskriterium der Wahrheit bezeichnen, deren universelle Geltung sich in der gegenständlichen und bewussten Praxis erweist. Diese muss allerdings selbst wieder als wahrheitskonstitutiv erkannt und gedacht werden, weil sie nicht eine Evidenz im Sinne einer unmittelbar-sinnlichen Gewissheit ausdrückt. Mit anderen Worten: Das Praxiskriterium kann sich nicht, wie häufig pragmatistisch unterstellt, selbst wieder praktisch verifizieren, was einen unendlichen Regress praktischer Verifikationen anstoßen würde, sondern es ist selbst theoretisch begründet (vgl. Castoriadis 1990, 98f. (Fn. 64), Schmid-Noerr 1991, 41f.; Wetter 1963, 71f.). Es wird folglich nicht durch Praxis unmittelbar empiristisch-pragmatisch eine Wahrheit belegt, sondern der theoretische Schluss von der praktischen Bewährung auf die Wahrheit der Erkenntnis des Objekts gezogen. Das Praxiskriterium muss also selbst auf einem ontologischen Fundament, das die Möglichkeit der praktischen Vermittlung von Subjekt und Objekt überhaupt erst begründet, beruhen, ohne das es grundlos wäre (vgl. Holz 2005, 9, 65).

Materialistische Dialektik ist keine objektivistische und naturalistische Abbildtheorie der Erkenntnis, zu der Engels' sie immer wieder macht. Anders als es Engels' berühmte, die Problematik aber durchgehend verfehlende Kritik an Kants Ding an sich behauptet (vgl. MEW 21, 275f.; kritisch hierzu Haag 2005, 115ff., 205ff.), teilt materialistische Dialektik die Annahme der unaufhebbaren Grenzen – die Nichtidentität von Subjekt und Objekt – menschlichen Erkennens und weltverändernder Praxis im weitesten Sinne des Wortes. Sie zollt gerade damit der unaufhebbaren ontologischen Priorität der äußeren, materiellen Welt ihren Tribut, die nicht nur denkunabhängig existiert, sondern zugleich auch immer nur durch die transzendentale Konstitution des erkennenden Subjekts hindurch vermittelt erkannt und angeeignet werden kann. Bei Kant ist daher das Ding an sich sowohl erkenntnistheoretisch als das bestimmt, was die Dinge an sich selbst (also nicht durch uns) betrachtet sind, als auch ontologisch als der uns notwendig unbekannte, weil nicht sinnlich erfahrbare Existenzgrund der Dinge, deren Erscheinung – gerade für Kant – durchaus restlos durch die Menschen erkannt werden kann; diesbezüglich war Kant alles, aber gewiss kein Agnostiker. Auch wenn die Bestimmung des Ding an sich selbst wieder nur vom erkennenden Subjekt getroffen werden kann, also eine Erkenntnis darstellt, die selbst begrifflicher Natur ist, und in diesem Sinne, wie Hegel moniert, die gezogene Grenze zugleich wieder eingezogen ist, so ist sie doch für materialistische Dialektik unhintergehbar: Was die Welt jenseits des konstitutiven Erkenntnissubjekts ist, ist diesem verschlossen, sofern es ihm nicht gelingt, sich selbst aufzuheben, oder absolut-idealistisch eine Identität zwischen Subjekt und Objekt, Denken und Sein unterstellt wird. Dass auch die Grenze des Denkens durch das Denken notwendig selbst erkannt und gesetzt ist, führt nicht, wie in der entweder idealistisch oder materialistisch verstandenen Immanenz, dazu, dass die Nichtidentität von Subjekt und Objekt ein Schein ist, der vom absoluten Geist oder der objektivistischen Widerspiegelung aufgehoben wird, in der unter der Hand Reflexionsbegriffe des erkennenden Subjekts zu Wesenheiten der Objekte subjektivistisch hypostasiert werden (vgl. Mensching

1983, 66). Diese unaufhebbare Differenz von Subjekt und Objekt, die sich in der Selbstreflexion des Denkens erschließt, ist kein Agnostizismus, sondern geradezu das Gegenteil: eine notwendige Bedingung der Möglichkeit von inhaltlich bestimmter Erkenntnis. Nur durch den Bezug auf das substantiell Andere des Bewusstseins ist überhaupt Erkenntnis möglich, die mehr ist als tautologische Selbsterkenntnis des Geistes oder Widerspiegelung der Materie in und durch Materie. Das Andere des Denkens ist Bedingung der Möglichkeit synthetischer, erkenntniserweiternder Urteile, die dieses Andere zur unaufhebbaren Voraussetzung haben und den realen Fortschritt des Wissens begründen: ein ‚Abarbeiten' an der äußeren Welt, die erkannt, angeeignet und verändert, nicht aber identisch gemacht werden kann.

Mit Kant hält materialistische Dialektik diese fundamentale Differenz von Denken und Erkennen fest, welches immer mit sinnlicher, empirisch belegbarer Anschauung verbunden ist. Mit Hegel geht materialistische Dialektik jedoch davon aus, dass es sich bei der Subjekt-Objekt-Beziehung um ein prozessierendes Verhältnis handelt, in dem sich die Momente nicht statisch isolieren lassen und in dem Subjekt und Objekt, Erkenntnis/Arbeit und Gegenstand in solcher Art und Weise vermittelt sind, dass beide nicht nur aufeinander verwiesen sind, sondern in dieser Beziehung auch sich selbst verändern. Es handelt sich demnach weder um einen materialistischen Monismus, wie bei Engels, noch um eine idealistische Dualität, sondern um eine unterschiedene, widersprüchliche und prozessierende Einheit kategorial Verschiedener:

> „Wohl beruht der marxistische Materialismus auf einem gegenstandstheoretischen Realismus. Aber er reduziert sich nicht auf ihn. Sein entschieden ‚praktisch-kritischer' Charakter drückt sich darin aus, daß er ‚Wirklichkeit' als Subjekt-Objekt weltgeschichtlicher Aktivität begreift: vermittels ihrer Selbstbewegung synthetisieren sich, auf [historisch; HW] je verschiedene Weise, bewußtmenschliches und bewußtlos-naturales Sein. Die Individuen haben es deshalb ebensosehr mit einer durch kollektive Arbeit vorgeprägten wie unabhängig von ihnen existierenden Körperwelt zu tun." (Schmidt 1974, 293)

Der kritische Materialismus folgt damit der Hegelschen Intention (vgl. Hegel 1999, 93ff.), eine dritte Stellung des Gedankens zum Objekt – jenseits von realistisch-vorkritischer Ontologie vs. subjektivistischem

Nominalismus – zu begründen, ohne jedoch die idealistische Identitäts- und Ursprungsphilosophie zu reproduzieren (vgl. Ritsert 2003, 286ff.). Die dialektische Erkenntnistheorie verhält sich als *„materialisierter Kritizismus"* (Schmidt 1969, 9) vielmehr jeder Spielart der Identitätsphilosophie, des vorkritischen Realismus und der objektivistischen Ontologie konträr. Ein naturalistischer Materialismus und eine Widerspiegelungstheorie der Erkenntnis, wie sie Lenin vertrat und wie sie später aus Engels' Fragmenten zur Dialektik der Natur destilliert und dann kanonisiert wurde, sind mit ihr unvereinbar. Sie unterschlagen auf der einen Seite die fundamentale Bedeutung und Konstitution des aktiv tätigen, erkennenden und synthetisierenden Subjekts in der Subjekt-Objekt-Beziehung, wie sie auf der anderen Seite spiegelverkehrt den nicht vollends vermittel- und überbrückbaren Hiatus zwischen Subjekt und Objekt, Geist und Natur reduktiv und monistisch einziehen. Dem einerseits als Subjekt negierten Menschen wird andererseits als sich selbst bespiegelnder Natur zu viel zugetraut. Die Doppel-Apologie von absoluter Naturbeherrschung, identifiziert mit Freiheit, und universeller Naturgesetzmäßigkeit allen Geschehens, gerade auch der menschlichen Geschichte, wie sie besonders im Marxismus-Leninismus konstitutiv war, ist hiervon das Resultat, das bei Engels bereits angelegt ist. Mehr als den Gegenstandsrealismus und die Verteidigung eines Begriffs von objektiver Wahrheit teilt materialistische Dialektik mit dieser Spielart des Materialismus daher nicht.[39] Gleichwohl wäre es verkehrt, aus der materialistischen Erkenntniskritik eine Absage an Ontologie an sich zu formulieren, was zumeist, auf einer terminologischen Engführung der Ontologie auf Spielarten des vorkritischen (antiken/antikisierenden) Objektivismus und Realismus basiert. Ausgehend von den erkenntnistheoretischen Grundannahmen der materialistischen Dialektik lässt sich zwar keine Ontologie im Sinne einer *prima philosophia* begründen, die vielmehr ein zentraler Gegenstand ihrer Kritik ist. Jedoch verweisen die epistemologischen Reflexionen zugleich auf die ontologischen Bestimmungen der Struktur des Seins als solchem: die Welt als Totalität wie sie uns erscheint und sich menschlicher Erkenntnis erschließt. In diesem Sinne begründet die materialistische Erkenntnistheorie eine materialistische Ontologie, deren Bestimmungen zugleich Voraussetzungen der (Selbst-)Erkenntnis des denkenden Subjekts und der erkenntnistheoretischen Reflexion sind. In den Annahmen über die Konstitution, Struktur und Verfahrensweise der menschlichen Erkenntnis steckt immer schon zugleich eine Idee von der ontologischen Verfassung der Welt als ihrer Voraussetzung, die allerdings erst erkenntnistheoretisch reflektiert sein muss, bevor sie selbst formuliert werden kann. Die dem Subjekt der Erkenntnis und der gegenständlichen Praxis an sich objektiv vorgängige Welt ist mit anderen Worten ihrerseits nur durch dieses hindurch erkenn- und bestimmbar. Es kann folglich genauso wenig Ontologie ohne erkenntnistheoretische Reflexion geben, wie es Erkenntnistheorie ohne ontologische Implikationen gibt.

Relevant sind jedoch nicht nur diese erkenntniskritischen Hinweise auf die fragwürdigen spekulativen Voraussetzungen einer materialistischen Ontologie im Stile von Engels, sondern auch ein inhaltliches Zentralproblem. Ein monistischer Materialismus, der, wie es bei Engels und später auch im Marxismus-Leninismus der Fall ist, die genuine Qualität des Geistes nicht als Illusion leugnet, steht vor dem Problem seiner kausalen Erklärung, muss er doch entweder die geistige Reflexivität bereits im anorganischen Elementarteilchen verorten oder diesem das Potential zusprechen etwas qualitativ Anderes mittels seiner immanenten dialektischen Bewegungsgesetze aus sich selbst heraus produzieren zu können (vgl. Wetter 1960, 388f., 422f., 595f.). Dieses Problem sehen Engels' Anhänger bis heute nicht. Sie anerkennen als Dialektiker zwar die ‚Emergenz' verschiedener Seinsbereiche. Sie haben aber, obwohl sie selbst wissen, dass Emergenz kein erklärender, sondern ein beschreibender Begriff ist, dennoch keinerlei Probleme mit der Annahme, dass „unsere Freiheit von und Autonomie gegenüber den natürlichen Kräften keine transzendenten Fähigkeiten" sind, sondern „sich schrittweise im Laufe der biologischen und historischen Evolution" (Sayers 2022, 61) entwickeln. Zur Stützung dieser Behauptung greift man immer wieder auf eine ‚materialistische' Erklärung zurück, die am Ende nichts anderes ist als die Setzung eines Natursubjekts, das aus sich heraus den Geist produziert: „Die Natur entwickelt sich, sie hat eine Geschichte, sie ist dialektisch. Sie wird organisiert – sie organisiert sich selbst – in immer komplexeren Formen, bis sei ein Bewusstsein ihrer selbst entwickelt." (62) Fraglos hat die Natur genauso eine Geschichte wie der Mensch ihr Produkt ist. Die Unterstellung eines sich selbst entwickelnden und zu Selbstbewusstsein kommenden Natursubjekts ist dennoch weit steilere Metaphysik, als die Anerkennung der menschlichen Freiheit als eines transzendentalen (nicht transzendenten!) Vermögens, das nicht hinlänglich und kausal aus der Naturgeschichte erklärt werden kann und menschliche Geschichte kategorial von natürlicher Evolution unterscheidet, ohne dass Menschen deswegen auch nur im Geringsten aus dem Naturzusammenhang herausfallen würden. Engels selbst hatte im Übrigen von dieser zentralen philosophischen Problematik einer materialistischen Deduktion des Geistes durchaus eine Ahnung:

> „organisches Leben [ist] nicht ohne mechanische, molekulare, chemische, thermische, elektrische Änderung möglich. Aber die Anwesenheit dieser Nebenformen erschöpft nicht das Wesen der jedesmaligen Hauptform. Wir werden sicher das Denken einmal experimentell auf molekulare und chemische Bewegungen im Gehirn ‚reduzieren'; ist damit aber das Wesen des Denkens erschöpft?" (MEW 20, 53)

Für Engels ist dies sicher nicht der Fall, was ihn jedoch nicht davon abhielt, weitere Ableitungsversuche des Geistigen zu inaugurieren, die das Problem allerdings ebenfalls nicht zu lösen vermögen, sondern sich in Zirkelschlüsse verfangen. Das im Raume stehende Problem einer Deduktion des Geistes aus der Materie reproduziert sich nämlich auch dann, wenn im Anschluss an Engels' *Anteil der Arbeit an der Menschwerdung des Affen* (vgl. MEW 20, 444ff.; siehe aber auch Marx in MEW 19, 362f.) versucht wird, die Entstehung des Bewusstseins historisch-materialistisch aus der menschlichen Praxis und nicht primär physiologisch aus der organischen Materie zu rekonstruieren, indem dem Werkzeug die Mittlerfigur zwischen Materie und Geist zugesprochen wird (vgl. Holzer 1978, 164ff.; Arndt/Lefèvre 1983). Die auf Werkzeugverwendung und -produktion basierende Arbeit soll demzufolge den „*Umschlag*[s] höchster tierischer in menschliche Lebenssicherung" (167) bewirken und den durch die „materielle Sicherung des Lebens" (168; vgl. Tjaden 1977, 17f.) vermittelten „*Unterschied* zwischen phylogenetischer und gesellschaftlicher Evolution" (168; vgl. Tjaden 1977, 19-21, 29ff.) begründen. Abgesehen davon, dass auch in diesem Fall auf die Einheit des gesetzmäßigen Naturzusammenhangs insistiert wird, so dass „menschliche Vergesellschaftung" nichts anderes ist als eine „höhere Bewegungsform der Materie" mit „gesteigerte[n] Entwicklungsmöglichkeiten" (Tjaden 1977, 29), reproduziert auch dieser Werkzeug-Materialismus die Probleme einer jeden Evolutionstheorie des Geistes.[40] Der Versuch, die Entstehung des Bewusstseins historisch-materialistisch aus der menschlichen Praxis zu rekonstruieren und nicht primär physikalisch-physiologisch aus der (an)organischen Materie abzuleiten, erweist sich als nicht minder aporetisch als die physikalisch-chemisch-biologische Deduktion unter Ausblendung der historisch-gesellschaftlichen Vermittlung der menschlichen Natur. Wenn gegenständliche Tätigkeit und Werkzeuggebrauch als Konstituentien des Geistes ausgegeben werden, wird unterschlagen, dass dieser immer schon Voraussetzung jener ist, mithin nicht ihr Resultat sein kann. Bewusst intendierter Werkzeuggebrauch oder gar ihre Produktion setzen zwingend Bewusstsein voraus, und unterscheiden sich qualitativ von jenem, bei hochentwickelten Tieren beobachtbaren Umgang mit Gegenständen, die nur metaphorisch als Werkzeuge bezeichnet werden können, was auch Vertreter der historisch-materialistischen Entwicklungstheorie herausstellen (vgl. Tjaden 1977, 19). Im Kontext der Kritik am späten Lukács (vgl. Ruben/Warnke 1979)[41] wird, durchaus folgerichtig, affirmativ die notwendige Konsequenz aus diesen nicht überzeugenden Versuchen einer materialistischen Theorie der Geistesgenese gezogen: „Damit ist zunächst ein spekulativer Begriff des Bewußtseins und der Subjektivität als theoretische Voraussetzung einer in Freiheit und Vernunft gegründeten subjektiven Zwecksetzung ausgeschlossen" (Arndt/Lefèvre 1983, 33) – womit die geistig-ideelle Voraussetzung jedes Arbeitsprozesses eingezogen und der Marxsche Arbeitsbegriff um seinen kritischen Gehalt gebracht wird, indem dieser „zurück auf den Naturzusammenhang" geworfen wird, „aus dem er hinausführt" (Bulthaup 1973, 30; vgl. Kuhne 1995, 107ff.).

2. Politische Implikationen von Engels' Materialismus

Es war Karl Korsch, der als einer der ersten kritischen Marxisten auf die politische Brisanz des erkenntnistheoretischen Rückschritts in einen monistischen Materialismus, der die Dialektik eliminiert, aufmerksam machte. Mit der in seiner Studie *Marxismus und Philosophie* (1923) vorgetragenen Kritik am Marxismus der II. Internationale, der vor allem von Karl Kautsky personifiziert wurde, traf Korsch auch den bolschewistischen Marxismus, wie die wüsten Kritiken aus Moskau offenbarten, mit denen Korsch an sich gar nicht gerechnet hatte. Die beiden verfeindeten marxistischen Strömungen teilten, wie Korsch nun erst sah, eine gemeinsame undialektische materialistische Weltanschauung, deren Konsequenzen für eine revolutionäre Theorie und Praxis er in seiner *Antikritik* sezierte. Das politische Problem ist, wie Korsch gegenüber Lenins, an Engels anschließenden Materialismus betont, weniger eine „bloße Auswechselung" der idealistischen Dialektik unter materialistischen Vorzeichen, in welcher die „‚Materie'" den „‚Geist'" als das restituierte „Absolute" ersetzt; ein Verfahren, das die Philosophie nicht aufhebt, sondern nur eine „terminologische Veränderung herbeiführt" (Korsch 1993, 402). Weit gravierender noch ist, dass Lenin (gemeinsam mit Engels) hinter die gesamte *„idealistische Philosophie von Kant und Hegel"* (402) zurückfällt und somit sich auf einem längst überwundenen Entwicklungsniveau des Materialismus wieder findet:

> „Indem Lenin und die Seinen die Dialektik einseitig in das Objekt, die Natur und die Geschichte verlegen, und die Erkenntnis als eine bloße Widerspiegelung und Abbildung dieses objektiven Seins in dem subjektiven Bewußtsein bezeichnen, zerstören sie tatsächlich jedes dialektische Verhältnis zwischen dem Sein und dem *Bewußtsein*, und in einer notwendigen Konsequenz hiervon dann auch das dialektische Verhältnis zwischen der *Theorie* und der *Praxis*." (403)

Während auf der einen Seite Praxis somit als „Verwirklichung" theoretisch erkannter absoluter „Wahrheiten" (404) missverstanden wird, führt die politisch motivierte Negation der Autonomie von Philosophie, Wissenschaft und Kultur auf der anderen Seite zu einer „zwischen revolutionärem Fortschritt und finsterster Reaktion oszillierenden *ideologischen* Diktatur" (409), die eine ihrer, fraglos dogmatisch zurechtgestutzten, ideologischen Stützen in Engels' naturalistischem Materialismus gefunden hatte.

Die andere falsche Kehrseite des naturalistisch verkürzten Materialismus ist die produktivistische Subjekthybris eines vermeintlich historischen Materialismus, der keine Natur mehr kennt, wie sie paradigmatisch der frühe Lukács formulierte. Lukács' hegelianisierende Auflösung der Ding-an-sich-Problematik durch eine absolute Subjekt-Objekt-Dialektik einer sich in der und als Geschichte abspielenden Selbstproduktion der menschlichen Gattung durch Arbeit, die sich auf dem Weg der proletarischen Revolution im Kommunismus verwirklicht, reproduziert den Fetischcharakter des Kapitals einer unendlichen, in sich subsistierenden Produktivität, die scheinbar von allen nicht selbst gesetzten Bedingungen befreit ist (vgl. Wallat 2012, 118ff.). Lukács leugnet die An-sich-Bestimmtheit der Natur, die ihm ausschließlich eine „gesellschaftliche Kategorie" (Lukács 1970, 238) ist. Auch wenn Lukács ein Kern des Problems trifft, wenn er gegenüber Engels hervorhebt, dass „die entscheidenden Bestimmungen der Dialektik" gerade in der „Naturerkenntnis nicht vorhanden sind" (63), reproduziert er die produktivistische Auflösung der Dinge in (restlos) produzierbare Prozesse. Die kapitalistische Degradierung der Objektwelt zu nichtigen Momenten eines Funktionszusammenhangs wird ratifiziert, dessen Anfang und Ende die Selbstverwertung des Kapitals ist. Lukács' Subjekthybris und Engels' objektivistischer Naturalismus zerreißen beide die Vermittlungsbewegung von Mensch, Natur und Gesellschaft, indem sie einseitig einzelne Pole der Beziehung abstrakt hypostasieren. Auch wenn dies am jeweils entgegengesetzten Pol von Natur und Gesellschaft geschieht, verbindet beide die Vorstellung eines unendlichen Produktivismus der menschlichen Arbeit, der Emanzipation einseitig am Moment des historischen Fortschritts der Naturbeherrschung festmacht.

Alfred Schmidt hat diese Problematik eines produktivistischen Materialismus in einer Selbstkritik aufgenommen, in welcher er, gegen seine ursprüngliche Interpretation einer praxis-philosophischen Deutung des (Marxschen) Materialismus, mit Engels für einen ökologischen Materialismus votiert, in der die Natur zu dem die menschliche Praxis und Geschichte übergreifenden und umfassenden Moment wird (vgl. Schmidt 1993, IX-XII; vergleichbar bereits Negt 1976, 36). Gegenüber einer Position wie der des frühen Lukács', in der Natur negiert wird und das Objekt sich in das Subjekt auflöst, ist diese Korrektur, die auch neuralgische Punkte von Schmidts eigener Argumentation trifft[42], legitim und zwingend. An sich ist hiermit aber nicht viel gewonnen, da gerade auch die ökologische Problematik eine politische ist, die nur von einer reflektierten Subjektseite her angegangen werden kann. Beiseitegelassen, dass gerade Engels' Kantkritik die materialistische Präponderanz des Objekts implizit zugunsten totaler Naturerkenntnis und -beherrschung durch die Menschheit aufhebt[43], ist die Reflexion auf die ökologischen Bedingungen menschlicher Existenz eine, die nur vom Menschen selbst getätigt und praktisch gewendet werden kann. Bewegungsgesetze der Materie helfen an sich nicht weiter und dienen am Ende womöglich noch dazu, den politischen Kern der Problematik zu naturalisieren, womit ihre technokratisch-autoritäre Lösung latent nahegelegt ist.[44]

In Form eines naturalistischen Monismus verfängt sich das Projekt eines ökologischen Materialismus im Übrigen auch dann in Aporien, wenn nicht auf Basis eines physikalischen Materie-Reduktionismus, sondern primär evolutionär-ökologisch argumentiert wird. Bei Schmied-Kowarzik, dessen Marxinterpretation stark durch die Philosophie Schellings geprägt ist, wird nicht die Materie, sondern der „Naturprozeß das Übergreifende über sich und sein total anderes, die gesellschaftliche Produktion" (Schmied-Korwazik 1981, 185), weil der Mensch selbst Natur sei und somit seine Praxis letztlich Naturkraft ist, die auf Natur wirkt (vgl. 185f. mit Bezug auf MEW 23, 192; MEW 40, 516f.). Mit dieser Spekulation will Schmied-Kowarzik der materialistischen Dichotomie von Subjektivismus (auf Seiten der Kritischen Theorie) und Objektivismus (auf Seiten des Marxismus-Leninismus) in dem Mensch-Natur-Verhältnis entgehen (vgl. 179ff.). Ihm ist zwar zuzustimmen, dass es materialistisch zwingend geboten ist, auf die „prinzipielle[n] Naturgebundenheit der gesellschaftlichen Praxis schlechthin" (190) zu insistieren. Es wird von Schmied-Kowarzik aber nicht nur unterschlagen, dass der Mensch eine ‚Natur' hat, die Natur als kausal-determinierten Zusammenhang qualitativ transzendiert. Obendrein wäre die Konsequenz seiner naturphilosophischen Annahme abermals ein spekulatives Natursubjekt zu unterstellen, das, wie die Hegelsche Idee, die Menschen benutzt, um sich selbst zu entfalten. Ein monistischer Materialismus, der den Menschen einseitig in Natur auflöst und somit Praxis als eine Wesensäußerung derselben bestimmen muss, die sich somit nicht qualitativ unterscheidet von der Wirkung physikalischer Kräfte, endet am Ende konsequent in eine materialistisch begründete, an sich aber idealistisch gestaltete Naturmystik, die die Natur zu einem mit Willen und Bewusstsein ausgestatteten Über-Subjekt stilisieren muss, das im und als Mensch erscheint. Das Über-Subjekt ist nur nicht mehr der (Hegelsche) Geist, der sich der praktischen Aktivität der Menschen und dessen Selbstbewusstseins zu seiner geschichtlichen Selbstentfaltung bedient, sondern die (Mensch-)Natur, die sich durch die menschliche Arbeit selbst formt und mittels ihrer sich bis zur (Selbst-)Bewusstwerdung im Geschichtsprozess führt. Ohne einen Begriff von Freiheit als Moment der Praxis bleiben, das belegt die Argumentation von Schmied-Kowarzik nur ein weiteres Mal, offensichtlich alle ‚streng' materialistischen Ansätze in Aporien befangen, die gerade sie immer wieder in jenen Idealismus umschlagen lassen, dem doch ursprünglich die Kritik galt.

Wenn es, wie sich resümieren lässt, nicht „das Abstraktum der Materie" ist, „sondern das Konkretum der gesellschaftlichen Praxis", welcher „der wahre Gegenstand und Ausgangspunkt materialistischer Theorie" (Schmidt 1993, 33) ist, so intendiert diese pointierte Feststellung von Alfred Schmidt dennoch keine Wiederaufwärmung einer sog. Praxisphilosophie. Diese sich häufig stark auf die Marxschen Frühschriften beziehende Position neigt, das Beispiel des frühen Lukács hat es vor Augen geführt, zu einer Hybris des Gattungssubjekts und seiner Arbeit, die nur die Kehrseite des Objektivismus der Entwicklungsgesetze der Materie und der Produktivkräfte darstellt (vgl. Breuer 1977, 10f.).[45] Negiert ist im kritischen Materialismus durchaus nicht die Natur als jenes übergreifende Moment im Verhältnis von Mensch und Welt, welches den Subjekten die unaufhebbare Abhängigkeit von den eigengesetzlichen materiellen Voraussetzungen ihres Daseins und die Grenzen ihrer praktischen Bewältigung bei Strafe des Unterganges lehrt. Mit dem Begriff der Praxis, der in Engels' monistisch-objektivistischer Naturdialektik, ganz im Gegensatz zu Marx' früher spekulativ-materialistischer Naturphilosophie (vgl. MEW 40, 515-517, 535ff.; Schmied-Kowarzik 1984, 61ff.), ein Schattendasein fristet, ist allein jenes konstitutive Moment der Nichtidentität festgehalten – das der Freiheit –, welches die Bedingung der Möglichkeit von Kritik bezeichnet und den reduktiv-materialistischen Monismus überwindet. Freiheit ist weder Indeterminismus, der vom Zufall nicht zu unterscheiden ist, noch bloß bewusste Einsicht in die Notwendigkeit, worauf sie Engels reduzieren wollte (vgl. MEW 20, 106f.) und worin ihm die staatssozialistischen Regime bereitwillig gefolgt sind.[46] Freiheit ist individuelle und kollektive Autonomie, bewusste Selbstbestimmung der individuellen Existenz, mitsamt des nicht-repressiven Umgangs mit der eigenen inneren und der uns immer schon vorausgesetzten äußeren Natur. Wirklich wäre diese Freiheit in einer vernünftigen, folglich herrschaftslosen Gesellschaft, in der das autonome Subjekt Selbstzweck und der unaufhebbare menschliche Stoffwechsel mit der Natur selbstbestimmt und rational organisiert wäre. Eine solche Gesellschaft kann am Ende nur das Resultat bewusster politischer Praxis sein, für deren Erfolg es keine Garanten in den ‚dialektischen' Entwicklungsgesetzen der Materie und der Geschichte geben kann, ohne Freiheit zugleich zu negieren.

Praxis aus Freiheit

In den vorherigen drei Kapiteln wurde detailliert dargestellt, dass Engels (und Marx) den kritischen Materialismus, nicht durchgehend, sicherlich aber auch nicht bloß randständig entpolitisierten. Wie gezeigt wurde, gilt dies für das politische Denken genauso wie für die Geschichtstheorie und Naturphilosophie. Im Kern ist die Entpolitisierung auf eine unausgegorene theoretische Gemengelage zurückzuführen, die aus einem objektivistischen Evolutionismus und einem positivistischen Szientismus zusammengebraut wurde. Ihr Resultat ist die Substitution materialistischer Dialektik und Kritik durch eine proletarisch-sozialistische Weltanschauung, die nicht nur in vielerlei Hinsicht das bürgerlich-kapitalistische Fortschritts- und Produktivitätsphantasma fortdichtet, sondern sich auch als ausgesprochen blind gegenüber den Herausforderungen der Gestaltung und Konstitution einer autonomen, herrschaftsfreien Gesellschaft erweist. Wenn auch das Erbe von Marx und Engels, was evident ist, sich mit Sicherheit nicht auf diese fragwürdigen Elemente reduzieren lässt, die zudem, was deutlich geworden sein sollte, keinesfalls allein Engels' (theoretischem Unvermögen) angelastet werden können, so nimmt dies nichts von dem Gewicht, mit dem diese auf dem unabgeschlossenen wie aktuellen Projekt einer materialistischen Dialektik und Kritik lastet. Nur durch die Kritik der marxistischen Tradition hindurch kann sich dieses fortentwickeln und hierbei jenes unabgegoltene Potential der Marxschen Theorie in emanzipatorischer Absicht zur Entfaltung bringen, von dem diese durchaus radikale, also an die Wurzel gehende Kritik zu einem nicht unerheblichen Teil selbst auszugehen hätte. Insbesondere betrifft dies den sozialontologischen Fundamentalbegriff des kritischen Materialismus: Praxis (aus Freiheit). Das in den vorgehenden Studien bereits immer wieder als zentrales Problem des kritischen Materialismus diskutierte Problem des Verhältnisses der menschlichen Praxis zu ihren materiellen Voraussetzungen und Bedingungen wird hierzu abschließend systematisch aufgegriffen. Argumente und Gedanken, die bereits in der direkten Auseinandersetzung mit Engels und Marx vorgetragen wurden, werden zu diesem Zwecke in einem ersten Schritt noch einmal diskutiert. Die begriffliche Darstellung steht diesem Erkenntnisinteresse gemäß gegenüber einer textnahen Analyse der Theorie von Engels und Marx im Vordergrund, deren Schriften nicht mehr der unmittelbare Gegenstand der Erörterung sein werden. Abschließend wird in einem zweiten Schritt die verhandelte Problematik auf das autoritäre Erbe des Marxismus in der Gegenwart bezogen.

1. Zum Begriff der Praxis und dem Verhältnis der Freiheit zur Notwendigkeit

Aristoteles' dichotome, die herrschaftsförmige Teilung von Hand- und Kopfarbeit reflektierende Unterscheidung von *Poiesis* (Herstellen) und *Praxis* (Handeln) wird im kritischen Materialismus zugunsten eines Gattungsbegriffs von Praxis überwunden, der mehrere Arten subsumiert.[47] Gemeinsam ist diesen, dass sie menschliche Tätigkeitsformen bezeichnen, die Geist/Bewusstsein und gesellschaftliche Beziehungen zur Voraussetzungen haben, die zugleich, ihr dialektisches Wesen bezeichnend, Resultate von Praxis sind (vgl. Städtler 2011, 24; ders. 2013). Die verschiedenen Praxisarten sind je spezifische Erscheinungen des transzendentalen, an sich einheitlichen Freiheitsvermögens des Menschen. Ihre Differenzen sind Ausdruck der unterschiedenen Relationen, in denen sich das Subjekt, der „Ursprung" des durch Herstellen oder Handeln „Hervorgebrachten" (Aristoteles 2000, 1140a), zu seinem Anderen befindet. Praxis bezeichnet allgemein nicht das, „was aus Notwendigkeit ist" oder „sich von Natur" aus „bildet", denn „beides hat seinen Ursprung in sich selbst" (1140a). Praxis bezieht sich vielmehr auf das, „[w]as sich so und anders verhalten kann" (1139b-1140a), was sowohl den gesellschaftlich vermittelten Mensch-Natur-Stoffwechsel als auch die politisch vermittelte Konstitution der Gesellschaft selbst anbetrifft. Gesellschaft wie Natur sind zwar beide gleichermaßen nicht abschaffbare, (in Teilen) eigengesetzliche Voraussetzungen menschlicher Existenz, als solche also eine sozialontologische Notwendigkeit menschlicher Existenz überhaupt. Die jeweilige Gestalt menschlicher Vergesellschaftung und ihre Beziehung zur Natur unterstehen und entspringen aber keiner natürlichen oder historischen Notwendigkeit, sondern sind als ein Resultat menschlicher Praxis historisch variabel, wenn auch nicht beliebig oder Resultat von Zufall.

Eine Praxisart, die in vielen Spielarten des historischen Materialismus fälschlicherweise mit Praxis an sich oder als Modell von Praxis überhaupt identifiziert wird, ist die Arbeit als gegenständliche Tätigkeit, die zweckgerichtet und technisch vermittelt die Natur aneignet (vgl. MEW 23, 192-198). Arbeit impliziert als Verausgabung materiell-physischer, gegenständlich vermittelter menschlicher Kräfte zugleich Geist, Sprache und Kooperation. Arbeitsprozesse umfassen nicht nur ein instrumentelles Subjekt-Objekt-Verhältnis zwischen Mensch und bearbeiteter Außenwelt, sondern stellen zumeist zugleich auch kooperative, intersubjektive Beziehungen zwischen den Arbeitenden her. Der materialistische Praxisbegriff scheidet daher auch nicht Arbeit und Interaktion, Handeln und Herstellen, sondern sieht in diesen verschiedene Aspekte des immer schon durch Geist und Sprache vermittelten praktischen Vermögens der Menschen. Die Bedeutung des Ideellen für die Praxis reicht von der Zwecksetzung, die jeder Arbeit vorausgeht und auch den materiellen Artefakten der Arbeit zugrunde liegt, bis hin zu konstitutiven ideellen Regeln, Normen, Werten, Wissen und kollektiven wie individuellen Einstellungen und Bewusstseinsinhalten, ohne die kein materieller Reproduktionsprozess der Gesellschaft möglich ist. Die Bedeutung des ideellen/geistigen Moments in der menschlichen Geschichte und ihren Vergesellschaftungsformen ist daher für eine kritische materialistische Gesellschaftstheorie fundamental. Es unterscheidet diese prinzipiell von allen Spielarten eines reduktionistischen Naturalismus und ist Voraussetzung ihrer Kritik. Dennoch ist das Bewusstsein durch das gesellschaftliche Sein derart bedingt, dass seine Inhalte zwar nicht durch die jeweilige Gesellschaft determiniert, wohl aber in diese eingebettet sind. Die Bewusstseinsinhalte schweben nicht autark über den sozialen Prozessen, sondern sind mit ihnen verwoben und durch sie vermittelt, was keine kausalen Determinationszusammenhänge, sondern strukturelle Abhängigkeiten bezeichnet. Ein Beispiel für diese Abhängigkeit liefert die Vermittlung mythologischer und religiöser Bewusstseinsformen mit dem Stand der gesellschaftlichen Naturbeherrschung, aus dem sie jedoch nicht in ihrer ganzen inhaltlichen Varietät deduziert werden können; weitere Beispiele aus der Moderne wären die diversen Spielarten naturalisierender Ideologien, die der undurchschaute kapitalistische Konkurrenzkampf naturwüchsig produziert, indem er sich selbst zu einem anthropologischen Apriori von Vergesellschaftung schlechthin hypostasiert.

Arbeit ist an sich, ihrer Form nach, keine monadologische, ungesellschaftliche, rein technisch-instrumentelle und/oder a-kulturelle, gleichsam biologische Tätigkeitsform. Inhaltlich ist Arbeit gekennzeichnet als eine von einem Subjekt(Mensch)-Objekt(Natur)-Verhältnis bestimmte Praxisform der primären materiellen (Re)-Produktion der Menschen und ihrer Gesellschaft, deren zweite die regenerative-biologische Reproduktion der Gattung ist, die eine strikt(er) intersubjektive Praxisform darstellt (vgl. zur sog. Care-Arbeit Müller 2016,

29ff.). Diese ist gleichsam ‚Arbeit' am und mit Menschen, die nicht Güter und Produktionsmittel produziert, sondern den biologischen Erhalt der Gattung sichert. Der historische Materialismus von Engels bezeichnet, wie gezeigt, beides zusammen als Basis der menschlichen Gesellschaft und ihrer Geschichte (vgl. MEW 21, 27f.), die dementsprechend umfangreicher ist als ‚die' Ökonomie. Letztere ist wie die Arbeit keine a- oder prä-soziale, rein technische Angelegenheit, sondern eine spezifische Gestalt gesellschaftlicher Praxis, die, wie die regenerative Praxis, allein deshalb basal ist, weil sie Voraussetzung für den Erhalt des gesellschaftlichen Lebens selbst ist: „Grundbedingung aller Geschichte" (MEW 3, 28). Die materielle ‚Basis' der Gesellschaft bezeichnet demzufolge die jeweilig historisch spezifischen sozialen Mechanismen der gesamtgesellschaftlichen materiellen Reproduktion (Lebens- und Produktionsmittel; biologische Reproduktion). Diesen kommt insofern Priorität zu, als diese die *erste* Existenzbedingung *jeder* Form von Vergesellschaftung und somit historisch wie systematisch Vorrausetzung des übrigen gesellschaftlichen Lebens ist. Dieser Sachverhalt verweist auf drei Bedeutungsgehalte des sozialontologischen Primats des Materiellen im kritischen Materialismus: (1) Physikalisch-biologisches Primat der Objektivität der äußeren Natur (Naturgesetze), das für den Menschen genauso unaufhebbar ist wie seine körperliche Materialität als humanspezifischer Erscheinung dieser Natur. Die Verfassung dieser bedingt (2) die ebenfalls unaufhebbare Notwendigkeit des menschlichen Stoffwechsels mit der äußeren Natur durch menschliche Praxis (elementare materielle Reproduktion der biologischen Existenz und der Gesellschaft). Was sich historisch verändert, ist die gesellschaftliche Form der Organisation der Praxis des Mensch-Natur-Stoffwechsels. Das Primat des Materiellen auf dieser Ebene bezeichnet (3) das aufhebbare Faktum der bisherigen Geschichte, dass die materielle Reproduktion bis dato entweder durch die Dominanz des Naturmoments (vorkapitalistische Gesellschaften) oder die blinde und übermächtige Verselbstständigung sozio-struktureller Eigendynamiken (kapitalistische Gesellschaften) bestimmt ist. Ihr gemeinsamer, transepochaler Nenner ist der naturwüchsig-unbewusste Charakter des unbeherrschten Mensch-Natur-Stoffwechsels. Dieses Primat des Materiellen wäre aufgehoben, wenn die basale Praxis der materiellen Reproduktion durch die Subjekte herrschaftsfrei-selbstbestimmt und bewusst-planmäßig auf die Bedürfnisbefriedigung hin organisiert wäre. Die Frage, inwiefern, in welcher Form und in welchem Maße die Art und Weise der materiellen (Re-)Produktion die Struktur und Entwicklung der Gesamtgesellschaft prägt oder bestimmt, ist mit all diesen Bestimmungen nicht schon beantwortet, sondern bezeichnet vielmehr einen zentralen Forschungsgegenstand des kritischen Materialismus, der nur durch konkrete historische und empirische Analyse von Gesellschaften zu bestimmen ist.

Von den beiden sozialen und infolgedessen immer auch kulturell und politisch vermittelten Praxisformen der Arbeit als Produktions- und Reproduktionstätigkeit lassen sich jene menschliche Praxisformen unterscheiden, denen es gemeinsam ist, nicht unmittelbar materielle (Re-)Produktionsarbeit zu sein. Unglücklicherweise wurden sie (daher) metaphorisch in den ‚Überbau' ausgegliedert, was Ableitungs- und Schichtungsassoziationen hervorruft, welche die immanente Vermittlung aller Praxisarten negiert. Neben kulturellen Praktiken im engeren Sinne, die z.B. im Bereich der Kunst eine mit der Arbeit vergleichbare Subjekt-Objekt-Beziehung von Mensch und Material aufweisen, ist dies allen voran die politische Praxis. Diese kennzeichnet im besonderen Maße ein intersubjektives Moment: gemeinsames, nicht nach der Subjekt-Objekt-Beziehung der Arbeit verfasstes Handeln von und zwischen Menschen – Interaktion –, das die (politische) Konstitution der Gesellschaft betrifft und auf „Zukünftiges und Mögliches" (Aristoteles 2000, 1139b), dem „Untersatz im Bereich des Handelns" (1143b), nicht aber auf das Notwendige zielt. Aus der Perspektive des kritischen Materialismus erweisen sich diese Praxisarten, die Subjekt-Objekt-Beziehung der Arbeit hier, die Intersubjektivität des Handelns dort, jedoch nicht als zwei getrennte Reiche des gesellschaftlichen menschlichen Daseins. Sie sind vielmehr beide mit einander vermittelt.[48] Arbeit weist selbst intersubjektiv-kooperative und kommunikative Handlungsaspekte auf, während die explizit politische, stets auch Momente technischer Zweckrationalität inkorporierende Praxis immer auf die materiellen Voraussetzungen menschlichen Handelns, die durch Arbeit geformt werden, verwiesen bleibt. Dies gilt sowohl in Hinblick auf die soziale Konstitution des Politischen, die selbst wiederum politisch vermittelt ist, nicht aber (weder historisch noch systematisch) im Politischen ihren Grund hat, als auch auf die Endzwecke des Politischen, die nicht im Handeln selbst liegen, sondern auf die Einrichtung der Gesellschaft im Allgemeinen und die Sphäre ihrer materiellen (Re-)Produktion im Besonderen zielen. Keinesfalls in sich ruhender Selbstzweck, ist politische Praxis immer auch wesentlich (wenngleich nicht ausschließlich) auf die materielle Reproduktion der Gesellschaft und ihre politisch-rechtliche

Verfassung gerichtet. Daher rührt die historische Bedeutung, die der kritische Materialismus dem Klassenkampf zumisst. Dieser ist diejenige kollektive Handlungsform, die unmittelbar verquickt ist mit der elementaren Sphäre der materiellen Produktion.

Die Gestalt(ung) der materiellen Reproduktion, die in Klassengesellschaften herrschaftsförmig und somit unvernünftig ist, ist das materialistische Politikum schlechthin, entscheidet die Verfassung der materiellen (Re-)Produktion der Gesellschaft doch wesentlich über menschliche Autonomie oder Heteronomie – und zwar sowohl im Bereich der Arbeit, dem sog. ‚Reich der Notwendigkeit', als auch im sich hierauf konstituierenden gesellschaftlichen Leben, welches unter vernünftigen Vergesellschaftungsbedingungen das selbstzweckhafte ‚Reich der Freiheit' wäre. Die Ausdehnung dieses hängt von der Eindämmung jenes ab, dessen Verfassung selbst sich durch die vernünftige politische Gestaltung des Notwendigen auszeichnen müsste. Zentral ist daher, wie gezeigt, die institutionelle Einrichtung des Politischen. Kollektive Autonomie ist nicht bereits erreicht, wenn die materielle Reproduktion der Gesellschaft, das sog. Reich der Notwendigkeit, rational geregelt ist, was an sich auch mit autoritären politischen Formen erreichbar wäre (vgl. Wellmer 1973, 124-127). Entscheidend ist der „politische[n] Raum einer befreiten Öffentlichkeit" (125; vgl. 128-131; Zimmermann 1985, 98ff.), in dem über die Gestaltung des Notwendigen und des Möglichen kollektiv entschieden würde. Hier müsste die Vermittlung des ‚Reichs' der Freiheit mit dem der Notwendigkeit stattfinden, in welchem selbst insofern Freiheit sich verwirklicht hätte, als dieses rational und menschenwürdig, das heißt herrschaftsfrei eingerichtet wäre, was etwas anderes ist, als die utopische Vorstellung der Transformation von Arbeit in Spiel, welche ihre gegenständliche, immer auch widerständige Objektseite negieren müsste. Ohne diese politische bzw. autonome Vermittlung von Freiheit und Notwendigkeit bliebe das Reich der Freiheit allein das Reich von (bestenfalls) materiell abgesicherten Privatmenschen, die die Angelegenheiten der materiellen (Re-)Produktion nach wie vor nicht selbstbestimmen; aufgeklärter Despotismus unter sozialistischem Vorzeichen. Entscheidend ist folglich die politische Konstitution der klassenlosen Gesellschaft, und infolgedessen auch die Differenzierung der Praxisformen. Das Politische ist weder, wie es für die marxistische Tradition weitgehend selbstverständlich war, eine Unterart der instrumentellen Subjekt-Objekt-Beziehung der Arbeit – ‚Geschichte machen' –, noch kann es durch die technisch-rationale Organisation der gesellschaftlichen Produktion subsituiert werden, wie es selbst bei Herbert Marcuse weitgehend der Fall ist (vgl. Marcuse 1995, 193; 1998, 22f., 36), der hiermit beispielhaft für die Macht der marxistischen Tradition noch über ihre Kritiker steht.

Ein solcher Begriff politischer Praxis führt im Umkehrschluss nicht dazu, Arbeit als sekundäre, „defizitäre Form der Praxis" (Arndt/Lefèvre 1983, 27) zu begreifen, die ‚nur' die materiellen Grundlagen derjenigen gesellschaftlichen Freiheit legt, die in der politischen Praxis fundiert, die allein und autonom den Prozess der Befreiung vollbringe. In der Humanisierung des materiellen Produktionsprozesses findet vielmehr, worauf Castoriadis zu Recht (gegen Marx) nachdrücklich insistiert (vgl. Castoriadis 2007, 116-119), zugleich eine Selbstbefreiung der Arbeit statt, die nicht von außen (aus politischer Praxis) kommt, sondern deren Möglichkeit in ihr selbst angelegt ist, weil auch sie eine Praxis aus Freiheit ist, die sich gleichwohl kategorial von intersubjektiver politischer Praxis unterscheidet. Weder ist das Reich der Freiheit unabhängig von dem der Notwendigkeit, auf dem es basiert und das entsprechend auch in ihm fortwirkt; dieses gibt nicht allein wesentliche inhaltliche Aspekte des Politischen vor, sondern restringiert auch den materiellen Möglichkeitsraum selbstzweckhafter menschlicher Tätigkeit. Noch ist das Reich der Notwendigkeit ein bloß technisches Universum, welches allein nach Kriterien der Zweck-Mittel-Rationalität zu perfektionieren wäre. Anders gesagt, reicht Notwendigkeit nicht nur in die Freiheit, sondern auch Freiheit in die Notwendigkeit hinein, da Arbeit selbst eine Form der Praxis ist, für die normativ-moralische und interaktiv-soziale Momente substantiell und nicht akzidentiell sind. Deshalb gilt es das Reich der Notwendigkeit nicht nur möglichst technisch effizient, sondern auch in der der „menschlichen Natur würdigsten und adäquatesten" (MEW 25, 828) Form zu gestalten. Gerade das Reich der Notwendigkeit wäre folglich individueller und kollektiver Autonomie als der konstitutiv politischen Fundamentalnorm einer herrschaftsfreien Gesellschaft zu unterstellen.

Wenn Marx in seinen *Ökonomisch-philosophischen Manuskripten* und in den *Grundrissen* die aristotelisch-antike und biblische Lehre vom dem auch in einer klassenlosen Gesellschaft nicht aufhebbaren Zwangscharakter der Arbeit zugunsten der qualitativen Transformation von Arbeit selbst antastet, so bezeichnet dies den utopischen Horizont des (Marxschen) Kommunismus. Die nicht-entfremdete Arbeit wäre nicht mehr Mühsal und Heteronomie, sondern aktive Selbstverwirklichung, „nicht nur Mittel zum Leben, sondern selbst das erste

Lebensbedürfnis" (MEW 19, 21). Marx stellt dies im Kontext seiner Kritik an Adam Smiths Arbeitsbegriff heraus:

> „Du sollst arbeiten im Schweiß deines Angesichts! war Jehovas Fluch, den er Adam mitgab. Und so als Fluch nimmt A. Smith die Arbeit. Die ‚Ruhe' erscheint als der adäquate Zustand, als identisch mit ‚Freiheit' und ‚Glück'. Daß das Individuum ‚in seinem normalen Zustand von Gesundheit, Kraft, Tätigkeit, Geschicklichkeit, Gewandtheit' auch das Bedürfnis einer normalen Portion von Arbeit hat und von Aufhebung der Ruhe, scheint A. Smith ganz fernzuliegen. Allerdings erscheint das Maß der Arbeit selbst äußerlich gegeben, durch den zu erreichenden Zweck und die Hindernisse, die zu seiner Erreichung durch die Arbeit zu überwinden. Daß aber diese Überwindung von Hindernissen an sich Betätigung der Freiheit – und daß ferner die äußren Zwecke den Schein bloß äußrer Naturnotwendigkeit abgestreift erhalten und als Zwecke, die das Individuum selbst erst setzt, gesetzt werden – also als Selbstverwirklichung, Vergegenständlichung des Subjekts, daher reale Freiheit, deren Aktion eben die Arbeit, ahnt A. Smith ebensowenig. Allerdings hat er recht, daß in den historischen Formen der Arbeit als Sklaven-, Fronde-, Lohnarbeit die Arbeit stets repulsiv, stets als äußre Zwangsarbeit erscheint und ihr gegenüber die Nichtarbeit als ‚Freiheit und Glück'." (MEW 42, 512)

Trotz dieser Perspektive macht sowohl Marx' Hinweis, dass auch „Selbstverwirklichung" durch „freie Arbeiten" nicht „bloßer Spaß", sondern „verdammtester Ernst, intensivste Anstrengung" ist, als auch das Beispiel, dass er wählt, das „Komponieren" (512), deutlich, dass realistischer Weise der Transformation von Notwendigkeit in Freiheit Grenzen gesetzt bleiben. Dies gilt zumindest dann, wenn utopische Gesichtspunkte rational nachvollziehbare Ausblicke auf Mögliches gestatten, nicht aber willkürliche Phantasieprodukte darstellen sollen.

„Die Arbeit der materiellen Produktion kann", schreibt Marx weiter, „diesen Charakter nur erhalten, dadurch, daß 1. ihr gesellschaftlicher Charakter gesetzt ist, 2. daß sie wissenschaftlichen Charakters, zugleich allgemeine Arbeit ist, nicht Anstrengung des Menschen als bestimmt dressierter Naturkraft, sondern als Subjekt, das in dem Produktionsprozeß nicht in bloß natürlicher, naturwüchsiger Form, sondern als alle Naturkräfte regelnde Tätigkeit erscheint." (512) Selbst unter solchen Vergesellschaftungsverhältnissen, in welchen die materiellen (Re-)Produktionsprozesse vollends wissenschaftlich-technisch beherrscht würden, werden nicht alle notwendigen Tätigkeiten dem kreativen künstlerischen Schaffen gleichen können, welches daher mit Recht in dem, die materielle Notwendigkeit überwindenden Reich der Freiheit angesiedelt ist. Denkbar wäre, dass jene verbleibenden Tätigkeiten, die ihre Abkunft aus Fron und Mühsal auch unter herrschaftslosen Verhältnissen nicht vollends verlieren würden, ihren dehumanisierenden Charakter restlos einbüßen könnten, wenn sie quantitativ maximal reduziert, personell auf alle Schultern verteilt und kulturell, wider die Logik der Herrschaft, radikal aufgewertet würden. An sich sind diese Arbeiten aber auch dann nicht derart transformierbar, dass sie ihre Qualität substantiell verändern könnten. Auch wenn ihr entfremdeter Charakter abgeschafft wäre, würden sie an sich keine Tätigkeiten sein, die autonome Selbstverwirklichung darstellen. Daher bleibt das Reich der Notwendigkeit, wenigstens auf unabsehbare Zeit, unaufhebbar. Es verlöre aber jeglichen Schrecken, so dass der vorgeschichtliche (Zwangs-)Charakter der Notwendigkeit in eine rationale, herrschaftsfreie Form von Notwendigkeit aufgehoben wäre, indem diese zunehmend selbst durch Freiheit (um-)gestaltet würde. Die Einheit der Freiheit und die Perspektive universaler Emanzipation bleibt folglich nur dann gewahrt, wenn gleichermaßen die Befreiung *der* Arbeit und die Befreiung *von* Arbeit politisches Telos der klassenlosen Gesellschaft ist, und zwar, was den materialistischen Kern der Befreiung ausmacht, von der Basis der materiellen Produktion ausgehend, die nicht abgeschafft, aber autonomer Gestaltung unterworfen werden kann und muss. Voraussetzung hierfür ist ihre autonome politische Vermittlung.

Wenn Marx davon spricht, dass der „Stoffwechsel mit der Natur" unter die „gemeinschaftliche Kontrolle" (828) der Menschen zu bringen sei, dann ist das, was Marx, selber in seiner Position schwankend, nicht herausstellt (vgl. Zimmermann 1985, 113ff.), selbst ein Politikum und keine (allein) technisch-instrumentelle Angelegenheit: „die Explikation dessen, was ‚gemeinschaftliche Kontrolle' heißen müßte, wäre die Explikation dessen, was in dem politischen Raum einer befreiten Öffentlichkeit geschehen würde, wenn die ‚vereinigten Individuen' in zwangloser Diskussion die Dialektik zwischen dem, was sie technisch können, und dem, was praktisch wollen, austrügen." (Wellmer 1973, 124f.) Insofern ist auch die Konstitution des Reichs der Notwendigkeit selbst politisch-autonom, wobei hier die menschliche Freiheit allerdings anderen materiellen Beschränkungen ausgesetzt bleibt, als im Reich der Freiheit, in dem, wie Marx in aristotelisch-kantianischer Diktion sagt, die menschliche Praxis allein „Selbstzweck" (MEW 25, 828) ist, welcher gleichwohl nicht als ein reines Jenseits der Notwendigkeit in sich subsistiert. Die zwei Reiche sind folglich, wie sich resümieren lässt, nicht in eine unterschiedslose Identität aufhebbar; die totale Freiheit, die jede materielle Voraussetzung menschlicher Existenz negiert, ist eine idealistische Fiktion.[49] Sie sind aber auch nicht, wie in der Kantischen Transzendentalphilosophie, zwei Welten, die unabhängig voneinander, ohne jede Vermittlung für sich existieren und auf absolut inkompatiblen (Freiheit vs. Notwendigkeit) Prinzipien beruhen. Sie bilden, da sie im Grunde zwei Erscheinungsformen und Resultate der menschlichen Praxis sind, vielmehr eine in sich unterschiedene Einheit, deren Vermittlungsmodus das Politische und nicht eine Einsicht in die vermeintlich rein technischen Notwendigkeiten der materiellen Produktion ist, die der Kontrolle durch einen technokratisch diktierten Plan unterworfen wird.

Als genuine Praxisform ist das Politische demnach Inbegriff der menschlichen Freiheit, die gesellschaftlichen Bedingungen, die nicht zuletzt von ihrer materiellen Produktionsweise geformt werden, zu gestalten und bewusst zu verändern. Marx nennt diesen Kerngehalt des Politischen *„revolutionäre Praxis"* (MEW 3, 6). Voraussetzung dieser ist das Bewusstsein darüber, dass die Gesellschaft wie naturwüchsig und verselbstständigt sie sich auch darstellt, am Ende doch Produkt menschlicher Praxis (in all ihren Arten) und somit dem Prinzip nach auch durch Praxis veränderbar ist. Dieses politische Bewusstsein zu schaffen, ist das primäre praktische Anliegen des kritischen Materialismus, der über die Möglichkeiten und Bedingungen menschlicher Befreiung aufklären will, was wohlweißlich nicht heißt, ein „‚wissenschaftliches' Programm oder eine Technik politischen Handelns zu entwickeln" (Wood 2010, 29; vgl. Habermas 1971, 43f.), was politische Praxis technokratisch (und somit zumeist elitär) negieren würde. Die Freiheit des Handelns als Inbegriff des Politischen, die nicht anti-materialistisch und voluntaristisch zu verabsolutieren oder postmarxistisch zu hypostasieren ist, wäre einkassiert als Einsicht in die Notwendigkeit, welche Praxis auf die Anwendung von Gesetzeswissen reduzierte und Gesellschaft somit, wie implizit auch immer, mit technisch zu beherrschender Natur identifizierte. Die praktische Verwirklichung des Möglichen kann nicht nach dem „Muster von Herstellungs- und Produktionsprozessen" (Schäfer 2006, 452) geschehen[50], ohne politische Praxis instrumentell-strategisch um ihren genuinen Gehalt zu verkürzen und Politik in „Technik und bürokratische Manipulation“ (Castoriadis 1990, 119) zu transformieren.

Von dem Politischen kann es daher auch keine strenge Wissenschaft geben, die allein bezüglich dessen formulierbar ist, was sich „nicht anders verhalten kann“ und somit „aus Notwendigkeit ist“ (Aristoteles 2000, 1139b). Das Politische ist darum auch keine Anwendung und Umsetzung eines technischen Wissens, wie es für die herstellende Praxis konstitutiv ist (vgl. 1140a). Wenn politische Praxis es mit dem Möglichen, nicht aber mit dem Notwendigen zu tun hat – wäre dem so, so bestünde kein Bedarf an politischen Entscheidungen und der ihnen entsprechenden freien pluralen Öffentlichkeit so wie angemessener institutionalisierter Verfahren[51] –, kann sie nicht als Anwendung und Umsetzung von theoretischer Erkenntnis und Wissen verstanden werden: „Niemand überlegt sich Dinge, die sich unmöglich anders verhalten können, als sie tun, oder solche, in denen er selbst nicht handeln kann.“ (1140a) Dass es von dem Möglichen und dem Neuen keine streng wissenschaftliche Erkenntnis geben kann (vgl. 1139b-1140b), heißt nicht, dass das Mögliche deswegen willkürlich oder beliebig verfügbar wäre, was der materialistischen Einsicht in das Gewicht der objektiven historischen und natürlichen Voraussetzungen des Möglichen widerspricht. Der politische Raum des Möglichen ist aber nach vielen Seiten hin offen, was nicht allein Resultat stets vorhandener Entscheidungsalternativen und nicht-intendierter Handlungsfolgen, sondern prinzipiell Ausdruck der Spezifik intersubjektiver Praxis aus Freiheit selbst ist, die das nicht Vorausbestimmte oder streng Determinierte, das qualitativ Neue, in den Grenzen des Möglichen erzeugt:

> „Politik ist weder eine Konkretisierung von absolutem Wissen noch Technik noch blinder Wille, dem egal ist, was er will. Sie gehört einem anderen Bereich zu, dem des Tuns […]. Sie stützt sich auf ein Wissen, doch ist dieses stets bruchstückhaft und vorläufig. Bruchstückhaft, weil es keine erschöpfende Theorie geben kann; vorläufig, weil die Praxis selbst ständig neues Wissen auftauchen läßt […]. Die ‚relative‘ Klarsicht der Praxis ist kein Notbehelf, auf den wir mangels Alternativen zurückgreifen müssen; nicht nur weil solche Alternativen nicht bestehen, sondern weil diese ‚Relativität‘ nur die Kehrseite der positiven Substanz der Praxis ist. Denn Gegenstand der Praxis ist ja gerade das Neue, das mehr ist als bloß die materialisierte Kopie einer vorgebildeten Ordnung“ (Castoriadis 1990, 128-131; vgl. 194f.).

Die prinzipielle Inkonsistenz jeder Ordnung ist in der Praxis aus Freiheit selbst begründet, die jede abgeschlossene – idealistische oder materialistische – Systematik *a priori* konterkariert und das Phantasma einer (ab-)geschlossenen Ordnung dementiert. Politische Praxis „begegnet der Totalität als *offener, sich vollziehender Totalität*" (152). Die prinzipiellen Grenzen menschlicher Praxis und die Ungewissheit der Freiheit sind, mit anderen Worten, selbst freiheitskonstitutiv. Ohne diese Unsicherheit im Wesen der Freiheit selbst wäre die Möglichkeit des Anderen, des Veränderbaren, selbst nicht möglich. Dass überhaupt etwas anders sein kann, setzt voraus, dass auch das Andere selbst niemals notwendig ist. Jede Gesellschaft ist genau deshalb mit sich selbst substantiell nichtidentisch, offen und unabgeschlossen, weil Praxis aus Freiheit ist.

2. Die Negation der Praxis aus Freiheit im Marxismus und der autoritäre Effekt der Entpolitisierung des Materialismus

Dass es Praxis aus Freiheit gibt, ist Bedingung der Möglichkeit einer Gesellschaft autonomer Subjekte und der Kritik an Herrschaft und Heteronomie – nicht weniger, aber auch nicht mehr. Möglichkeit und Wirklichkeit von Freiheit lassen sich philosophisch erschließen und argumentativ verteidigen. Eine Anleitung zu konkreter politischer Praxis aus Freiheit, die ohne das Moment unableitbarer Spontaneität eine solche nicht wäre, ist dies aber nicht. Der philosophischen Grundlagenreflexionen sind enge Grenzen gesetzt. Sie bewegt sich, im Grunde seit Kant, auf dem Weg der Kritik, der gleich weit weg von dogmatischen Setzungen wie von skeptizistischer Negation der Vernunft führt. Ihr Geschäft besteht allein darin, zum einen zu zeigen, dass die menschliche Befreiung und eine Gesellschaft autonomer Subjekte kein utopistisches Hirngespinst ist, sondern rational begründet werden können. Zum anderen hat sie in Zusammenarbeit mit den empirischen Wissenschaften über die materiellen Grundlagen und Bedingungen menschlicher Befreiung aufzuklären. Was Theorie nicht kann und auch nicht ihre Aufgabe darstellt, ist hingegen die Lösung von praktischen Problemen; diese ist durch Theorie und Wissen vermittelt, kann aus ihnen aber nicht deduziert werden. Aus dem Grundsatz, dass Praxis aus Freiheit ist, leitet sich jedoch nicht nur die ‚transzendentale' Möglichkeit einer autonomen Gesellschaft und die Notwendigkeit der Kritik an Herrschaft ab, sondern auch die Fundamentalnorm emanzipatorischer Praxis: Autonomie ist zugleich Voraussetzung, Mittel, Resultat und Ziel der Praxis aus Freiheit, die sich folglich kategorisch mit keinen politischen und sozialen Formen der Heteronomie verträgt. Marx und Engels sind diesem Grundsatz in Teilen gefolgt, etwa wenn sie darauf insistierten, dass die Befreiung der Arbeiterklasse nur das Werk der Arbeiterklasse selbst sein könne; gerade Engels hat diesen Sachverhalt gegen die autoritäre Anmaßung eines ‚leninistischen' Intellektuellen-Avantgardismus immer wieder unterstrichen (vgl. MEW 34, 408; MEW, 35, 360f.). Ebenso oft und nicht minder bestimmt haben sie die Fundamentalnorm der Selbstbefreiung jedoch lächerlich gemacht. Oberflächlich ging es hierbei zumeist um politische Hegemonie innerhalb der internationalen Arbeiterbewegung, die, anders als es die Geschichte des 20. Jahrhunderts vermuten lässt, keineswegs stets durch marxistische Kräfte dominiert wurde. Was Marx und Engels im Kampf gegen die verspotteten ‚Antiautoritarier', die als Phantasten abgewatscht wurden, auffuhren, reicht allerdings tiefer als tagespolitische Taktik und Strategie. Ihrer Polemik liegen grundsätzliche philosophische Annahmen zugrunde, die der Praxis aus Freiheit konträr sind.

Dass insbesondere die marxistische, aber auch weite Teile der sich nicht als marxistisch verstehenden Linken ein Problem mit der Freiheit haben, zeigt nicht nur die Geschichte, auch die Gegenwart offenbart dies immer wieder. Es sind vor allem Themen, die gegenwärtig zumeist von erz-kapitalistischen Neoliberalen und reaktionären Rechtspopulisten aufgegriffen werden, welche die Aktualität der Problematik eines autoritären Emanzipationsverständnisses belegen, von denen der Marxismus nur eine, wenngleich historisch überaus mächtige Spielart ist. Ich wähle in diesem Kontext bewusst die ökologische Frage, als dem scheinbar letzten Rettungsanker der (marxistischen) Kapitalismuskritik. Gerade die ökologische Frage und die linken Antworten auf sie zeigen, dass weite Teile der Linken, so sehr sie es auch brüskiert von sich weisen würden, im Kern ein der Praxis aus Freiheit konträres, autoritäres Verständnis von Emanzipation vertreten.

Im Ökosozialismus besteht in der Gegenwart die starke Tendenz, zum einen Marx als Kritiker der kapitalistischen Naturverhältnisse und des entfesselten Industrialismus darzustellen (vgl. bspw. Saito 2016) und zum anderen Engels' Vorhaben einer Naturdialektik im Angesicht der ökologischen Krise auf dem Erkenntnisstand der Wissenschaft der Gegenwart zu reaktivieren: „For Engels, as for Marx, the key to socialism was the rational regulation of the metabolism of humanity and nature, in such a way as to promote the fullest possible human potential, while safeguarding the needs of future generations.

No wonder, then, that we are seeing, in the twenty-first century, the return of Engels" (Foster 2017; vgl. ders. 2000; 2020; vgl. kritisch zu Foster Cassegård 2021, 137ff.). Das Anliegen des Ökosozialismus einer ‚ökologischen' Neu-Lektüre von Marx und Engels hat fraglos seine Berechtigung. Es wird aber intellektuell unredlich, wenn die Rehabilitation des Marxismus als ökologischem Materialismus einerseits jene marxistische Erblast entsorgt, die tief im Imaginären des Kapitalismus verankert ist und es in proletarischer Gestalt fortschreibt, und andererseits das autoritäre und dogmatische Moment, das gerade in Engels' sog. Dialektik der Natur anwesend ist, einfach wegdichtet. Wie immer man auch die jeweiligen Anteile in der ambivalenten Marxsch-Engels'schen Theorie – jetzt mit Hilfe der fortschreitenden Edition der Marx-Engels-Gesamtausgabe – im Einzelnen gewichten mag, aus der Welt wird sich nicht schaffen lassen, dass historisch jene Seite ihres Denkens wirkmächtig wurde, der eine Apologie des Industrialismus und des Produktivismus zugrunde liegt. Diese intendierte keine Überwindung eines herrschaftlichen, auf grenzenlose Ausbeutung der Natur ausgerichtete Praxis, sondern ihre Perfektionierung. Engels' Naturdialektik diente in diesem Zusammenhang gewiss nicht zur Aufbauanleitung eines ökologisch nachhaltigen Sozialismus, sondern zur theoretischen Legitimation der Negation der Praxis aus Freiheit und ihrer Reduktion auf technische Naturbeherrschung. Die praktische Negation der Freiheit lässt sich selbstredend nicht aus Engels' naturphilosophischen Spekulationen gradlinig ableiten. Dass diese für jene heranzitiert werden konnten, ist allerdings, wie oben hinlänglich dargelegt wurde, auch kein reiner Missbrauch, der nichts mit der Sache zu tun hätte; so teilberechtigt das Anliegen einer Rehabilitation von Engels' gegenüber seiner ‚west-marxistischen' Verdammung ist, der Umkehrschluss wird auch Angesichts der ökologischen Krise nicht wahrer.[52] Es geht an dieser Stelle nicht um Marx- und Engels-exegese, auch nicht um vereinseitigendes Marx- und Engels-Bashing oder um eine Kritik am Greenwashing ihrer Theorie. Entscheidender ist etwas anderes. Mit der Entdeckung des ‚grünen' Marx und Engels greift auch die Reanimation jenes, bei Engels expliziter, bei Marx aber keineswegs abwesenden Strangs des Materialismus um sich, der erneut meint, politische Praxis aus wissenschaftlicher Erkenntnis ableiten zu können, und gesetzmäßige Naturprozesse zur Grundlage des Politischen zu machen, womit dieses im Kern entpolitisiert wird.

Die ökologische Frage droht in der (marxistischen) Linken zum neuesten Einfallstor autoritärer und etatistischer Politik zu werden (vgl. Hoff 2022). Eine solche wird jedoch nicht nur nie zu einer Gesellschaft autonomer Subjekte führen, sie wird auch die ökologischen Probleme der Weltgesellschaft nicht lösen. Wenn bekannte, in den Feuilletons den Bürgerschreck spielende Öko-Leninisten einen ökologischen Kriegskommunismus fordern, so ist das entweder geschmacklose Provokation, die es am Ende nicht ganz so ernst gemeint haben will, oder der komplette emanzipatorische Offenbarungseid – so oder so aber ein Indiz dafür, in welch trübem politischen Fahrwasser sich die dominante Linke (wieder) bewegt. Kein leninistisches Regime des Staatssozialismus hat auch nur im Geringsten eine bessere Öko-Bilanz aufzuweisen als der Kapitalismus. Man kann diesem noch so oft und völlig zu Recht, die einfache Rechnung aufmachen, dass maßlose Kapitalakkumulation, die sein Wesen darstellt, sich in einem antagonistischen Widerspruch zu den endlichen materiellen Ressourcen der Natur befindet, die er besinnungslos vernutzt. Daraus leitet sich jedoch nicht der falsche Umkehrschluss ab, dass eine nicht-kapitalistische Produktionsweise per se eine bessere ‚Öko-Bilanz' aufzuweisen hätte. Dass dies nicht der Fall ist, hat die Geschichte des Staatssozialismus hinlänglich bewiesen und ist auch keinesfalls bloß auf eine einseitige Auslegung der Marxschen Theorie zugunsten ihrer Verherrlichung des grenzenlosen Produktivismus zurückzuführen, für den Fortschritt sich am Fortschritt der materiellen Naturausbeutung durch industrielle Arbeit bemisst; das sind tatsächlich nicht der ganze Marx und Engels, erst recht nicht ihre aktuellen Seiten.

Die desaströse Öko-Bilanz des Staatssozialismus ist nicht nur, vermutlich nicht einmal primär der marxistischen Verherrlichung proletarischer Arbeit und des industriellen Fortschritts zu zuschreiben, so sehr diese unbewusste Reproduktion des zentralen gesellschaftlichen Imaginären der kapitalistischen Ökonomie auch geschichts- und wirkmächtig, weil Praxis anleitend war. Gerade auch für die Herausforderungen der Gegenwart ist es entscheidender, festzuhalten, dass die Öko-Bilanz des Staatssozialismus seiner nicht minder desaströsen Freiheitsbilanz korrespondiert.[53] Auch dies ist kein Zufall, sondern bedingt sich. Der regenerative, auf Schonung und Erhalt, im utopischen Horizont gar auf Versöhnung zielende Umgang mit der Natur hat zur Voraussetzung, dass diese ihre Fremdheit verliert und es den Menschen möglich wird, sie als ihre eigene materielle Existenzbedingung zu erfahren und zu begreifen. Nur wo das Objekt seine Fremdheit und Härte verliert, kann es dem Subjekt als Nichtidentisches gegenübertreten, mit dem es in eine friedvolle und anerkennende Kommunikation treten kann, die eine schonende praktische Aneignung der äußeren Welt fundiert. Eine solche setzt zwingend den bewussten und selbstbestimmten Umgang mit den materiellen Bedingungen der menschlichen Existenz und ihrer Reproduktion voraus. Das Gegenteil hiervon ist etatistischer Zwang. Eine ökosozialistische Diktatur negiert nicht nur die Autonomie des Menschen, ist im strikten Sinne unmoralisch und anti-emanzipatorisch, sie wird auch nicht ‚die' Natur ‚retten'. Die Überwindung des kapitalistischen Naturverhältnisses kann, genauso wie die der sozialen und politischen Herrschaftsverhältnisse, nur die Tat der sich selbst befreienden und selbst zu Bewusstsein kommenden Menschen sein. Ihnen autoritär und auf etatistischem Wege das ökologische Gewissen einzubläuen, wird hingegen nur dazu führen, dass diese die materiellen Bedingungen ihrer Existenz (nicht zu Unrecht) als Widerpart ihrer Freiheit erfahren. Ignoranz und Apathie, die neben der Produktivitätshybris das ihrige zu der katastrophalen ökologischen, aber auch zur negativen ökonomischen Effizienzbilanz des Staatssozialismus beigetragen haben, wären die sichere Konsequenz einer Vergesellschaftung, die die Menschen nicht freisetzt und ihnen die materiellen Reproduktionsbedingungen nicht autonom überlässt. Materialverschwendung bei gleichzeitiger Mangelwirtschaft mitsamt kompletter politischer und sozialer Anteilnahms- und Verantwortungslosigkeit waren denn auch historisch die systemische Konsequenz eines Regimes, das die Menschen autoritär fremdbestimmte und jede gesellschaftliche, politische und ökonomische Autonomie dem Staatsmoloch opferte, der vermeintlich die tiefere Einsicht in die ‚Gesetze' der Geschichte und der Natur hatte, und sich daher anmaß, besser zu wissen, was für die Menschen gut ist, als diese selbst. Es hätte an sich nicht des historischen Anschauungsunterrichts bedurft, der Millionen an Opfern forderte, um zu erkennen, wie grundverkehrt ein solches Modell der ‚Emanzipation' ist. Nur wo sich Menschen wirklich selbstbestimmt das Leben und seine materiellen Bedingungen aneignen können, ist die Voraussetzung dafür gegeben, dass sie sich diesen gegenüber nicht apathisch oder gar destruktiv, sondern verantwortungsbewusst verhalten. Das Gegenteil verspricht eine sozialistische Öko-Diktatur, deren Negation der individuellen Autonomie zugleich die Bedingung eines durch kollektive Vernunft bestimmten gesellschaftlichen Naturverhältnisses untergräbt. Kurzum, verbindet sich die ökologische Frage nicht mit der Idee der Autonomie, wird ihre Lösung ein autoritärer Etatismus sein, der sich der technologischen Mittel des 21. Jahrhunderts bedienen kann. Das Letzte mit dem eine solche Form der Vergesellschaftung etwas gemein haben wird, ist ein ‚Reich der Freiheit'.

Am Ende kommt man wieder auf die letzten, bisweilen auch metaphysisch oder theologisch genannten Fragen zurück. Wie immer man sie auch bezeichnen mag – mit Theologie habe ich grundsätzliche Probleme –, man wird sie jedenfalls nicht los, indem man sie als unwissenschaftlich aus dem Diskurs exkludiert oder hinter ihrer Beantwortung stets das Bekenntnis-Niveau eines Abituraufsatzes lauern sieht, was sicherlich oft genug der Fall ist. Das Wagnis sei abschließend trotzdem eingegangen: Dem kritischen Materialismus und der Praxis aus Freiheit liegen kein sog. optimistisches Menschenbild zugrunde. Der Mensch ist ein bedürftiges, leidendes, absolut endliches und kosmisch verlassenes Wesen, das zwar in seltenen Augenblicken Glück erfahren kann, nicht aber dazu bestimmt ist, glücklich zu sein. Aufgabe emanzipatorischer Politik ist es daher auch nicht, der autoritären Illusion nachzujagen, die Menschen zu beglücken oder sie vor jedem Unglück zu retten, sondern jedem Einzelnen das Maximum an Freiheit zu erkämpfen, über sein eigenes Leben und (Un-)Glück selbst bestimmen zu können. Eine solche Autonomie ist weder infantile Willkür, sondern vernunftbestimmte Freiheit, noch die Hybris von (männlichen) Allmachtsphantasien. Im Gegenteil: Der Autonomie und ihrem Universalismus sind überaus enge Grenzen gesetzt. Gerade deswegen sind sie aber auch unbedingt verteidigungswürdig. Von dem kleinen machtlosen Quantum Vernunft im unendlichen Kosmos hängt für die Menschen und ihre Freiheit alles ab. Eine befreite Gesellschaft autonomer Subjekte ist eine ungewisse historische Möglichkeit. Würde sie einmal wirklich werden und sich gegenüber tausenden anderen historischen Möglichkeiten, die die menschliche Geschichte bis dato bestimmen, durchsetzen, wäre sie weder ein paradiesischer Zustand noch unvergänglich. Sie wäre einst genauso vergangene Geschichte, wie alles andere auch. Sie würde allein von einer freieren, vielleicht auch glücklicheren Zeit zeugen, keinesfalls aber von Erlösung.

Praxis aus Freiheit ist Voraussetzung und Ausdruck dieser überaus ungewissen historischen Möglichkeit, was zur Fundamentalnorm der Emanzipation zurückführt. Wenn Autonomie Voraussetzung, Mittel, Resultat und Ziel der Praxis aus Freiheit ist, setzt dies auf allen Ebenen die Bildung autonomer Subjekte voraus. Die angedeuteten makro-politischen Probleme und Voraussetzungen einer autonomen Gesellschaft spiegeln sich daher auch im Mikro-Kosmos wider. Marx und Engels haben sich für die mikrologischen Sozialisationsprozesse der Individuen und ihre psychischen Triebkonflikte kaum interessiert. Insbesondere in Marx' *Ökonomisch-Philosophischen Manuskripten* gibt es zwar bedenkenswerte Ansätze zu einer materialistischen Sozialisationstheorie über das „*individuelle* Gemeinwesen" (MEW 40, 539), an sich schenkt die Marxsche Theorie ihrem revolutionären Subjekt aber erst Aufmerksamkeit, wenn dieses sich bereits als Lohnarbeiter auf der Welt bewegt (vgl. Negt 1984, 117ff.). Es ist nur das Eine, dass weder Marx noch Engels sich je hinlänglich mit den Verdinglichungen und Fetischismen auseinandersetzten, die auch das proletarische Bewusstsein verheeren; kulturindustriell forciert, ist dies alles andere als unerheblich für jede Revolutionstheorie. Das andere, nicht minder schwerwiegende Problem ist die geschichtsphilosophische Abstraktion vom lebendigen Individuum als solchem. Sicherlich verfügten Marx und Engels noch über keine wissenschaftliche Psychologie; Freuds Psychoanalyse tritt erst mehr als eine Wissenschaftsgeneration später auf den Plan. Gleichwohl haben andere, zu denken sei nur an Schopenhauer und Nietzsche, früher oder zur gleichen Zeit schon gewaltige Vorarbeit leisten können, was die ‚Entdeckung des dunklen Kontinents' in unserem Inneren anbetrifft. Wie komplex und schwierig zu bilden das physisch-psychische Material ist, aus dem das vergesellschaftete Individuum besteht, blieb Marx und Engels nicht bloß aufgrund mangelnder wissenschaftlicher Einsicht in die menschliche Sozialisation, in die Prozesse der Phylo- und Ontogenese, verborgen. Ihr gesamtes hegelianisches Revolutionsmodell fegte derlei Fragen schon *a priori* vom theoretischen Seziertisch und fertigte autoritär ab, was tatsächlich an die Schwierigkeit und Ungewissheit eines gesellschaftlichen Zustandes individueller und kollektiver Autonomie gemahnt. Dass Autonomie in der Makro-Dimension gesamtgesellschaftlicher Verhältnisse nicht ohne Autonomie in der Mikro-Dimension der Individuen möglich ist, wussten Marx und Engels an sich, wie die berühmte Formulierung aus dem *Manifest der kommunistischen Partei* zeigt, dass „die freie Entwicklung eines jeden die Bedingung für die freie Entwicklung aller ist" (MEW 4, 482). Was dies auf der Ebene der gesamtgesellschaftlichen Synthesis, der politischen Organisation der Befreiung und im Bereich der individuellen Subjektkonstitution konkret bedeutet, auch vor welche Schwierigkeiten der Prozess der Befreiung und die Konstitution einer befreiten Gesellschaft dies die Menschen stellt, haben sie hingegen allenfalls in Ansätzen reflektiert, überwiegend aber verdrängt oder mit reichlich unangebrachten

Spott im Namen eines Sozialismus bedacht, der sich als Wissenschaft wähnte, die alle Utopie längst hinter sich gelassen habe.

Dostojewski führt in seiner viel interpretierten Parabel vom Großinquisitor (in *Die Brüder Karamasow*) den Widerspruch einer Praxis aus Freiheit und der autoritären Beglückung auf. Jesus, auf die Erde zurückkommend, begegnet dem Großinquisitor, der seinem Erlöser vorhält, dass die Menschen nicht zur Freiheit, die ihnen nur Unglück bedeute, gemacht seien. Was sie wollen und brauchen, sei Führung, die ihnen die Kirche biete. Jesus' Freiheit bringe hingegen nichts als Ungewissheit, mit der die Menschen nicht leben können, und die ihr kleines Glück, das in materieller Versorgung und Verantwortungsentlastung besteht, bedrohe. Dostojewski stellt hiermit zwei metaphysische Universen vor uns, die sich diametral widersprechen. Eins anerkennt und fordert die Freiheit, die weder Glück verspricht noch irgendeine Gewissheit verbürgt, die Freiheit vielmehr kategorisch ausschließen muss, wenn sie sich nicht selbst widersprechen will. Das andere kennt im strengen Sinne keine Praxis aus Freiheit, sondern nur eine solche ‚im Namen' (des Herrn, des Proletariats, der Natur…). Zwischen beiden besteht ein unüberbrückbarer Hiatus. Die marxistische Linke und ihre vielen (auch postmodernen) Abkömmlinge zeigen spätestens, wenn der *kairos* zur Entscheidung zwingt, dass sie ihrem Wesen nach nicht ein Akteur der Praxis aus Freiheit, sondern der Praxis ‚im Namen' sind. Die Desastergeschichte der selbstwidersprüchlichen autoritären Emanzipation, die sich auf Marx und Engels berief, ist kein Produkt von historischen Zu- und Unfällen. Sie ist fraglos nicht allein, aber ganz sicher auch das Resultat einer Theorie und Praxis, die die Ungewissheit der Freiheit und die Mühen ihrer Verwirklichung leugnet und verdrängt, um an ihre Stelle das autoritäre Phantasma der ‚Befreiung' und Beglückung durch und mittels Heteronomie (in Form von Geschichtsgesetzen, Partei, Naturzwang etc.) zu setzen. Die Gegenwart, so überaus reich an menschheitsgeschichtlichen Herausforderungen, ist gut beraten, nicht ein weiteres Mal sich auf jene Pfade zu verirren, von denen zumindest das eine gewiss ist: dass sie niemals in eine herrschaftsfreie Gesellschaft autonomer Subjekte – in das von Engels und Marx ersehnte ‚Reich der Freiheit' – führen werden.

Literaturverzeichnis

MEW = Marx-Engels-Werke, Berlin (O) 1956ff.

Adorno, Theodor W. (2006): Zur Lehre von der Geschichte und von der Freiheit (1964/1965), Frankfurt/M.

Altvater, Elmar (2015): Engels neu entdecken: das hellblaue Bändchen zur Einführung in die ‚Dialektik der Natur' und die Kritik von Akkumulation und Wachstum, Hamburg.

Apel, Hartmut (1982): Verwandtschaft, Gott und Geld. Zur Organisation archaischer, ägyptischer und antiker Gesellschaft, Frankfurt/M.

Arendt, Hannah (1998): Macht und Gewalt, 13. Aufl. München.

Aristoteles (2000): Nikomachische Ethik, 4. Aufl. München.

Arndt, Andreas (1985): Karl Marx: Versuch über den Zusammenhang seiner Theorie, Bochum.

Ders. (1994): Dialektik und Reflexion. Zur Rekonstruktion des Vernunftbegriffs, Hamburg.

Ders. (2004): Unmittelbarkeit, Bielefeld.

Ders. (2020): Dialektik in Faustformeln. In: Hecker, Rolf/Stützle, Ingo (Hg.): Engels' ‚Anti-Dühring'. Kontext, Interpretationen, Wirkung. Begleitband zur Neuen Studienausgabe, Berlin, S. 39-53.

Arndt, Andreas/Lefèvre, Wolfgang (1983): Poiesis, Praxis, Arbeit. Zur Diskussion handlungstheoretischer Grundbegriffe. In: Damerow, Peter u.a. (Hg.): Arbeit und Philosophie. Symposium über philosophische Probleme des Arbeitsbegriffs, Bochum, S. 21-34.

Bahro, Rudolf (1979): Die Alternative. Zur Kritik des real existierenden Sozialismus, ungekürzte Studienausgabe, Köln/Frankfurt/M.

Bakunin, Michail (1969): Gott und der Staat und andere Schriften, Hamburg.

Ders.: (1972): Staatlichkeit und Anarchie und andere Schriften, Frankfurt/M u.a.

Bartlett, Robert (1998): Die Geburt Europas aus dem Geist der Gewalt. Eroberung, Kolonisierung und kultureller Wandel von 950 bis 1350, München.

Bayertz, Kurt (2018): Interpretieren, um zu verändern. Karl Marx und seine Philosophie, München.

Benhabib, Seyla (1986): Normative Voraussetzungen von Marx' Methode. In: Angehrn, Emil/Lohmann, Georg (Hg.): Ethik und Marx. Moralkritik und normative Grundlagen der Marxschen Theorie, Königstein/Ts, S. 83-101.

Bloch, Ernst (1972): Das Materialismusproblem, seine Geschichte und Substanz. In: Ernst Bloch Gesamtausgabe Bd. 7, Frankfurt/M.

Bochenski, Joseph M. (1967): Der Sowjet-Russische Dialektische Materialismus (DIAMAT), 5. Aufl. Bern/München.

Bohlender, Matthias (2016): Marx und die ‚Kritik im Handgemenge'. Die Geburt des ‚kritischen Kommunismus'. In: Marx-Engels-Jahrbuch 2015/16, S. 137-159.

Ders. (2018): Marx, Engels und der ‚wahre Sozialismus' oder: Die Geburt des ‚historischen Materialismus' aus dem Handgemenge. In: Bohlender, Matthias u.a. (Hg.): ‚Kritik im Handgemenge' – Die Marx'sche Kritik als politischer Einsatz, Bielefeld, S. 15-49.

Ders. (2019): Zwischen Wahrheitspolitik und Wahrheitsmanifestation. Zur Genealogie des ‚Kommunistischen Manifests'. In: Marchart, Oliver/Martinsen, Renate (Hg.): Foucault und das Politische. Transdisziplinäre Impulse für die politische Theorie der Gegenwart, Wiesbaden, S. 257-280.

Ders. (2020): Zur Kritik revolutionärer Subjektivierung bei Marx und Stirner. In: Bohlender, Matthias u.a. (Hg.): Wahrheit und Revolution. Studien zur Grundproblematik der Marx'schen Gesellschaftskritik, Bielefeld S. 117-166.

Bošnjak, Branko (1965): Betrachtungen über die Praxis. In: Praxis. Philosophische Zeitschrift Heft 1, S. 9-25.

Bourdieu, Pierre (2000): Die zwei Gesichter der Arbeit. Interdependenzen von Zeit- und Wirtschaftsstrukturen am Beispiel einer Ethnologie der algerischen Übergangsgesellschaft, Konstanz.

Brenner, Robert (1986): The Social Basis of Economic Development. In: Roemer, John (ed.): Analytical Marxism. Cambridge, S. 23-53.

Breuer, Stefan (1977): Die Krise der Revolutionstheorie. Negative Vergesellschaftung und Arbeitsmetaphysik bei Herbert Marcuse, Frankfurt/M.

Ders. (1990): Der archaische Staat. Zur Soziologie charismatischer Herrschaft, Berlin.

Buckmiller, Michael (1989): Marx' jakobinische Muttermale. Zur theoretischen Ambivalenz der Marxschen Revolutionstheorie. In: Vorgänge. Zeitschrift für Bürgerrechte 4, S. 63-72.

Bulthaup, Peter (1973): Zur gesellschaftlichen Funktion der Naturwissenschaft, Frankfurt/M.

Ders. (1998): Das Gesetz der Befreiung und andere Texte, Lüneburg.

Camus, Albert (2009): Der Mensch in der Revolte. Essays, 27. Aufl. Reinbek bei Hamburg.

Castoriadis, Cornelius (1990): Gesellschaft als imaginäre Institution. Entwurf einer politischen Philosophie, Frankfurt/M.

Ders. (2007): Über den Inhalt des Sozialismus II. In: Ders.: Vom Sozialismus zur autonomen Gesellschaft. Gesellschaftskritik nach Marx. Ausgewählte Schriften Band. 2.1, Lich, S. 95-186.

Ders. (2008): Sozialismus und autonome Gesellschaft. In: Ders.: Vom Sozialismus zur autonomen Gesellschaft. Gesellschaftskritik nach Marx. Ausgewählte Schriften Band. 2.2, Lich, S. 191-219.

Ders. (2011): Anthropogenie bei Aischylos und Selbstschöpfung des Menschen bei Sophokles. In: Ders.: Philosophie, Demokratie, Poiesis. Ausgewählte Schriften Band 4, Lich, S. 157-181.

Ders. (2016a): Die proletarische Revolution gegen die Bürokratie. In: Ders.: Ungarn 56. Die ungarische Revolution. Ausgewählte Schriften Band 7, Lich, S. 17-65.

Ders. (2016b): Die ungarische Quelle. In: Ders.: Ungarn 56. Die ungarische Revolution. Ausgewählte Schriften Band 7, Lich, S. 67-103.

Ders. (2021): Hässlichkeit und der absolute Hass auf das Schöne. In: Ders.: Das Fenster zum Chaos. Schriften zu Kultur und Kunst. Ausgewählte Schriften Band 9, Lich, S. 37-42.

Clastres, Pierre (1976): Staatsfeinde. Studien zur politischen Anthropologie, Frankfurt/M.

Claussen, Detlev (1982): List der Gewalt. Soziale Revolutionen und ihre Theorien, Frankfurt/M./New York.

Cassegård, Carl (2021): Toward a Critical Theory of Nature. Capital, Ecology, and Dialectics, London u.a.

Damus, Renate (1971): Ernst Bloch: Hoffnung als Prinzip - Prinzip ohne Hoffnung, Meisenheim am Glan.

Dies. (1973a): Wertkategorien als Mittel der Planung. Zur Widersprüchlichkeit der Planung gesamtgesellschaftlicher Prozesse in der DDR, Erlangen.

Dies. (1973b): Entscheidungsstrukturen und Funktionsprobleme in der DDR-Wirtschaft, Frankfurt/M.

Dies. (1978): Der reale Sozialismus als Herrschaftssystem am Beispiel der DDR. Kritik der nachkapitalistischen Gesellschaft, Gießen.

Dies. (1979): RGW - wirtschaftliche Zusammenarbeit in Osteuropa, Opladen.

Daum, Timo/Nuss, Sabine (Hg.) (2021): Die unsichtbare Hand des Plans. Koordination und Kalkül im digitalen Kapitalismus, Berlin.

Demirović, Alex (2018): Das Reich der Freiheit – Zur Konzeption der Freiheit bei Karl Marx. In: Novkovic, Dominik/Akel, Alexander

(Hg.): Karl Marx – Philosophie, Pädagogik, Gesellschaftstheorie und Politik. Aktualität und Perspektiven der Marxschen Praxisphilosophie, Kassel, S. 335-359.

Draper, Hal (1986): Karl Marx's theory of revolution III. The dictatorship of the proletariat, New York.

Ders. (1987): The dictatorship of the proletariat from Marx to Lenin, New York.

Drexler, Hans Peter (2001): Metamorphosen der Macht. Die Entstehung von Herrschaft, Klassen und Staat untersucht am Beispiel der germanisch-fränkischen Gesellschaftsgeschichte, Marburg.

Duby, Georges (1984): Krieger und Bauern. Die Entwicklung der mittelalterlichen Wirtschaft und Gesellschaft bis um 1200, Frankfurt/M.

Eckhart, Wolfgang (2011): Bakunin und Marx in der Ersten Internationale. Zerstörung oder Eroberung der politischen Macht? In: Kellermann, Philippe (Hg.): Begegnungen feindlicher Brüder. Zum Verhältnis von Anarchismus und Marxismus in der Geschichte der sozialistischen Bewegung, Münster, S. 17-32.

Eich, Armin (2015): Die Söhne des Mars. Eine Geschichte des Krieges von der Steinzeit bis zum Ende der Antike, München.

Elbe, Ingo (2008): Marx im Westen. Die neue Marx-Lektüre in der Bundesrepublik seit 1965, Berlin.

Ders. (2015): Paradigmen anonymer Herrschaft. Politische Philosophie von Hobbes bis Arendt, Würzburg.

Eßbach, Wolfgang (1982): Gegenzüge. Der Materialismus des Selbst und seine Ausgrenzung aus dem Marxismus. Eine Studie über die Kontroverse zwischen Max Stirner und Karl Marx, Frankfurt/M.

Euchner, Walter (1990): Die Degradierung der politischen Institutionen im Marxismus. In: Leviathan. Zeitschrift für Sozialwissenschaft Heft 4, S. 487-505.

Fabbri, Luigi (1977): Malatesta – Leben und Werk. In: Errico Malatesta. Gesammelte Schriften Bd. 1, Berlin, S. 7-101.

Faßler, Manfred (1977): Der Weg zum ‚roten' Obrigkeitsstaat? Die deutsche Sozialdemokratie zwischen Feudalismus und bürgerlicher Gegenrevolution, Gießen.

Fatheuer, Thomas (1988): Ehre und Gerechtigkeit. Studien zur gesellschaftlichen Ordnung im frühen Griechenland, Münster.

Fisahn, Andreas (2018): Staat, Recht und Demokratie. Eine Einführung in das politische Denken von Marx und Engels, Köln.

Fleischer, Helmut (1969): Marxismus und Geschichte, Frankfurt/M.

Ders. (1970): Marx und Engels. Die philosophischen Grundlinien ihres Denkens, Freiburg/München.

Ders. (1973): Sozialphilosophische Studien. Kritik der marxistisch-leninistischen Schulphilosophie, Berlin.

Foster, John Bellamy (2000): Marx's Ecology: Materialism and Nature, New York.

Ders. (2017): The Return of Engels. In: Monthly Review March 2017 No. 10. Online: https://monthlyreview.org/2017/03/01/the-return-of-engels/#fn14

Ders. (2020): The Return of Nature: Socialism and Ecology, New York.

Gerstenberger, Heide (2006): Die subjektlose Gewalt. Theorie der Entstehung bürgerlicher Staatsgewalt, 2. Aufl. Münster.

Dies. (2020): Über die ‚Gewaltstheorie' von Friedrich Engels. In: Hecker, Rolf/Stützle, Ingo (Hg.): Engels' ‚Anti-Dühring'. Kontext, Interpretationen, Wirkung. Begleitband zur Neuen Studienausgabe, Berlin, S. 90-105.

Giessler Furlan, Hannes (2018): Verein freier Menschen? Idee und Realität kommunistischer Ökonomie, Springe.

Gietinger, Klaus (2018): November 1918: der verpasste Frühling des 20. Jahrhunderts, Hamburg.

Godelier, Maurice (1990): Natur, Arbeit, Geschichte. Zu einer Universalgeschichte der Wirtschaftsformen, Hamburg.

Görg, Christoph (2003):Regulation der Naturverhältnisse. Zu einer kritischen Regulation der ökologischen Krise, Münster.

Grundlagen des Marx-Leninismus (1960), Berlin (O).

Habermas, Jürgen (1968): Erkenntnis und Interesse, Frankfurt/M.

Ders. (1971): Theorie und Praxis. Sozialphilosophische Studien, erw. u. neu eingel. Aufl. Frankfurt/M.

Ders. (1976): Zur Rekonstruktion des historischen Materialismus, Frankfurt/M.

Ders. (1985): Zur Logik der Sozialwissenschaften. Erweiterte Ausgabe, Frankfurt/M.

Ders. (1995): Theorie des kommunikativen Handelns. Band 2: Zur Kritik der funktionalistischen Vernunft, Frankfurt/M.

Hauck, Gerhard (1979): Von der klassenlosen zur Klassen-Gesellschaft. Systematisches und Empirisches zur Rekonstruktion des historischen Materialismus, Köln.

Hegel, Georg Wilhelm Friedrich (1999): Enzyklopädie der philosophischen Wissenschaften im Grundrisse. Erster Teil, 5. Aufl. Frankfurt/M.

Heim, Tino (2013): Metamorphosen des Kapitals. Kapitalistische Vergesellschaftung und Perspektiven einer kritischen Sozialwissenschaft nach Marx, Foucault und Bourdieu, Bielefeld.

Hoff, Jan (2022): Die ökosozialistische Herausforderung. In: Bruschi, Valeria/Zeiler, Moritz (Hg.): Das Klima des Kapitals. Gesellschaftliche Naturverhältnisse und Ökonomiekritik, Berlin, S. 108-121.

Holz, Hans Heinz (2005): Weltentwurf und Reflexion: Versuch einer Grundlegung der Dialektik, Stuttgart/Weimar.

Ders. (2011): Dialektik: Problemgeschichte von der Antike bis zur Gegenwart. Band V. Einheit und Widerspruch III. Die Ausbreitung der Dialektik, Darmstadt.

Ders. (2015): Freiheit und Vernunft: Mein philosophischer Weg nach 1945, Bielefeld.

Holzer, Horst (1978): Evolution oder Geschichte? Einführung in Theorien gesellschaftlicher Entwicklung, Köln.

Honneth, Axel (1992): Kampf um Anerkennung. Zur moralischen Grammatik sozialer Konflikte, Frankfurt/M.

Horkheimer, Max (1987): Dämmerung. Notizen in Deutschland (1931/1934). In: Max Horkheimer Gesammelte Schriften Band 2, Philosophische Frühschriften 1922-1932, Frankfurt/M., S. 309-452.

Ders. (1988a): Egoismus und Freiheitsbewegung. Zur Anthropologie des bürgerlichen Zeitalters. In: Max Horkheimer Gesammelte Schriften Band 4: Schriften 1936-1941, Frankfurt/M., S. 9-88.

Ders. (1988b): Zum Problem der Voraussage in den Sozialwissenschaften. In: Max Horkheimer Gesammelte Schriften Band 3: Schriften 1936-1941, Frankfurt/M., S. 150-157.

Horkheimer, Max/Adorno, Theodor W. (2003): Dialektik der Aufklärung. Philosophische Fragmente. In: Gesammelte Schriften Band 5: ‚Dialektik der Aufklärung' und Schriften 1940-1950, 3. Aufl. Frankfurt/M.

Junge, Peter (1980): Asiatische Produktionsweise und Staatsentstehung. Zum Problem der logischen Analyse der Staatsentstehung in Klassengesellschaften mit Gemeineigentum, Bremen.

Kangal, Kaan (2020): Friedrich Engels and the Dialectics of Nature, Cham.

Ders. (2022): Friedrich Engels und die ‚Dialektik der Natur'. In: Rapic, Smail (Hg.): Naturphilosophie, Gesellschaftstheorie, Sozialismus. Zur Aktualität von Friedrich Engels, Berlin, S. 63-79.

Kant, Immanuel (1968a): Die Religion innerhalb der Grenzen der blossen Vernunft. In: Kant Werke in zwölf Bänden. Band VIII, Frankfurt/M.

Ders. (1968b): Anthropologie in pragmatischer Hinsicht. In: Kant Werke in zwölf Bänden. Band XII, Frankfurt/M.

Ders. (1968c): Der Streit der Fakultäten. In: Kant Werke in zwölf Bänden. Band XI, Frankfurt/M., S. 261-393.

Karathanassis, Athanasios (2015): Kapitalistische Naturverhältnisse. Ursachen von Naturzerstörungen – Begründungen einer Postwachstumsökonomie, Hamburg.

Kautsky, Karl (1919): Der Ursprung des Christentums. Eine historische Untersuchung, Stuttgart.

Kellermann, Philippe (2015): Einleitung. In: Michail Bakunin. Staat, Erziehung, Revolution: Ausgewählte Texte. 1869-1871, Lich, S. 9-258.

Kelsen, Hans (1965): Sozialismus und Staat. Eine Untersuchung der politischen Theorie des Marxismus, 3. Aufl. Wien.

Kopf, Eike (2017): Marxismus ohne Engels?, Köln.

Korsch, Karl (1974): Zehn Thesen über Marxismus heute. In: Karl Korsch Politische Texte. Hrsg. von Gerlach, Erich/Seifert, Jürgen, Frankfurt/M/Köln, S. 385-387.

Ders. (1993): Marxismus und Philosophie. Schriften zur Theorie der Arbeiterbewegung 1920-1923, Gesamtausgabe Bd. 3, Amsterdam.

Krätke, Michael R. (2017): Kritik der politischen Ökonomie heute: Zeitgenosse Marx, Hamburg.

Kuchenbuch, Ludolf/Sokoll, Thomas (1990): Vom Brauch-Werk zum Tauschwert: Überlegungen zur Arbeit im vorindustriellen Europa. In: König, Helmut u.a. (Hg.): Sozialphilosophie der industriellen Arbeit, Opladen, S. 26-50.

Kuhlmann, Lothar (1978): Friedrich Engels. In: Kimmerle, Heinz (Hg.): Modelle der materialistischen Dialektik. Beiträge der Bochumer Dialektik-Arbeitsgemeinschaft, Den Haag, S. 55-84.

Kuhne, Frank (1995): Begriff und Zitat bei Marx: die idealistische Struktur des Kapitals und ihre nicht-idealistische Darstellung, Lüneburg.

Ders. (2022): Marx und Kant: Die normativen Grundlagen des Kapitals, Weilerswist.

Landauer, Gustav (2009): Friedrich Engels und die materialistische Geschichtsauffassung. In: Ders.: Anarchismus. Ausgewählte Schriften Band 2, Lich, S. 176-179.

Ders. (2012): Gustav Landauer, Aufruf zum Sozialismus, Darmstadt.

Leineweber, Bernd (1977): Intellektuelle Arbeit und kritische Theorie: eine Untersuchung zur Geschichte der Theorie in der Arbeiterbewegung, Frankfurt/M.

Lenin, W.I. (1975): Der Sieg der Kadetten und die Aufgaben der Arbeiterpartei. In: W.I. Lenin Werke Band 10, 5. Aufl. Berlin (O), S. 193-276.

Lindner, Urs (2013): Marx und die Philosophie. Wissenschaftlicher Realismus, ethischer Perfektionismus und kritische Sozialtheorie, Stuttgart.

Lukács, Georg: (1970): Geschichte und Klassenbewußtsein. Studien über marxistische Dialektik, Darmstadt/Neuwied.

Ders. (1984): „Die ontologischen Grundlagen [1968]“. In: Benseler, Frank (Hg.): Revolutionäres Denken: Georg Lukács: Eine Einführung in Leben und Werk. Darmstadt/ Neuwied, S. 266-283.

Maihofer, Andrea (1992): Das Recht bei Marx: Zur dialektischen Struktur von Gerechtigkeit, Menschenrechten und Recht, Baden-Baden.

Marcuse, Herbert (1974): Die Gesellschaftslehre des sowjetischen Marxismus, Darmstadt/Neuwied.

Ders. (1995): Triebstruktur und Gesellschaft. Ein philosophischer Beitrag zu Sigmund Freud, 17. Aufl. Frankfurt/M.

Ders. (1998): Der eindimensionale Mensch. Studien zur Ideologie der fortgeschrittenen Industriegesellschaft, 2. Aufl. München.

Marti-Brander, Urs (2018): Die Freiheit des Karl Marx: Ein Aufklärer im bürgerlichen Zeitalter, Hamburg.

Mau, Søren (2021): Stummer Zwang. Eine marxistische Analyse der ökonomischen Macht im Kapitalismus, Berlin.

Mehringer, Hartmut/Mergner, Gottfried (Hg.) (1973): Debatte um Engels. 2 Bände, Reinbek bei Hamburg.

Mensching, Günther (1983): Nominalistische und realistische Momente des Marxschen Arbeitsbegriffs. In: Schweppenhäuser, Gerhard u. a. (Hg.): Krise und Kritik, Lüneburg, S. 53-72.

Ders. (1990): Hegels Teleologie in der materialistischen Dialektik. In: Hegel-Jahrbuch 1990, S. 289-298.

Mergner, Gottfried (1973): Zur Arbeitsteilung von Marx und Engels: In: Mehringer, Hartmut/Mergner, Gottfried (Hg.): Debatte um Engels, Bd. 1, Reinbek bei Hamburg, S. 11-21.

Michels, Robert (1957): Zur Soziologie des Parteiwesens in der modernen Demokratie. Untersuchungen über die oligarchischen Tendenzen des Gruppenlebens, 2. Aufl. Stuttgart.

Mises, Ludwig von (1920): Die Wirtschaftsrechnung im sozialistischen Gemeinwesen. In: Archiv für Sozialwissenschaft und Sozialpolitik 47, S. 86-121.

Ders. (1922): Die Gemeinwirtschaft. Untersuchungen über den Sozialismus, Jena.

Morosov, Evgeny (2019): Digital capitalism? The Calculation Debate in the Age of Big Data. In: New Left Review 116/117, S. 33-67.

Mühsam, Erich (1928): Revolutionäre Moral. In: Fanal. Anarchistische Monatsschrift Heft 9, S. 193-200.

Müller, Beatrice (2016): Wert-Abjektion. Zur Abwertung von Care-Arbeit im patriarchalen Kapitalismus – am Beispiel der ambulanten Pflege, Münster.

Negt, Oskar (1974) Marxismus als Legitimationswissenschaft. Zur Genese der stalinistischen Philosophie. In: Nikolai Bucharin/Abram Deborin. Kontroversen über dialektischen und mechanistischen Materialismus, Frankfurt/M., S. 7- 48.

Ders. (1976): Überlegungen zu einer kritischen Lektüre der Schriften von Marx und Engels, Offenbach.

Ders. (1984): Was ist und zu welchem Zweck benötigen wir heute eine Erneuerung des Marxismus? Rede zum hundertsten Todestag von Karl Marx. Prokla. Zeitschrift für Kritische Sozialwissenschaft 55, S. 106-130.

Ders. (o.J.): Der späte Engels. Probleme seiner Revolutionstheorie, unv. Ms.

Netzsch, Rudi (1973): Dialektik und Naturwissenschaft: Friedrich Engels als naturwissenschaftlicher Erkenntnistheoretiker. In: Mehringer, Hartmut/Mergner, Gottfried (Hg.): Debatte um Engels, Bd. 1, Reinbek bei Hamburg, S. 48- 98.

Niedenzu, Heinz-Jürgen (1982): Die Entstehung von herrschaftlich organisierten Gesellschaften. Eine Auseinandersetzung mit den Evolutionskonzepten von Habermas und Eder sowie einer Darstellung der Entstehung der ägyptischen Hochkultur, Frankfurt/M.

Pies, Ingo/Leschke, Martin (Hg.) (2005): Karl Marx' kommunistischer Individualismus, Tübingen.

Plessner, Helmuth (2003): Grenzen der Gemeinschaft. Eine Kritik des sozialen Radikalismus. In: Ders.: Macht und menschliche Natur. Gesammelte Schriften Bd. V, Frankfurt/M., S. 7-133.

Postone, Moishe (2003): Zeit, Arbeit und gesellschaftliche Herrschaft. Eine neue Interpretation der kritischen Theorie von Marx, Freiburg.

Rapic, Smail (2022a): War Engels dialektischer Materialist? In: Rapic, Smail (Hg.): Naturphilosophie, Gesellschaftstheorie, Sozialismus. Zur Aktualität von Friedrich Engels, Berlin, S. 80-96.

Ders. (2022b): Einleitung. In: Rapic, Smail (Hg.): Naturphilosophie, Gesellschaftstheorie, Sozialismus. Zur Aktualität von Friedrich Engels, Berlin, S. 9-42.

Rendueles, Césaer (2021): Sozialismus ohne Cyber-Fetischismus. Von der Planung zur Deliberation. In: Daum, Timo/Nuss, Sabine (Hg.): Die unsichtbare Hand des Plans. Koordination und Kalkül im digitalen Kapitalismus, Berlin, S. 246-260.

Reichelt, Helmut (1983): Zur Dialektik von Produktivkräften und Produktionsverhältnissen. Versuch einer Rekonstruktion. In: Ders./ Zech, Reinhold (Hg.): Karl Marx. Produktivkräfte und Produktionsverhältnisse. Entstehung, Funktion und Wandel eines Theorems der materialistischen Geschichtsauffassung, Frankfurt/M. u.a., S. 7-59.

Reinicke, Helmut (1973): Friedrich Engels. ‚Wir reklamieren den Inhalt der Geschichte', Berlin.

Ders. (1974): Materie und Revolution. Eine materialistisch-erkenntnistheoretische Untersuchung zur Philosophie von Ernst Bloch, Kronberg/Ts.

Ritsert, Jürgen (1973): Probleme politisch-ökonomischer Theoriebildung, Frankfurt/M.

Ders. (2003): Einführung in die Logik der Sozialwissenschaften, 2. Aufl. Münster.

Rocker, Rudolf (1980a): Sozialdemokratie und Anarchismus. In: Ders.: Aufsatzsammlung. Bd. 1 1919-1933, Frankfurt/M., S. 9-16.

Ders. (1980b): Die Nachbarn der Anarchisten. In: Ders.: Aufsatzsammlung. Bd. 1 1919-1933, Frankfurt/M., S. 97-101.

Ders. (o.J.): Absolutistische Gedankengänge im Sozialismus, Darmstadt.

Röder, Petra (1979): Von der Frühromantik zum jungen Marx. Rückwärts gewandte Prophetie eines qualitativen Naturbegriffs. In: Dischner, Gisela/Faber, Richard (Hg.): Romantische Utopie – Utopische Romantik, Hildesheim, S. 149-173.

Dies. (1982): Utopische Romantik, die verdrängte Tradition im Marxismus. Von der frühromantischen Poetologie zur marxistischen Gesellschaftstheorie, Würzburg.

Rosenberg, Arthur (1975): Geschichte des Bolschewismus, Frankfurt/ M./Köln.

Ruben, Peter (1969): Problem und Begriff der Naturdialektik. In: Griese, Anneliese/Laitko, Hubert (Hg.): Weltanschauung und Methode. Philosophische Beiträge zur Einheit von Natur- und Gesellschaftswissenschaften, Berlin (O), S. 51-88.

Ruben, Peter/Warnke, Camilla (1979): Arbeit – Telosrealisation oder Selbsterzeugung der menschlichen Gattung? – Bemerkungen zu G. Lukács' Konzept der ‚Ontologie des gesellschaftlichen Seins'. In: Deutsche Zeitschrift für Philosophie Heft 1, S. 20-30.

Rühle, Otto (1928): Karl Marx. Leben und Werk, Hellerau bei Dresden.

Saito, Kohai (2016): Natur gegen Kapital: Marx' Ökologie in seiner unvollendeten Kritik des Kapitalismus, Frankfurt/M./New York.

Sayers, Sean (2022): Engels und die Dialektik der Natur. In: Rapic, Smail (Hg.): Naturphilosophie, Gesellschaftstheorie, Sozialismus. Zur Aktualität von Friedrich Engels, Berlin, S. 45-62.

Schäfer, Gert (1977): Die kommunistische Internationale und der Faschismus, 3. Aufl. Offenbach.

Ders. (1994): Gewalt, Ideologie und Bürokratismus. Das Scheitern eines Jahrhundertexperiments, Mainz.

Ders. (2006): Gegen den Strom. Politische Wissenschaft als Kritik, Hannover.

Schieder, Wolfgang (1991): Karl Marx als Politiker, München u.a.

Schlaudt, Oliver (2021): Lenin, Castro, Bezos? Die Idee des ‚Cybersozialismus' im Licht historischer Planungsdebatten. In: Daum, Timo/ Nuss, Sabine (Hg.): Die unsichtbare Hand des Plans. Koordination und Kalkül im digitalen Kapitalismus, Berlin, S. 40-52.

Ders. (2022): Das Technozän. Eine Einführung in die evolutionäre Technikphilosophie, Frankfurt/M.

Schmied-Kowarzik, Wolfdietrich (1981): Die Dialektik der gesellschaftlichen Praxis. Zur Genesis und Kernstruktur der Marxschen Theorie, Freiburg/München.

Ders. (1984): Das dialektische Verhältnis des Menschen zur Natur. Philosophiegeschichtliche Studien zur Naturproblematik bei Karl Marx, Freiburg/München.

Schmid Noerr, Gunzelin (1991): Für einen kritischen Materialismus der Praxis. In: Lutz-Bachmann, Matthias/Schmid Noerr, Gunzelin (Hg.): Kritischer Materialismus. Zur Diskussion eines Materialismus der Praxis. Für Alfred Schmidt zum 60. Geburtstag, München, S. 11-48.

Schmidt, Alfred (1969): Einleitung. In: Ders. (Hg.): Beiträge zur marxistischen Erkenntnistheorie, S. 7-17.

Ders. (1974): Praxis. In: Gesellschaft. Beiträge zur Marxschen Theorie Bd. 2. Frankfurt/M., S. 264-308.

Ders. (1993): Der Begriff der Natur in der Lehre von Karl Marx, 4.Aufl. Hamburg.

Schröter, Jens (2021): Die sozialistische Kalkulationsdebatte und die Commons. In: Daum, Timo/Nuss, Sabine (Hg.): Die unsichtbare Hand des Plans. Koordination und Kalkül im digitalen Kapitalismus, Berlin, S. 171-183.

Scott, James C. (2022): Die Mühlen der Zivilisation: Eine Tiefengeschichte der frühesten Staaten, 2. Aufl. Berlin.

Serge, Victor (1967): Beruf: Revolutionär. Erinnerungen 1901 – 1917 – 1941, Frankfurt/M.

Spekker; Matthias (2016): Überlegungen zur konstitutiven Rolle des politischen Handgemenges für Marx' Kritik der politischen Ökonomie. In: Marx-Engels-Jahrbuch 2015/16, S. 192-218.

Ders. (2017): Zur Problematik des Verhältnisses von Klassenkampf und wissenschaftlicher Kritik im Kapital. In: Zeitschrift für kritische Sozialtheorie und Philosophie 1-2, S. 241-264.

Ders. (2018): Produktivkraftentfaltung und kommunistisches Bewusstsein. Zur Kritik eines Marx'schen Kritikmotivs. In: Bohlender, Matthias u.a. (Hg.): ‚Kritik im Handgemenge' – Die Marx'sche Kritik als politischer Einsatz, Bielefeld, S. 161-201.

Ders. (2020): ‚ihrem Wesen nach kritisch und revolutionär'. Wahrheit in Marx wissenschaftlicher Gesellschaftskritik. In: Bohlender, Matthias u.a. (Hg.): Wahrheit und Revolution. Studien zur Grundproblematik der Marx'schen Gesellschaftskritik, Bielefeld, S. 25-76.

Städtler, Michael (2011): Kant und die Aporetik moderner Subjektivität. Zur Verschränkung historischer und systematischer Momente im Begriff der Selbstbestimmung, Berlin.

Ders. (2013): Subjektivität, geschichtliche Praxis und Naturerkenntnis. Überlegungen zu einer kritischen Theorie des Subjekts. In: Metodo. International Studies in Phenomenology and Philosophy 2, S. 215-229.

Ders. (2015): Negative Dialektik und Materialismus. In: Giornale di Metafisica 1, S. 92–105.

Ders. (2020): Die Wirklichkeit der konkreten Freiheit? Zur Einleitung. In: Ders. (Hg.): Die Wirklichkeit der konkreten Freiheit. G.W.F. Hegels Lehre vom Staat als ausgeführter Idee der Sittlichkeit, Stuttgart, S. 9-32.

Stalin, Josef (1951): Über dialektischen und historischen Materialismus. In: Ders.: Fragen des Leninismus, 5. Aufl. Berlin (O), S. 647-679.

Steinberg, Aaron (1983): Socialism and Messianism. In: Ders.: History as Experience. Aspects of Historical Thought – Universal and Jewish. Selected Essays and Studies, New York, S. 354-362.

Teschke, Benno (2007): Mythos 1648. Klassen, Geopolitik und die Entstehung des europäischen Staatensystems, Münster.
Thompson, Edward P. (1980): Plebeische Kultur und moralische Ökonomie. Aufsätze zur englischen Sozialgeschichte des 18. und 19. Jahrhunderts, Frankfurt/M. u.a.
Tjaden, Karl Hermann (1977): Naturrevolution, Gesellschaftsformation, Weltgeschichte. Gesellschaftswissenschaftliche Entwicklungstheorie. In: Das Argument. Heft 101, Zeitschrift für Philosophie und Sozialwissenschaften, S. 8-55.
Traverso, Enzo (2003): Moderne und Gewalt: eine europäische Genealogie des Nazi-Terrors, Köln.
Tuschling, Burkhard (1978): Die ‚offene' und die ‚abstrakte' Gesellschaft. Habermas und die Konzeption von Vergesellschaftung der klassisch-bürgerlichen Rechts- und Staatsphilosophie, Berlin.
Vester, Michael (1981): Der ‚Dampf-Marxismus' von Friedrich Engels – Zum Verhältnis von Marxismus und Lernprozessen der Arbeiterbewegung im ‚Anti-Dühring'. In: Prokla. Zeitschrift für Kritische Sozialwissenschaft 43, S. 85-101.
Wahsner, Renate (2002): Naturwissenschaft, 2. Aufl. Bielefeld.
Wallat, Hendrik (2009a): Das Bewusstsein der Krise. Marx, Nietzsche und die Emanzipation des Nichtidentischen in der politischen Theorie, Bielefeld.
Ders. (2009b): Der Begriff der Verkehrung im Denken von Marx. In: Marx-Engels-Jahrbuch 2008, S. 68-102.
Ders. (2009c): Weder Staat noch Kollektiv. Sozialismuskritik im Werk von Karl Marx. In: Prokla. Zeitschrift für kritische Sozialwissenschaft 155, S. 269-286.
Ders. (2010a): Politica perennis. Zur politischen Philosophie des Postmarxismus. In: Dumbadze, Devi u.a. (Hg.): Kritik der politischen Philosophie. Eigentum, Gesellschaftsvertrag, Staat II, Münster, S. 272-316.
Ders. (2010b): Metaphysik(kritik) bei Marx. In: Deutsche Zeitschrift für Philosophie Heft 2, S. 273-287.
Ders. (2012): Staat oder Revolution. Aspekte und Probleme linker Bolschewismuskritik, Münster.
Ders. (2013): Oktoberrevolution oder Bolschewismus. Studien zu Leben und Werk von Isaak N. Steinberg, Münster.
Ders. (2015): Fundamente der Subversion. Über die Grundlagen der materialistischen Herrschaftskritik, Münster.
Ders. (2017): Das Scheitern der Befreiung. Politisch-philosophische Essays, Münster.

Ders. (2019): Einsicht in die Notwendigkeit. Friedrich Engels; Beitrag zur Entpolitisierung des Historischen Materialismus. In: Städtler, Michael (Hg.): Kontingenz und Begriff: Über das Denken von Geschichte und die Geschichtlichkeit des Denkens, Springe, S. 96-112.

Ders. (2021): Politischer Marxismus. Ellen M. Woods Beitrag zur Aktualisierung des historischen Materialismus, Münster.

Wellmer, Albrecht (1973): Kritische Gesellschaftstheorie und Positivismus, 4. Aufl. Frankfurt/M.

Wetter, Gustav A. (1960): Der Dialektische Materialismus. Seine Geschichte und sein System in der Sowjetunion, 5. Aufl. Freiburg.

Ders. (1963): Die Umkehrung Hegels. Grundzüge und Ursprünge der Sowjetphilosophie, Köln.

Wildt, Andreas (2002): Revolutionärer Terror und Moral bei Marx und Engels. In: Deutsche Zeitschrift für Philosophie Heft 3, S. 425-443.

Wolf, Frieder Otto (2008): Engels' Altersbriefe als philosophische Intervention: Worum ging es und mit welchen Mitteln hat Engels eingegriffen. In: Beiträge zur Marx-Engels-Forschung. Neue Folge 2008, S.140-156.

Wood, Ellen M. (2010): Demokratie contra Kapitalismus. Beiträge zur Erneuerung des historischen Materialismus, Köln/Karlsruhe.

Dies. (2015): Der Ursprung des Kapitalismus. Eine Spurensuche, Hamburg.

Zimmermann, Rolf (1985): Utopie, Rationalität, Politik. Zu Kritik, Rekonstruktion und Systematik einer emanzipatorischen Gesellschaftstheorie bei Marx und Habermas, Freiburg/München.

Anmerkungen

[1] Eingegangen in die Studie sind vereinzelt Teile meiner Schriften: Wallat 2012, 2015 und 2019. Der Großteil der Ausführungen ist bisher aber unveröffentlicht.

[2] Dies ist bekanntlich auch eine These von Habermas, genauso wie die, ebenfalls von mir vertretene, dass es szientistische Verengungen in der Theorie von Marx gibt; vgl. hierzu vor allem die Ausführungen in *Erkenntnis und Interesse* (vgl. Habermas 1968, 36ff.). Was Habermas zum Begriff der *„Synthesis im materialistischen Sinne"* (43) ausführt, ist genauso bedenkenswert wie seine Charakterisierung des Marxschen Materialismus (vgl. 45ff.), die nicht zuletzt die Bedeutung Kants für diesen unterstreicht. Gleichwohl ist Habermas' Behauptung, dass Marx eine *„Reduktion des Selbsterzeugungsaktes der Menschengattung auf Arbeit"* (58) vornehme, genauso einseitig, wie die Behauptung, dass Marx nicht in seinen „inhaltlichen Analysen" reduktiv vorgehe, sondern diese vielmehr auf Basis seines „eingeschränkten philosophischen Selbstverständnis" reduktiv „interpretiert" (59; vgl. 71). Marx hat sehr wohl gerade das philosophische Fundament für einen kritischen Materialismus der Praxis gelegt, der nicht reduktiv ist und eine Gesellschaftstheorie begründet, welche die ‚Arbeitsmetaphysik' von Grund auf kritisiert und als ideologischen Widerschein kapitalistischer Vergesellschaftung dechiffriert. Marx blieb hinter diesen Einsichten häufig nicht zuletzt aus politischen Gründen zurück, die ein nicht unbedeutender Grund für die Affirmation eines unkritischen Szientismus waren, für dessen Kritik er die Mittel selbst bereitgestellt hatte. Marx' materialistische Dialektik und reife Gesellschaftstheorie waren gleichsam seinem eigenen Bewusstsein, das dem Zeitgeist der bürgerlichen Gesellschaft verhaftet blieb, weit voraus und zugleich nicht gänzlich frei vom idealistischen Erbe Hegels. Habermas' einseitige und im zunehmenden Maße auch fragwürdige Marxinterpretation hat den kritischen Gehalt des Marxschen Materialismus nie recht erkannt (siehe Unten den Exkurs zu Habermas), was ihn selbst in eine dualistische Gesellschaftstheorie führte, die eine „äußerliche Kombination von symbolisch-interaktionistischen Reduktionismus und systemtheoretischer Affirmation gesellschaftlicher Entfremdung" (Elbe 2015, 381) vornimmt. Habermas' Transposition des BRD-Sozialdemokratismus in Theorie verkennt die von Marx' Kritik der politischen Ökonomie analysierte historische und soziale Spezifik kapitalistischer Vergesellschaftung, wie Elbes Kritik an Habermas zeigt (vgl. 380ff.). Allerdings ist Habermas' Kritik an Marx' Szientismus und seiner unkritischen Orientierung an den Naturwissenschaften (vgl. Habermas 1968, 61ff.) nicht unberechtigt. Die These, dass die dialektische Geschichtste-

leologie und Arbeitsmetaphysik allein alte „Relikte“ (Elbe 2015, 383) in der reifen Marxen Theorie seien, ist durchaus genauso diskussionswürdig, wie der Hinweis auf den kritischen Gehalt des Begriffs der Naturwüchsigkeit bei Marx (vgl. 382f.) keinesfalls eine hinreichende Widerlegung hinsichtlich des szientistischen Selbst(miss)verständnisses von Marx ist, das er mit Engels teilt. Gleiches gilt für die naturalistisch-physiologischen Komponenten in Marx' Werttheorie. Sie widersprechen zwar seinen eigenen Einsichten, sie sind aber nicht derart arbiträr, wie es in Anschluss an die Neue Marx-Lektüre vielfach kolportiert wird. Fraglos kann man systematisch allein mit dem (weiter) arbeiten, was sich als genuine wissenschaftliche und philosophische Leistung von Marx zu erkennen gibt. Dies berechtigt aber nicht dazu, die Ambivalenz, die sein Werk durchgehend durchzieht, vorschnell durch systematische Rekonstruktionsarbeit zu tilgen.

[3] Eine jüngere Ausnahme bildete das von Mathias Bohlender geleitetet Forschungsprojekt „Marx und die ‚Kritik im Handgemenge‘. Zu einer Genealogie moderner Gesellschaftskritik“. Vgl. vor allem die Aufsätze von Bohlender (2016, 2018, 2019 u. 2020) sowie Spekker (2016, 2017, 2018 u. 2020), die den politischen Impetus und Hintergrund – Kampf um politische Macht, theoretische Deutungshoheit und exklusive Führerschaft in der internationalen Arbeiterbewegung – auch der theoretischen Schriften von Marx' verdeutlichen, ohne die diese unverständlich bleiben. In welchem Maße das noch Adorno Schaudern lassende (vgl. Adorno 2006, 81) ‚Drauflosschlagen‘ und intrigante Verhalten gegenüber der libertären Arbeiterbewegung, den verspotteten sog. Anti-Autoritären, mitsamt seinen historisch fatalen Folgen im Theorietypus eines wissenschaftlichen Sozialismus konstitutiv war und mittels Theorie Politik gemacht wurde, zeigen all diese Beiträge. Die fein säuberliche Scheidung von Wissenschaft und Politik, mit der sich Marxisten heute die unliebsamen geschichtsphilosophischen Grundlagen der Marxschen Theorie vom Halse zu schaffen versuchen, scheitert daran, dass diese kein bloßes Beiwerk sind, sondern die intendierte Einheit von Wissenschaft und Politik als revolutionäre Theorie-Praxis konstituieren. Bohlender hat auch nochmals gezeigt – zu Recht weist er diesbezüglich auf die immer noch „bahnbrechende[n] Studie“ (Bohlender 2020, 128) von Eßbach (1982) –, in welchem Maße Marx und Engels Max Stirners prä-foucaultianische Machttheorie nicht verstanden haben. In der *Deutschen Ideologie* wurde die historische Chance vertan, sich das herrschaftskritische Potential einer *„Analyse gesellschaftlicher Prozeduren der Subjektivierung“* (154), also von Individualisierungsprozessen qua Internalisierung und Inkorporierung herrschaftlicher Normen, Werte und Gebote, anzueignen. Diese Seite der Herrschaftsanalyse ist nicht nur wichtig zum Verständnis der

Funktionsweise der Reproduktion kapitalistischer Gesellschaften, sondern wäre auch, worauf Bohlender insistiert, entscheidend dafür (gewesen), das autoritäre Potential der proletarischen Revolution und kommunistischen Emanzipation selbstkritisch und reflexiv zu analysieren. Das Gegenteil war in der marxistischen Arbeiterbewegung weitgehend der Fall.

[4] Krätke (2017) verweist mit Recht auf die fach-ökonomische Dimension der Kritik der politischen Ökonomie. Wie er dies dem Inhalt und der Form nach gegenüber philosophischen Interpretationen exponiert – „verhegelte[r]" „Blödsinn" (79) der „Gralshüter der reinen Lehre" (76), ein „schlechter Witz" (78), der „weniger als nichts leistet" (77) usw. usf. –, ist jedoch indiskutabel, allein schon, weil Krätke über das von ihm Verachtete, die philosophische Interpretation, eine unerklärliche Kenntnis zu haben scheint, die ihm angesichts seines selbst bekundeten „Desinteresse" (16) an den philosophischen Verirrungen, scheinbar per Eingebung zu geflogen ist. Das Niveau seiner Invektiven lässt jedenfalls keinen anderen Schluss zu und schmälert das Anliegen, die fachökonomischen Probleme herauszustreichen, an denen Marx sich abgearbeitet hat, was Krätke im Übrigen selbst nicht in systematischer Hinsicht leistet; seine Studien beschränken sich weitestgehend auf Marx-Engels-Philologie.

[5] Engels schreibt in einer seiner letzten Arbeiten *Zur Geschichte des Urchristentums* (1894): „Die Geschichte des Urchristentums bietet merkwürdige Berührungspunkte mit der modernen Arbeiterbewegung. Wie diese, war das Christentum im Ursprung eine Bewegung Unterdrückter: es trat zuerst auf als Religion der Sklaven und Freigelassenen, der Armen und Rechtlosen, der von Rom unterjochten oder zersprengten Völker. Beide, Christentum wie Arbeitersozialismus, predigen eine bevorstehende Erlösung aus Knechtschaft und Elend; das Christentum setzt diese Erlösung in ein jenseitiges Leben nach dem Tod, in den Himmel, der Sozialismus in diese Welt, in eine Umgestaltung der Gesellschaft. Beide werden verfolgt und gehetzt, ihre Anhänger geächtet, unter Ausnahmegesetze gestellt, die einen als Feinde des Menschengeschlechts, die andern als Reichsfeinde, Feinde der Religion, der Familie, der gesellschaftlichen Ordnung. Und trotz aller Verfolgungen, ja sogar direkt gefördert durch sie, dringen beide siegreich, unaufhaltsam vor. Dreihundert Jahre nach seinem Entstehen ist das Christentum anerkannte Staatsreligion des römischen Weltreichs, und in kaum sechzig Jahren hat sich der Sozialismus eine Stellung erobert, die ihm den Sieg absolut sicherstellt." (MEW 22, 449; vgl. 526f.) Das unfreiwillig tragische an dieser Analogie ist, dass Engels die reale Zukunft der sozialistischen Arbeiterbewegung hätte antizipieren können, wenn er sie konsequent zu Ende gedacht hätte: die vom Christentum bereits ‚vorgelebte'

Transformation einer sozialrevolutionären Bewegung in eine staatsbürokratische Diktatur, die Herrschaft affirmiert und ausübt. Karl Kautsky hat das derart deutlich wahrgenommen und doch zugleich abgewehrt, dass es einer längeren Zitation würdig ist: „Wir haben gesehen, daß das Christentum erst zum Siege gelangte, als es sich in das gerade Gegenteil seines ursprünglichen Wesens verwandelt hatte [...]. Die Organisation des Christentums, die Kirche, siegte dadurch, daß sie ihre ursprünglichen Ziele preisgab und deren Gegenteil verfocht. [...] Aber zum Glück ist die Parallele zwischen Christentum und Sozialdemokratie in diesem Zusammenhang vollständig verfehlt. [...] Wahrlich, wenn der Sieg der Sozialdemokratie sich in gleicher Weise vollziehen sollte, wie der des Christentums, dann wäre das ein Grund, nicht der Revolution, sondern der Sozialdemokratie abzuschwören, dann gäbe es vom proletarischen Standpunkt keine schärfere Anklage gegen die Sozialdemokratie, dann wären die Attacken der Anarchisten gegen sie nur zu sehr berechtigt. [...]. Engels verfolgt dann noch eingehender den Vergleich zwischen dem Urchristentum und der Internationale, untersucht aber nicht den weiteren Verlauf der Entwicklung des Christentums wie der Arbeiterbewegung. Der dialektische Umschlag des ersteren beschäftigte ihn nicht, und doch hätte er, wenn er ihm nachgegangen wäre, auch Keime zu einem ähnlichen Umschlagen in der modernen Arbeiterbewegung entdecken können. Wie das Christentum, muß auch diese in ihrem Wachstum sich ständige Organe schaffen, eine Art Berufsbureaukratie in der Partei wie in den Gewerkschaften, ohne die sie nicht auskommt, die für sie eine Notwendigkeit ist, die immer mehr anwachsen und immer wichtigere Funktionen erhalten muß. Diese Bureaukratie [...] wird sie sich im weiteren Verlauf der Entwicklung nicht auch, wie der Klerus mit dem Bischof an der Spitze, zu einer neuen Aristokratie ausbilden? Zu einer Aristokratie, die die arbeitende Masse beherrscht und ausbeutet und die schließlich die Kraft erringt, mit der Staatsgewalt als ebenbürtige Macht zu verhandeln, die aber auch das Bedürfnis hat, nicht sie umzuwälzen, sondern sich ihr einzugliedern? An diesem Endergebnis wäre nicht zu zweifeln, wenn die Parallele genau stimmte. Aber zum Glück ist das nicht der Fall. So viele Ähnlichkeiten es auch zwischen Christentum und moderner Arbeiterbewegung geben mag, so gibt es doch auch Unterschiede zwischen ihnen, und zwar solche fundamentaler Natur." (Kautsky 1919, 496-499)

[6] Zugespitzt, im Kern aber zutreffend kommentiert Rudolf Rocker diese berühmt-berüchtigte Briefpassage in seiner, dem Anteil der (autoritären) Arbeiterbewegung an den historischen Katastrophen des 20. Jahrhunderts nachgehenden Schrift *Absolutistische Gedankengänge im Sozialismus*: „Marx hatte Recht. Der Sieg Deutschlands über Frankreich war in der Tat ein Wendepunkt in der

Geschichte Europas und der internationalen sozialistischen Bewegung. Der freiheitliche Sozialismus Proudhons wurde durch die neugeschaffene Lage in den Hintergrund gedrängt und mußte den bis ins innerste Mark hinein autoritären Anschauungen von Marx und Lassalle das Feld räumen." (Rocker o.J., 43) Auch Rocker sieht im Deutsch-Französischen Krieg und der autoritären Okkupation der I. Internationale einen welthistorischen „Umschwung" (44), der den Sieg totaler Herrschaft begünstigte: „Es ist kein Zweifel für jeden ehrlichen Beobachter der heutigen Lage und der Ursachen, die sie herbeigeführt haben, daß das Jonglieren mit absolutistischen Begriffen im sozialistischen Lager nicht bloß die Widerstandskraft der sozialistischen Bewegung in vielen Ländern und besonders in Deutschland gebrochen, sondern auch der faschistischen Reaktion geistig Vorschub geleistet hat und noch leistet" (47). Zur Frage, welche Mitschuld Rocker und andere radikale Linke seiner Zeit sowohl der Sozialdemokratie als auch dem Parteikommunismus am Aufstieg des Faschismus gaben, vgl. Wallat (2017, 62ff.).

[7] Lenins *Staat und Revolution* rezipiert ausführlich Marx' und Engels' Ausführungen zum Staat im Allgemeinen und zur Pariser Kommune im Besonderen. Die partielle Würdigung der Räte, deren Macht im Prozess der Russischen Revolution nicht mehr komplett zu übergehen war, kann aber nicht darüber hinwegtäuschen, dass Lenins Schrift nicht mit dem äußerst autoritären Grundzug seines Revolutionsmodells bricht (vgl. Wallat 2012, 23ff.). Die von Lenin vorgebrachte Staatskritik, die Staats- und Herrschaftsformen entdifferenziert und durchgängig als Gestalten von personaler Klassenherrschaft begreift, ist keine Konzession an anarchistisches Gedankengut, sondern zielt primär auf den sozialdemokratischen Reformismus.

[8] So prinzipiell sie formuliert war, so libertär blieb sie Übrigens. Dem deutschen Proletariat wurde von der anarchistischen Arbeiterbewegung durchaus nicht sein Recht abgesprochen auf Staat, Partei und Parlament zu setzen. Man verwehrte sich bloß der Anmaßung, den staatssozialistischen Weg der Revolution als alleinseligmachend oktroyiert zu bekommen: „Mögen sich also die deutschen, amerikanischen und englischen Arbeiter bemühen, die politische Macht zu erobern, da ihnen dies gefällt. Aber mögen sie den Arbeitern der andern Länder erlauben, mit derselben Energie der Zerstörung aller politischen Macht entgegenzuziehen. Freiheit für alle und gegenseitige Achtung dieser Freiheit sind, wie ich sagte, die wesentlichen Bedingungen der internationalen Solidarität." (Bakunin 1972, 833f.)

[9] Robert Michels' Urteil in dieser Frage darf wohl für sich in Anspruch neh-

men, typisch für ein solches zu sein, das durchaus um Aufklärung und historische Gerechtigkeit bemüht ist, ohne jedoch von Verkürzungen frei zu sein. So würdigt Michels in seiner *Soziologie des Parteiwesens in der modernen Bürokratie* (1911) explizit den anarchistischen Sinn für die bürokratischen und oligarchischen Tendenzen von Parteiorganisation, attestiert diesem aber auch, dass, wenn die Theorie verlassen und zur politischen Praxis übergegangen wird, der Anarchismus mit „demselben Gesetz des Autoritarismus" (Michels 1957, 329) konfrontiert werde wie die Sozialdemokratie, ohne überzeugende Gegenkonzepte formulieren zu können (vgl. 336ff.). Letzteres wäre zu diskutieren, was bei Michels selbst nicht angemessen geschieht. Wie so viele andere vor und nach ihm versucht auch Michels am Ende den Anarchismus pauschal als weltfremde Naivität abzutun (vgl. 340). Der Komplexität anarchistischer Ansätze in der Organisationsfrage wird er damit nicht gerecht. Ich verweise allein auf den von Michels selbst angeführten Errico Malatesta, dessen politische Schriften in ihrer schlichten Eleganz und ihrem politischen Realitätssinn deutlich mehr zu bieten haben, als es Michels anekdotische Abfertigung suggeriert (vgl. Wallat 2017, 135-138).

[10] Der gleichermaßen orthodoxe wie unorthodoxe Marxist Rühle geht mit Marx hart ins Gericht und rehabilitiert Bakunin. Er psychologisiert allerdings die zugrunde liegende systematische Problematik weg. Die Marxschen Vernichtungszüge gegen Andersdenkende sind für Rühle, der sie keinesfalls schönredet, in Marx' autoritär-neurotischem Charakter begründet, der aber zugleich Bedingung seiner wissenschaftlichen Leistungen gewesen sei – die alles andere bei weitem aufwiegen (vgl. Rühle 1928, 362ff. u. 437ff.). Den Wert von Rühles ketzerischer Marxbiographie zu Recht würdigend, kommt Erich Mühsam in seinem Artikel *Revolutionäre Moral* (1928) zu ganz anderen Ergebnissen, indem er ein dickes Fragezeichen hinter Rühles Psychologisierung setzt und den Fokus auf theoretisch-systematische Grundprobleme der (seinerseits verkürzt begriffenen) Marxschen Theorie lenkt.

[11] Dies zeigt aus dezidiert pro-bakunistischer Perspektive Eckhardt (2011). Eckhardt ist darin zuzustimmen, dass Marx und Engels nicht nur eine denunziatorische Politik betrieben, sondern dass sich hinter dieser der entscheidende Bruch zwischen autoritärem und anti-autoritärem Sozialismus kundtat; es war keineswegs bloß eine private Fehde zwischen Marx und Bakunin, in der letzter historisch recht behielt. Was Eckhardt allerdings ignoriert, sind die bei Marx zu findenden Ansätze einer materialistischen Staatstheorie und -kritik, die man im klassischen Anarchismus weitgehend vergeblich sucht, dessen Herrschaftskritik primär die Erfahrung direkter Herrschaftsverhältnisse zugrunde

liegt. Eckhardt begeht den Fehler, allein auf Marx' Ansichten zur politischen Organisation der Revolution zu rekurrieren und diese für das Ganze der Marxschen Theorie zu nehmen. Ich habe in früheren Arbeiten (vgl. bes. Wallat 2009c) den umgekehrten Fehler begangen: das explizit politische Denken von Marx aus der Perspektive seiner kritischen Gesellschaftstheorie zu interpretieren. Das ist ein reichlich unhistorisches Verfahren, bei dem Marx nicht bloß als entschieden zu libertär dargestellt, sondern auch das proto-bolschewistische Potential in seinem Denken und seiner Praxis unterschätzt wird.

[12] Für die III. Internationale war der sozialdemokratische Reformismus (zusammen mit den Linkssozialisten) nicht ein politischer Gegner unter vielen, sondern der politische Hauptfeind (vgl. Schäfer 1977, 26ff.). Dass das Verhalten der sozialdemokratischen Parteien während der 1. Weltkrieges und ihre aktive Beteiligung an der Niederschlagung der proletarischen Befreiungsversuche, die für Deutschland mittlerweile hinlänglich belegt ist (vgl. Gietinger 2018), sie für die kommunistische Weltbewegung als möglichen Bündnispartner ausschloss, ist historisch nachvollziehbar; die Kritik von anarchistischer Seite an der Sozialdemokratie war nicht minder deutlich und traf selbstredend dennoch zugleich den Bolschewismus. Desaströs war an der irrationalen Hauptfeindthese der III. Internationale jedoch allemal, dass sie unmittelbar zur politisch fatalen Fehleinschätzung des Faschismus beitrug, die in der Sozialfaschismusthese einer ihrer vielen theoretischen Tiefpunkte mit weitreichenden praktischen Folgen erreichte (vgl. Schäfer 1977, 119ff.).

[13] Vgl. zu dieser Thematik die ausführliche Studie von Draper (1987), der zwar ein einseitig libertäres Marxbild zeichnet, zugleich aber auch terminologische Missverständnisse aufarbeitet. So verweist er auf die vergessene, häufig auch politisch verdrängte Tatsache, dass es insbesondere auch in konservativen und liberalen Kreisen im 19. Jahrhundert üblich war, die Demokratie in aristotelischer Diktion als Diktatur gegenüber den Besitzenden zu bezeichnen: „By the nineteenth century political language had long included references to the ‚dictatorship' of the most democratic assemblies, of popular mass movements, or even of The People in general. All Marx did at the time was apply this old political term to the political power of a *class*." (Draper 1986, 13f.)

[14] Die konkrete Gestalt der Technik – Technologie – ist nicht losgelöst von den Imperativen der Kapitalakkumulation und der Steigerung ökonomischer Ausbeutung, auch wenn die ihnen zugrunde liegenden naturwissenschaftlichen Erkenntnisse und Gesetze selbstredend nicht auf die kapitalistische Gesellschaftsformation beschränkt sind: „Es gibt keine kapitalistische Physik oder

Chemie: Es gibt nicht einmal eine kapitalistische Technik, nach dem allgemeinen Verständnis des Wortes ,Technik'. Es gibt aber sehr wohl eine kapitalistische *Technologie*, worunter die ,Bandbreite' tatsächlich angewandter Verfahren aus dem ,Spektrum' möglicher Techniken einer Epoche (gemäß dem Entwicklungsstand der Wissenschaft) verstanden werden soll. Denn sobald der Stand der wissenschaftlich-technischen Entwicklung eine Wahl aus mehreren möglichen Verfahren zulässt, wird sich eine Gesellschaft mit Sicherheit für jene Verfahren entscheiden, die für sie einen Sinn haben, die im Rahmen ihrer Klassenlogik ,rational' sind. Aber die ,Rationalität' einer Ausbeutungsgesellschaft ist nicht die Rationalität einer sozialistischen Gesellschaft." (Castoriadis 2007; vgl. 114, 119f.). Dies ist eine Annahme, die sich grundlegend von der reaktionären, in Teilen auch von der Kritischen Theorie vertretenden Sicht auf Technik unterscheidet, die Technik undifferenziert an sich als Ausdruck von Herrschaft (des Geistes über Natur) kritisiert, als „Verwirklichung eines spezifischen geschichtlichen *Entwurfs*" der Naturbeherrschung (Marcuse 1998, 18; vgl. auch den affirmativen Bezug auf Heidegger, 168), ohne jedoch die Neutralitätsthese zu vertreten, der zufolge es nur um die richtige, nämlich ,proletarisch-sozialistische' Anwendung von Technologien geht.

[15] Ausführlich und stringent hat Zimmermann das von Marx umgangene Problem skizziert und als Achillesferse der gesamten Marxschen Theorie postkapitalistischer Emanzipation analysiert (vgl. Zimmermann 1985, 21ff.). Den Sachverhalt auf den Punkt bringend schreibt Zimmermann: „Robinson kann keine politischen Probleme haben, weil seine Lebensform keine gesellschaftliche ist. Demgegenüber müssen wir das von Marx überspielte Problem auf der Vereinsebene als von vornherein eminent politisches verstehen. […]. Marx' Worten nach geht es um die vernünftige Transparenz einer Gemeinschaft von arbeitenden Menschen zur Regelung der Produktion und Distribution […] nach Maßgabe ihrer Bedürfnisse. Wenn es darum geht, dann können wir eine solche gesellschaftliche Vernünftigkeit nur so verständlich machen, daß sie als freie bewußte Teilnahme eines jeden Menschen an der gesellschaftlichen ,planmäßigen Kontrolle' vollzogen wird. […]. Damit haben wir nichts anderes als das politische Grundproblem des ,Vereins freier Menschen' umschrieben: Wie ist die geforderte praktische Vernunftkompetenz eines jeden gesellschaftlich möglich und wie ist die Ausübung der so verstandenen ,politischen Kompetenz' in gesellschaftlich geregelter Weise so möglich, daß das Ziel der sichselbst-transparenten Produktionsgemeinschaft im Vollzug der tätigen Menschen erreicht wird?" (25f.; vgl. stärker ökonomietheoretisch Giessler Furlan 2018, 53ff.) Zu Recht kritisiert Zimmermann die technische Reduktion dieses Problems als „Scheinlösung" (26; vgl. 27f., 89ff.). – Systematisch ist dieser The-

matik jetzt auch Frank Kuhne (2022) in seiner brillanten wie umfangreichen Studie *Marx und Kant. Die normativen Grundlagen des Kapitals* nachgegangen. Leider ist diese erst kurz nach der Fertigstellung meiner Ausführungen erschienen. Kuhne untermauert durchgehend einige meiner Hauptkritikpunkte, wobei er besonders deutlich macht, dass diese keineswegs den Popularisierungen Engels' anzulasten sind, sondern durch die Bank kennzeichnend sind für die Marxsche Theorie selbst. Das betrifft erstens grundsätzlich die gleichermaßen mangelnde wie mangelhafte normative Begründung der Kritik und ihre szientistisch-naturalistischen Selbstmissverständnisse bei gleichzeitiger Reproduktion Hegelianischer und Feuerbachianischer Elemente (vgl. Kuhne 2022, 181ff.). Dies wirkt sich besonders negativ auf den Begriff der Freiheit und den der Autonomie (vgl. 529-531), sowie den Begriff der Arbeit aus (vgl. 157-171). Zweitens geht hiermit direkt die geschichtsphilosophische Negation des Politischen im Marx-Engels'schen Emanzipationskonzept einher, welches sich systematisch als illusionär wie autoritär zu erkennen gibt (vgl. bes. 458-513, 523-529). Die Hypostase eines Kollektivsubjekts ist hiervon genauso Ausdruck wie die Diktatur des Proletariats. Die Lektüre von Kuhnes Studie ist wärmstens zu empfehlen, da sie die eklatanten Widersprüche der Marxschen Theorie systematisch und stringent aufzeigt, ohne deswegen Marx' Analyse und Kritik der kapitalistischen Produktionsweise aufgrund der Tatsache aufzugeben, dass diese (anti-)normativ schlecht und widersprüchlich begründet ist, was sich wiederum nicht von ihren fatalen politischen Konsequenzen trennen lässt.

[16] Diese Debatte erlebt derzeit eine gewisse Renaissance. Vgl. etwa den wichtigen Beitrag von Morosov (2019) sowie den Sammelband von Daum/Nuss (2021). Oliver Schlaudt (2021) gibt dort einen guten Überblick über den historischen Hintergrund der sozialistischen Planungsdebatten und ihres gegenwärtigen Standes. Während Schröter ebendort anschaulich darlegt, dass die „Frage nach dem Postkapitalismus […] auch die Frage nach der Technik" (Schröter 2021, 183) ist, ohne die ökonomische Effizienz unmöglich bleibt, hebt Rendueles (2021) mit nicht weniger Recht hervor, dass es im Kern am Ende um politische Fragen geht: nicht nur um eine andere Ökonomie, sondern um eine andere Gesellschaftsform und „Lebensweise" (260), über deren Herausforderungen er sich berechtigterweise nicht ausschweigt. Was diese jüngeren Beiträge allesamt – wenn auch nur indirekt – vor Augen führen, ist der auch hier verhandelte Diskussionspunkt, dass Marx und Engels diesbezüglich ein völlig unzureichendes Problembewusstsein hatten, welches in Teilen historisch, in nicht unwesentlicheren aber auch systematisch bedingt war. Anders als die Gegenwartsautoren hatten die beiden Revolutionäre allerdings dafür ein an-

deres zentrales Politikum stets im Blick, das die Problematik der postkapitalistischen Ökonomie nochmals erheblich erschwert: Sie setzt die Enteignung der Kapitalistenklasse und entsprechende Klassenkämpfe voraus.

[17] So in *affirmativer* Diktion Aaron Steinberg. Es bedarf für Steinberg nichts Geringerem, alles andere sei utopisch und naiv, als eines Wunders, da der Aufbau des Sozialismus bereits im Hier und Jetzt einen radikalen Wandel im Inneren der Menschen und in den Beziehungen zwischen ihnen voraussetze. Nur der Glaube an diese Möglichkeit begründe die Hoffnung auf innerweltliche Befreiung. Und dieser Glaube gründe im jüdischen Messianismus: „Belief in a miracle, however, is itself no miracle. I refer only to its possibilty a belief that only with the help of faith, which Jews call the belief in Messianism, can the fiery volcano that bars us from the future be moved out of the way. [...]. Messianism is the bridge of faith which shows us a road across the historical abyss" (Steinberg 1983, 361). Indirekt gibt Steinberg also Kelsen Recht. Dass Problem des politischen Messianismus ist allerdings – jenseits des Glaubensvorschusses –, dass er der Autonomie und der Idee der Selbstbefreiung widerspricht, indem er die befreite Gesellschaft an eine heteronome Macht bindet. Der affirmative Bezug auf messianische Vorstellungen löst nicht die Probleme der Selbstbefreiung, sondern steigert deren aporetischen Charakter (vgl. Wallat 2017, 131, 197f., 217-219).

[18] Auch Ludwig v. Mises macht in seiner Generalabrechnung mit dem Sozialismus (unter Bezug auf Kelsen) deutlich, dass Marx und Engels an entscheidenden Stellen schlicht den Staatsbegriff durch den der Gesellschaft oder dem Gemeinwesen ersetzt haben – Engels selbst hatte ausdrücklich vorgeschlagen, „überall [im Programmentwurf der Sozialdemokratie; HW] statt *Staat* ‚Gemeinwesen' zu setzen, ein gutes altes deutsches Wort" (MEW 19, 6f.] –, um sich des Problems mittels einer terminologischen Scheinlösung zu entledigen: „Auf den Namen, den man dem Zwangsapparat des sozialistischen Gemeinwesens beilegt, kommt es am allerwenigsten an. [...]. Bedeutungsvoller ist das Problem der Organisation dieses sozialistischen Staates oder Gemeinwesens. [...]. Die Marxisten sprechen harmlos von Willensäußerungen der Gesellschaft, ohne sich irgendwelche Gedanken darüber zu bilden, wie diese ‚Gesellschaft' wollend und handelnd aufzutreten vermöchte. Das Gemeinwesen kann nicht anders handeln als durch Organe die es bestellt hat. Für das sozialistische Gemeinwesen – das folgt aus dem Begriff – ist die Einheit des Organs notwendig. Es kann im sozialistischen Gemeinwesen nur ein Organ geben das alle wirtschaftlichen und sonstigen staatlichen Funktionen vereinigt. Dieses Organ kann selbstverständlich instanzenmäßig gegliedert sein. [...].

Doch notwendigerweise muß die Einheit der Willensbildung, ohne die das Wesentliche der Vergesellschaftung der Produktionsmittel und der Produktion nicht zum Ausdruck gelangen könnte, dazu führen, daß über allen mit der Wahrnehmung einzelner Geschäfte betrauten Stellen eine Stelle steht, in der alle Macht zusammenfließt, so daß sie alle Gegensätze in der Willensbildung ausgleichen und für die Einheitlichkeit der Leitung und Durchführung Sorge tragen kann." (Mises 1922, 117f.) Präzise hierzu auch (ebenfalls mit Verweis auf Kelsen und v. Mises) Giessler Furlan (2018, 106ff.). Ludwig v. Mises Sozialismuskritik wurde, soweit ich sehe, von marxistischer Seite, bis auf die Debatte um die (Un-)Möglichkeit einer rationalen Wirtschaftsrechnung in einer Planwirtschaft, nie in angemessener Weise diskutiert.

[19] „Der Kollektivsingular ‚die Geschichte' verdankt sich der Bezugnahme auf ein fiktives Individuum in überlebensgroßem Format, als dessen Bildungsprozeß die Geschichte vorgestellt wird. Diese projektive Erzeugung höherstufiger Subjektivitäten erklärt sich wohl aus der Übertragung des in der Philosophie fortlebenden Einheitsdenkens auf die Sphäre der Geschichte." (Habermas 1985, 534) Vgl. zur Übertragung subjektphilosophischer Annahmen auf die Geschichte auch Benhabib (1986, 96f.), die darauf hinweist, dass dem bei Marx eine aus dem deutschen Idealismus geerbte „Konfusion empirischer und normativer Kategorien" zugrunde liegt, in welcher die Menschheit zugleich als „regulative Idee in der Geschichte" und als empirisches „Agens" (97) und tätiges Subjekt der Geschichte selbst agiert (vgl. Schäfer 2006, 461ff.). Damit ist weder gesagt, dass die „universelle Einheit der Geschichte" nicht „eine Realität geworden ist. Die Einheit der Geschichte ist Resultat und nicht von Anbeginn durch den Bildungsprozeß eines sich selber erzeugenden Subjekts verbürgt." (Habermas 1985, 535) Noch beinhaltet die Absage an dieses als eine „Fiktion" eine an die „darin zugleich ausgesprochene und verfehlte Intention, die Entwicklung sozio-kultureller Systeme an den Steuerungsmodus der Selbstreflexion […] zu binden." (538) So weit ist Habermas zu folgen; dass die politische ‚Selbstreflexion' der Gesellschaft bei ihm im Laufe der Zeit immer mehr um ihren materiellen Kern gebracht wird, steht auf einem anderen Blatt.

[20] Spekker zeigt nicht nur die hinlänglich bekannte systematische Problematik der „These von der Produktivkraftentwicklung als Motor der menschlichen (Emanzipations-)Geschichte" (2018, 161) auf, sondern vor allem auch, dass ihre Entstehung und ihr bleibender Stellenwert „*politisch*" (164) motiviert war. Sie galt der Kritik aller anderen (philosophischen/moralischen) Begründungen von Sozialismus und Emanzipation (vgl. 173ff.) und stellte den Versuch dar, „die Entstehung kommunistischen Bewusstseins und die Abschaffung der

kapitalistischen Verhältnisse materialistisch aus einer gesetzmäßigen ökonomischen Entwicklung zu erklären." (180) Spekker folgert mit Recht: „Die Prominenz des Produktivkraftentfaltungs-Paradigmas in der Marx'schen Theorie verweist also auf einen vielfach übersehenen Zug der Kritik der politischen Ökonomie: Sie will – als negative Kritik der ökonomischen Kategorien – auch die objektive wissenschaftlich-immanente Begründung des Kommunismus als bestimmter Negation der kapitalistischen Produktionsweise liefern." (195) Spekker insistiert darauf, dass man beide Aspekte nicht fein säuberlich scheiden kann, und die geschichtsphilosophische Grundierung nicht einfach als vorwissenschaftliches Relikt der Kritik „abzuspalten" (196) ist, wenn man die zentrale *politische* Intention der Kritik der politischen Ökonomie nicht verfehlen will, wie im Übrigen Castoriadis bereits gezeigt hatte (vgl. Castoriadis 1990, 32f.). Dem ist beizupflichten, was allerdings nichts daran ändert, dass wir bei Marx selbst entscheidende Hinweise zur Kritik einer ökonomistischen Geschichtsteleologie finden. – Viele weitere Belege für die „Verschmelzung von Geschichtsteleologie mit positivistischer Wissenschaftsrhetorik" im ökonomistisch-reduktionistischen Gewand bei Marx führt Lindner an (2013, 186ff.), obgleich seine begriffliche Identifizierung von ökonomistischer Geschichtsphilosophie mit dem historischen Materialismus auf einer voreiligen Gleichsetzung desselbigen mit dem marxistisch-leninistischen HistoMat basiert; jemand wie Walter Benjamin hat sich m.E. nicht zu Unrecht, gerade in seiner Kritik des (sozialdemokratischen) ökonomistischen Progressivismus, als authentischen historischen Materialisten begreifen können. Zu den verschiedenen Facetten der Marxschen Geschichtstheorie vgl. auch Fleischer (1969); eine bis heute sehr lesenswerte Studie, die durch ihre vielfältigen begrifflichen Differenzierungen überzeugt, auch wenn sie das Gewicht des Klassenkampfes für geschichtliche Praxis unterschätzt und die soziale Spezifik der Herrschaft des Kapitals und seiner Gesetze als historisch genuine Form der „Geschichte als naturgesetzliche[m] Prozeß" (33) nicht angemessen bestimmt. Zum hier zur Kritik stehenden ökonomistisch-technizistischen ‚Produktivkraftentfaltungs-Paradigma' vgl. ebd., 45ff. sowie Castoriadis (1990, 32ff.).

[21] Vor allem in seinen sog. Altersbriefen ist Engels' bemüht, die ökonomistischen und deterministischen Tendenzen des historischen Materialismus (selbstkritisch) zu relativieren, was aber nur bedingt gelingt. Sie verbleiben letztlich im Bereich des taktischen Manövers, da Engels nicht bereit ist, seine kritischen Anmerkungen gegenüber Ökonomismus, Determinismus etc. wirklich zu Ende zu denken. Vgl. zu diesen dennoch wichtigen Briefen an Paul Ernst (5. 6. 1890), Conrad Schmidt (5. 8. 1890 und 27. 10. 1890 und 1. 7. 1891), Joseph Bloch (21./22. 9. 1890), Franz Mehring (14. 7. 1893), W. Borgius (25. 1.

1894) und Werner Sombart (11.3. 1895) als philosophische Intervention gegen weltanschauliche Dogmatik Wolf (2008).

[22] In Bezug auf die Entwicklung des Krieges in der Antike hat Armin Eich den waffentechnikinnovativen „Mechanismus" (Eich 2015, 197) der (Staaten-)Konkurrenz herausgestellt. Sie gleicht dem kapitalistischen Extramehrwert: „Die Einführung neuer Maschinentypen ermöglichte den Staaten, die diese Technik einsetzen konnten, oft überraschende und sogar vollkommen unvorhersehbare Erfolge [...], doch in der Folge schlossen die Konkurrenten auf und stellten wieder einen gewissen Gleichstand her, bis eine neue Rüstungsetappe erreicht wurde." (197) Dass technische Innovation ihren systemischen Ursprung nicht in der ökonomischen Entwicklung der Produktionsmittel hatte, sondern in der der Gewaltmittel, belegt auch die politische Akkumulation im Feudalismus. Die sozio-ökonomische „Konkurrenz war nicht markt-, sondern gewaltförmig" (Gerstenberger 2006, 496), was den Primat militärtechnischer Innovationen bedingte: „In den unzivilisiertesten Gesellschaften des Westens scheint die Rüstung die früheste und einträglichste produktive Investition gewesen zu sein. Auf jeden Fall waren technische Innovationen in den Bereichen der Eisenbearbeitung, der Pferdeaufzucht und des Schiffsbaus, die eines Tages [...] der Steigerung der friedlichen Produktion von Reichtümern dienen sollten, zuallerst auf größere Wirksamkeit im Kampf ausgerichtet." (Duby 1984, 99; vgl. Teschke 2007, 70 u. 101f.; der Zusammenhang von (überlegener) Militärtechnik und politischer Macht im feudalen Mittelalter wird anschaulich dargestellt bei Bartlett 1998, 115ff.).

[23] Bayertz versucht die These von der Produktivkraftentwicklung als Motor des Geschichtsprozess damit zu stärken, dass diese nicht als ökonomisch und technisch verengt, sondern als „Produktivkraft der Arbeit" (vgl. Bayertz 2018, 187ff.) in einem sehr weiten, anthropologischen Sinne zu verstehen sei: als die „Entwicklung der menschlichen Fähigkeiten und Kenntnisse und der auf ihnen beruhenden Beziehung zur Natur" (193). Die „menschliche Natur" sei für den „Aristoteliker" Marx „eine inhärent und notwendig *produktive* Natur" (194) bzw. „ein nach der Entfaltung seiner Fähigkeiten strebendes Wesen." (195) Wenn Bayertz auch zu Recht auf die weite Bedeutung des Begriffs der Produktivkraft der Arbeit hinweist, so unterschlägt er alles, was dieser aristotelischen Deutung, für die es bei Marx fraglos Anhaltspunkte gibt, essentiell und mit guten Gründen widerspricht. Bayertz Rekonstruktionsversuch des Widerspruchs zwischen Produktivkräften und Produktionsverhältnissen als „Schlüsselmechanismus des historischen Wandels" (195) fällt nicht grundlos unhistorisch aus. Aus dem historischen Materialismus wird somit wieder eine

unpolitische, historisch entspezifizierende Geschichtstheorie affirmativen Zuschnitts, eine Anthropo-Ontologie der Arbeit und des welthistorischen Fortschritts, die meint, dass „Produktivkräfte" an sich „eine inhärente Tendenz zur Entwicklung" (192) aufweisen und die „Entfaltung der [menschlichen; HW] Wesenskräfte in der äußeren Welt" (200) darstellen. Dass es diese Tendenz im Marxschen Werk gibt, ist unbestritten; dass ihm der kritische Materialismus darin folgen müsste, aber unbegründet.

[24] Eine ergiebige Interpretation dieser Metapher liefern die Ausführungen von Bayertz (2018, 134ff.), die sowohl zentrale Missverständnisse geraderücken, als auch ihre tatsächlich schief geratene Grundkonstruktion offenlegen. Völlig unbrauchbar ist die Metapher dennoch nicht. Sie unterstreicht zumindest die materiellen Voraussetzungen menschlichen Daseins und die Abhängigkeit aller gesellschaftlichen Prozesse von diesen. In diesem Sinne ist meine eigene partielle Verwendung des Begriffs der Basis und des Überbaus zu verstehen. Bayertz weist im Übrigen ebenfalls den Begriff der Totalität als die eigentliche „Schlüsselkategorie" (146) des Marxschen Materialismus aus.

[25] Vgl. die grundsätzlichen Ausführungen von Castoriadis (1990, 277-281) zur Unmöglichkeit einer *nicht* „retroaktiven Kategorienverwendung, einer ‚Rückprojektion' unserer Weise der Welterfassung" (278) bei der Betrachtung der Geschichte, was dennoch keinen „Agnostizismus oder Relativismus" (277) begründet bzw. begründen muss.

[26] Diesen Sachverhalt bezeugt auch der homerische Ehrbegriff, der die Nicht-Ausdifferenzierung von sozialer, moralischer und ökonomischer Wertsphäre dokumentiert. Im Begriff der *timé*, wie er sich vor allem im Streit zwischen Agamemnon und Achill offenbart, verbinden sich „gesellschaftliche[r] Status, materielle[r] Besitz und affektive Haltungen aufs engste" (Fatheuer 1988, 56). Die aristokratische Ehre ist nicht ein gleichsam intrinsischer Wert, frei von materiellen Besitzverhältnissen, sondern substantiell durch diese vermittelt. Als solche ist sie ein Beispiel für einen epochen- und kulturübergreifenden sozialen Vermittlungsmodus der Reproduktion *vorkapitalistischer* Gesellschaften.

[27] Marx' Spekulation auf eine (natur-)notwendige „Negation der Negation" (MEW 23, 791) der kapitalistischen Eigentumsverhältnisse am Ende des ersten Bandes des *Kapitals* verbleibt im Rahmen einer Geschichtskonstruktion, die eine bestimmte Interpretation des Übergangs vom (west-)europäischen Feudalismus zum Kapitalismus geschichtsphilosophisch universalisiert, und unterschlägt, dass die Überwindung des Kapitalismus qualitativ anderer

Natur sein muss, als jeder andere bisher stattgefundene Geschichtsprozess: ohne die bewusste Tat der Menschen ist er nicht denkbar, wenn sich auch allerhand objektive Möglichkeitsbedingungen für den Sozialismus angeben lassen, die der Kapitalismus bereits generiert; nicht nur die gesellschaftliche Entfaltung der Produktivkräfte, sondern auch, ex negativo, sein Krisencharakter, der die materiellen Existenzvoraussetzungen menschlichen Lebens zunehmend selbst gefährdet (vgl. Karathanassis 2015), und in diesem Sinne den Sozialismus tatsächlich (wieder) als „praktische Notwendigkeit" (Bayertz 2018, 231ff.) erscheinen lässt. Aus alledem leitet sich aber weder ein automatischer Zusammenbruch noch eine dialektische Aufhebung her. „[H]*istorische Voraussetzungen* für einen neuen Gesellschaftszustand" mag die kapitalistische Produktionsweise generieren, welche darum aber noch lange keine *„sich selbst aufhebende"* (MEW 42, 373) ist. Bayertz hat herausgestellt, dass Marx wiederholt praktische Notwendigkeit – wenn die Menschheit die materiellen Grundlagen ihrer Existenz sichern will, dann muss sie den Kapitalismus aufheben – „als kausale Notwendigkeit" (Bayertz 2018, 234; so bereits Wellmer 1973, 77, 112; zur „Unterscheidung zwischen Geschehens- und Tatnotwendigkeit" vgl. Fleischer 1969, 142ff.) ausgibt, was er auf Marx' hegelianischen Wirklichkeitsbegriff zurückführt (vgl. Bayertz 2018, 234-237). Ebenfalls stellt Bayertz Ambivalenzen des Marxschen Gesetzesbegriffs heraus, der zwischen weniger passsenden physikalischen und ergiebigeren biologisch-organischen Anleihen schwankt (vgl. 213ff.). Die geschichtsphilosophische Figur der Negation der Negation als Beweisgrund der Notwendigkeit des Sozialismus als Resultat des zwingenden Niedergangs des Kapitalismus ist jedenfalls „nicht durch die ökonomischen Gesetze gesichert, die Marx in seinem Werk anführt, sondern durch den Rückgriff auf eine teleologisch kontaminierte Denkfigur" (227), die „keine materialistische Grundlage" (223) hat.

[28] Eine der letzten großen Konferenzbände der offiziellen marxistisch-leninistischen Geschichtswissenschaft (Herrmann/Köhn 1988) ist Engels' *Ursprung der Familie, des Privateigentums und des Staats* gewidmet. Dieser dokumentiert nicht nur gleichermaßen ihre Produktivität und ideologischen Enge, sondern zeigt auch reichhaltige Anschlussmöglichkeiten an Engels auf. Stärker politikwissenschaftlich ist der jüngere Sammelband von Salzborn (2012) orientiert.

[29] Weniger anschaulich, aber nicht minder deutlich lesen sich entsprechende Rechtfertigungen des Fortschritts durch Klassenherrschaft bei Marx: „Ohne Gegensatz kein Fortschritt; das ist das Gesetz, dem die Zivilisation bis heute gefolgt ist. Bis jetzt haben sich die Produktivkräfte aufgrund dieser Herrschaft des Klassengegensatzes entwickelt." (MEW 4, 91f.) Da die Entwicklung jener

aber notwendige Bedingung des Kommunismus ist, kann Marx gar nicht anders, als die Gewalt der Klassenherrschaft systematisch zu legitimieren: „Wollte man behaupten, wie es sentimentale Gegner Ricardos getan haben, daß die Produktion nicht als solche der Zweck sei, so vergißt man, daß Produktion um der Produktion halber nichts heißt, als Entwicklung der menschlichen Produktivkräfte, also *Entwicklung des Reichtums der menschlichen Natur als Selbstzweck.* Stellt man, wie Sismondi, das Wohl der einzelnen diesem Zweck gegenüber, so behauptet man, daß die Entwicklung der Gattung *aufgehalten* werden muß, um das Wohl der einzelnen zu sichern, daß also z.B. kein Krieg geführt werden dürfe, worin einzelne jedenfalls kaputtgehn […]. Daß diese Entwicklung der Fähigkeiten der Gattung *Mensch*, obgleich sie sich zunächst auf Kosten der Mehrzahl der Menschenindividuen und ganzer Menschenklassen macht, schließlich diesen Antagonismus durchbricht und zusammenfällt mit der Entwicklung des einzelnen Individuums, daß also die höhere Entwicklung der Individualität nur durch einen historischen Prozeß erkauft wird, worin die Individuen geopfert werden, wird nicht verstanden, abgesehn von der Unfruchtbarkeit solcher erbaulichen Betrachtungen, da die Vorteile der Gattung im Menschenreich wie im Tier- und Pflanzenreich sich stets durchsetzen auf Kosten der Vorteile von Individuen, weil diese Gattungsvorteile zusammenfallen mit den *Vorteilen besondrer Individuen*, die zugleich die Kraft dieser Bevorzugten bilden." (MEW 26.2, 111) Marx und Engels waren Dialektiker genug, um die Rückschritte, die dem Fortschritt inhärieren, nicht zu unterschlagen. An der zwingenden Notwendigkeit dieser Entwicklung und ihrer geschichtsphilosophisch-moralischen Legitimität zweifelten sie angesichts des Resultats der Geschichte – des Kommunismus –, jedoch zu keinem Zeitpunkt. Marx' wiederkehrende Analogien zur Naturgeschichte sind in diesem Kontext weder Zufall noch in kritischer Absicht vorgebracht: „Bürgerliche Industrie und bürgerlicher Handel schaffen diese materiellen Bedingungen einer neuen Welt in der gleichen Weise, wie geologische Revolutionen die Oberfläche der Erde geschaffen haben. Erst wenn eine große soziale Revolution die Ergebnisse der bürgerlichen Epoche den Weltmarkt und die modernen Produktivkräfte, gemeistert und sie der gemeinsamen Kontrolle der am weitesten fortgeschrittenen Völker unterworfen hat, erst dann wird der menschliche Fortschritt nicht mehr jenem scheußlichen heidnischen Götzen gleichen, der den Nektar nur aus den Schädeln Erschlagener trinken wollte." (MEW 9, 226)

[30] Dieser herrschaftsapologetische Zug hat 1911 Gustav Landauer zu einer Attacke auf den Marxismus bewegt. Dieser sei die „Pest unserer Zeit und der Fluch der sozialistischen Bewegung" (Landauer 2012, 23; direkt zu Engels vgl. auch Landauers (2009) Nachruf von 1895). In seinem *Aufruf zum Sozialismus*

rechnet er mit dem Marxismus in bestechender, wenn auch polemischer Weise ab. Noch mehr als die Rechtfertigung der Geschichte versetzt Landauer allerdings die andere herrschaftsapologetische Seite von Engels' Argumentation in Rage: dass der Sozialismus erst am Ende des Kapitalismus zur Debatte stehe und alle vorherigen Geschlechter mithin gar keine Alternative zu Herrschaft und Klassenausbeutung gehabt hätten. Dass die bisherige Geschichte und die Leiden der Menschen bloß „Fortschrittsstufen auf dem Weg zum Sozialismus sein" sollen, ist ihm Ausdruck von „wissenschaftlichen Wahnvorstellungen" (23), die er als ideologische Reproduktion des bürgerlich-kapitalistischen Fortschrittsglaubens anprangert (vgl. 43ff.). Dies ist auch ein Aspekt, den Adorno an den Dialektikern Hegel, Marx und Engels moniert. Er geht dabei zwar zurückhaltender vor als Landauer. Trotz allem ist auch seine Kontraposition deutlich formuliert und vom gleichen herrschaftskritischen Impetus bewegt, den auch Landauer zu seiner Polemik motivierte: „[V]on Freiheit läßt sich sinnvoll überhaupt nur deshalb reden, weil die Möglichkeit zu ihr gegeben ist, konkret: weil Freiheit zu verwirklichen ist, – und fast möchte ich, im Gegensatz zu der gesamten dialektischen Tradition von Hegel und von Marx, denken, daß es eigentlich immer möglich gewesen wäre, daß es in jedem Augenblick möglich gewesen wäre." (Adorno 2006, 249; vgl. Landauer 2012, 74f.). Der „Standpunkt der Sieger" (250) impliziert kein zwingendes Urteil über die Geschichte: „Hegel hat zwar auf die abstrakte Möglichkeit geschimpft, Marx auch; aber es gibt auch eine abstrakte Unmöglichkeit: die abstrakte Unmöglichkeit post festum, die einem unter ganz allgemeinen Gesichtspunkten einreden will, daß lediglich der Mißerfolg beweise, daß es [ein anderer Verlauf der Geschichte; HW] nicht möglich gewesen sei, – und dieser Schluß allein ist nicht zulänglich." (251)

[31] Axel Honneth hat zentrale Charakteristika der „moralische[n] Logik von sozialen Kämpfen" (Honneth 1992, 228) analysiert (vgl. 256ff.). Auch wenn es übertrieben ist, dem Kampf um Anerkennung abermals nicht weniger als die „Schrittmacherrolle" für „geschichtliche Veränderungsprozesse" (228) zuzusprechen, ist Honneths Insistenz darauf, dass dieser nicht nur grundlegend für die „Entstehung" von sozialen Bewegungen und Kämpfen, sondern auch für den „moralischen Bildungsprozeß" (270) als solchen ist, berechtigt. Ebenso ist ihm darin zu zustimmen, dass diese Annahme nicht materiell-interessenbasierte Erklärungsansätze für kollektive Kämpfe ersetzt: „Dort geht es um die Analyse einer Konkurrenz um knappe Güter, hier jedoch um die Analyse eines Kampfes um die intersubjektiven Bedingungen von persönlicher Integrität. […] es bleibt stets eine empirische Frage, bis zu welchem Grad ein sozialer Konflikt eher der Logik der Interessenverfolgung oder der Logik der mora-

lischen Reaktionsbildung folgt" (265), wobei es in der Tat ebenfalls richtig ist, dass der Interpretation von materiellen Interessen immer auch ein moralisches Moment innewohnt (vgl. 266). Camus spielt in Honneths Ausführungen, anders als Marx, Sorel und Sartre (vgl. 230ff.), allerdings keine Rolle, obgleich die libertäre Tradition politischen Denkens den moralischen Grundlagen von Widerstand in weiten Teilen eine besondere Aufmerksamkeit geschenkt hat; akademisch wurde sie nur nie rezipiert. Der Einsicht, dass dieser schlechten, zumeist politisch motivierten Tradition nicht Folge zu leisten ist, verdanke ich der Insistenz meines Freundes Philippe Kellermann.

[32] Vgl. hierzu die grundlegende Studie von Kangal (2020, 43ff.), die die Auseinandersetzung mit Engels' naturphilosophischem „Torso" (204) auf ein neues Niveau hebt. Kangal zeigt einerseits, in welchem Maße Engels' naturphilosophische Versuche alles andere als abgeschlossen waren (vgl. 121-125), was bis in die Frage des am ehesten passenden Titel reicht (vgl. Kangal 2022, 64ff.), und andererseits, wie sehr Engels' Manuskripte zur Projektionsfläche politischer Grabenkämpfe wurden.

[33] Vgl. die klassischen Studien aus dem Umfeld der Kritischen Theorie mit Marcuse (1974, 136ff.) beginnend. Für Schmidt ist Engels' Naturtheorie „eine dogmatische Metaphysik" (Schmidt 1993, 46), die für den Sowjetmarxismus verbindlichen Charakter habe. Haag sieht in Engels' Unternehmen „die Position eines um seine Prämissen verkürzten Idealismus" (Haag 2005, 128), ein „Rückfall hinter die marxsche Überwindung von Idealismus und Positivismus" (120). Negt arbeitet die „ontologische Deformation der Dialektik" (1974, 38), die von Engels' Arbeiten ihren Ausgang nimmt, als zentrale legitimatorische Stütze des postrevolutionären Russlands heraus. Der „Verweis auf naturgesetzliche Objektivität" bezwecke, wie die Widerspiegelungstheorie (vgl. 39ff.), eine „erhöhte Legimitationssicherung der Sowjetgesellschaft" (37) und einen „weltanschaulich geschlossenen [...] Zusammenhang sämtlicher Gegenstands- und Erkenntnisbereiche" (34): „Naturalisierung und Ontologisierung des Denkens" (33). – Eine Frage, die sich hieran anschließen ließe, ist, ob aus diesen Interpretationen der Kritischen Theorie von Engels' ‚Naturdialektik' auch die recht oberflächliche philosophische Auseinandersetzung mit den Naturwissenschaften in der Kritischen Theorie rührt, wie sie beispielhaft für Adornos *Negative Dialektik* charakteristisch ist (vgl. Städtler 2015, 102).

[34] Um eine dritte Partei ins Spiel zu bringen, sei auf die umfassende und erstaunlich unpolemische Studie des papsthörigen Jesuiten Wetter (1960) verwiesen, die Marcuse unumwunden als den „besten und umfassendsten Überblick"

(Marcuse 1974, 124) über die Philosophie des Sowjetmarxismus bezeichnet. Wetter vertritt im Übrigen eine Ansicht, die auch die Arbeiten der Kritischen Theorie bestimmen: „Auf dem Entwicklungswege vom jungen Marx zum heutigen sowjetischen dialektischen Materialismus vollzog sich irgendwo ein entscheidender Bruch – und zwar, wie uns scheint, bei Engels." (Wetter 1960, 629; vgl. zu Engels 51ff.) „Die Sowjetphilosophie knüpft nicht so sehr an den dialektischen Materialismus von Marx an [...], als vielmehr an die von Engels popularisierte und verflachte Vulgärdialektik."(42)

[35] Das macht der instruktive Aufsatz von Kuhlmann (1978) deutlich und wird noch einmal en détail von Kangal (2020) unterstrichen. Beide verweisen darauf, dass nach allem was wir wissen, Marx mit Engels' Ausführungen absolut einverstanden war: Engels sah seine Naturdialektik „as another contribution to the expansion of the apllication and influence of his and Marx's common philosophical-political account. Marx, in turn, was well informed about Engel's enterprise and actively supported it." (Kangal 2020, 204) So richtig letzterer Sachverhalt auch ist – vgl. etwa Marx' Vorwort (MEW 19, 181-185) zu Engels' *Entwicklung des Sozialismus von der Utopie zur Wissenschaft* (eine Zusammenfassung des *Anti-Dühring*) –, so ist dieser Hinweis doch, was prinzipiell zu entgegnen wäre, kein sachliches Argument gegen eine Kritik an Engels, die sich auch auf Marx beruft. Vielmehr verweist diese Problematik auf eine innere Ambivalenz in der Marxschen Theorie selbst, die Marx offensichtlich nicht bewusst war.

[36] Helmut Fleischer hat zu Recht moniert, dass eine generalisierte Kritik an materialistischer Ontologie unberechtigterweise Ontologie begrifflich mit einer vorkritischen objektivistischen *prima philosophia* identifiziert: „Ontologisch heißt hier [in der Kritik an Engels' und dem DiaMat; HW.] auf reines, nicht durch geschichtlich-gesellschaftliche Praxis vermitteltes In-sich und An-Sich der Dinge abzielen; oder kürzer: ‚ontologisch' meint objektivistisch." (Fleischer 1970, 186) Zu unterscheiden ist hiervon ein nicht derart inhaltlich bestimmter Begriff von Ontologie, der auch für materialistische Theoriebildung konstitutiv ist: „Hier wäre jedoch zu fragen, ob die Kritik [...] nicht [...] ganz harmlose oder gar legitime Dinge bedroht. Es besteht kein zwingender Grund, Ontologie mit Objektivismus [...] gleichzusetzen. Wenigstens in einigen ihrer Varianten [...] stellt sich die Ontologie als eine völlig unprätentiöse Unternehmung dar, als der Versuch, die *kategorialen Formen unseres Redens über Seiendes* [...] einer Reflexion und Analyse zu unterziehen" (187).

[37] Engels' Dialektik der Natur hat Bloch mit einer schönen, in ihrer Art einmal

mehr ganz eigenen Darstellung bedacht (vgl. Bloch 1972, 359-371), die deren dialektisch-philosophischen Charakter hervorhebt und das nihilistische Resultat der (Natur-)Geschichte, „eine ungeheure, total entspannte Weltdunstleiche" (371), abzuwehren versucht. Blochs eigener „spekulative[r] Materialismus" (473) setzt hierbei unbedarft begriffsrealistisch „*Logisches* als Realattribut des Materiellen" (472) und „Transmissionskategorien wie Kausalität, Finalität, Substanzialität" als „sachhaftestes Logikon innerhalb der Materie", die „dialektisch faßbar und finalisierend in ihren Bewegungen" (474) vorkommen sollen. Kurzum: „Vernunft" ist „als Leitendes wie Praktizierbares in der Materie" (475) anwesend und entfaltet sich in einem kosmischen Prozess, in dem in der menschlichen Geschichte die „Substanz ebenso Subjekt" (478) wird: „unendfremdetes Fürsichwerden, das Substanz und Subjekt ineinander führt" (477). Der Dualismus von Geist und Materie, die „Aporie Sein – Bewußtsein und das Herkunftsproblem der Qualität im Umschlag von Quantität zur Qualität" (472) mögen auf diesem Wege dahinschwinden. Der Preis für eine derartige „identitätsphilosophische Hoffnung" (Schmidt 1993, 162) ist aber ein jegliche Schranken menschlicher Erkenntnisfähigkeit sprengender Monismus, dessen „pantheistisch-hylozoistische[n] Auffassung eines ‚Natursubjekts'" (56) nur noch dem Namen nach als materialistisch gelten kann (vgl. 162-167; Damus 1971, Kap. I-III u. VII; Reinicke 1974). Diese Kritik ist zwingend, womit jedoch nicht auch jene von Bloch mit betörender, aber auch unheilvoller Sprachgewalt in Szene gesetzten letzten Fragen nach *Telos* und *Ultimum* menschlicher Geschichte und „Weltmaterie" (Bloch 1972, 478) mit erledigt sind. Doch auch abgesehen von der gebotenen systematischen Kritik an Blochs „apokalyptische[r] Phantasie" (Schmidt 1993, 167), welche die „Welt als Laboratorium zum Heil" (Reinicke 1974, 102) imaginiert, in der das Proletariat als „verlängerte[r] Arm der Materie" (38) agiert, erscheint und tönt Blochs Philosophie vor dem Hintergrund der historischen Erfahrungen des Scheiterns aller sozialistischen Befreiungsversuche (erst?) heute unannehmbar. Nicht, dass er völlig lernunfähig gewesen wäre, ist dem Philosophen zu unterstellen; hiergegen sprechen viele seiner unverwechselbaren Schriften, nicht zuletzt jene bedeutende über *Naturrecht und menschliche Würde* (1961). An der fragwürdigen Gesamtkonstruktion einer sich als/mit/in Materie selbsterlösenden Menschheit ändern Blochs Kritikpunkte am Staatssozialismus dennoch nichts, da dessen Irrungen und Wirrungen angesichts seiner Eschatologie eines ‚Reichs ohne Gott' (A. Jäger) akzidentiell bleiben.

[38] Rapic (2022a) meint, dass Engels' anders als der Marxismus-Leninismus keine Abbildtheorie vertreten habe. Das ist insoweit richtig, als dass nicht nur Engels' Empirismus, die Vorstellung einer umfassenden und objektiven Ab-

bildung der Wirklichkeit ausschloss, sondern auch bisweilen vor einer Letztbestimmung des Seins zurückschreckt: „Das Sein ist ja überhaupt eine offene Frage von der Grenze an, wo unser Gesichtskreis aufhört“ (MEW 20, 41). Dass die Materie ewig und Bewegung ihr Wesen ist, stand für Engels dennoch so fest, wie für den Theologen, dass Gott der Schöpfer von Allem ist. Fraglos konnte sich der Marxismus-Leninismus diesbezüglich mit Recht auf Engels' als Autorität berufen; die Behauptung, dass nur Lenin und Stalin „Materialismus und Idealismus als unvereinbare Gegensätze“ betrachteten, während Engels sie „miteinander vermitteln“ (Rapic 2022b, 30) wollte, ist mehr als nur gewagt und auch nicht dadurch zu rechtfertigen, Engels' Denken berechtigterweise nicht mit dem Marxismus-Leninismus zu identifizieren. Mit mehr Recht weist Rapic zudem darauf hin, dass Engels' das Subjekt der Erkenntnis nicht einfach negiert. Stattdessen habe er, wie Marx, „Erkenntnis im Horizont der Praxis“ (Rapic 2022a, 94) begriffen: „Bei dem An-sich eines kausal geregelten Naturvorgangs, das wir nach Engels dadurch erkennen, dass wir ihn aus seinen Bedingungen erzeugen, handelt es sich um ein An-sich für uns“, was kein „Abbild des Werdens“ sei, welches für Engels ein „von uns schlechthin unabhängiges An-sich“ (94) sei. Die Richtigkeit dieser Annahmen setzt die Gültigkeit von Hegels idealistischer Kant-Kritik voraus, die die materialistische Nicht-Identität in der Subjekt-Objekt-Dialektik ausmerzt; die Folgen hiervon – das wechselseitige Umschlagen von Objektivismus in Subjektivismus *et vice versa* – werden im Fließtext dargestellt.

[39] Wie im Übrigen auch die Neo-Scholastik, die sich einst in bisweilen ergiebiger Form am Marxismus-Leninismus abarbeitete und ihn wenigstens für seinen epistemologischen Realismus lobte, wenn sie ihn auch ontologisch verteufelte. Vgl. neben den angeführten Arbeiten von Wetter etwa Bochenski (1967), der, wie Wetter, aus einer erzkonservativen katholischen Perspektive den Marxismus-Leninismus durchaus immanent kritisiert und nicht einfach weltanschaulich verdammt, auch wenn das am Ende das Resultat der ganzen Übung ist. Zur Würdigung des Realismus vgl. Bochenski (1967, 70ff.).

[40] Um nicht missverstanden zu werden: Selbstredend haben alle geistigen Fähigkeiten eine Natur- und Kulturgeschichte. Sie sind nicht vom Himmel gefallen, sondern das Resultat der „Koevolution von Mensch und Technik“, wie Schlaudt (2022, 45ff.) eindrucksvoll-multidisziplinär in seiner evolutionären Technikphilosophie darstellt: „Unser Körperbau, unsere Lebensweise und […] unser Denken sind vom Werkzeuggebrauch beeinflusst“ (66), ja die technische Kultur bestimmt wesentlich „die Parameter, unter welchen die [menschliche; HW] Naturgeschichte abläuft“, was so weit gehe, dass man „von den tech-

nischen Artefakten als *‚man-making-tools'* sprechen" (58) müsse. Alles, was Schlaudt zur technisch-kulturellen Vermittlung geistiger Fähigkeiten anführt, kann aber weder das Wesen des Geistes selbst noch seinen Ursprung erklären.

[41] Nicht nur Lukács' *Geschichte und Klassenbewußtsein* wurde von offizieller Seite kritisiert, sondern auch sein Spätwerk die *Ontologie des gesellschaftlichen Seins,* der zufolge Arbeit ein „bewußtes Setzen" (Lukács 1984, 273) bzw. eine „aus teleologischen Setzungen" bestehende Tätigkeit ist, „die jeweils Kausalreihen in Gang setzen" (270), wie es in einer Kurzfassung dieses Unternehmens heißt. Das die Arbeit bestimmende Moment ist diesem zufolge die „Rolle des Bewußtseins" (269). Arbeit ist demnach „der objektiv ontologische Modellfall einer jeden menschlichen Tätigkeit" (273). Für Warnke/Ruben ist das ein Rückfall in Idealismus. Ruben, der selbst aus der SED ausgeschlossen und mit Lehrverbot belegt wurde, hat die Naturdialektik gegen den von ihm so getauften „Neo-Linkshegelianismus" (von Adorno, Sartre und A. Schmidt), vehement verteidigt. Abgesehen von der gehaltvollen Verteidigung der Bedeutung der Naturwissenschaften und ihrer Methoden (vgl. Ruben 1969, 67ff.) und dem für jeden Materialismus zentralen politischen Hinweis darauf, dass die „Existenz der äußeren Natur als Monopolbesitz einer eingeschränkten Klasse von Menschen" die „elementare Grundlage aller menschlichen Knechtschaft" (86) ist, wird der kritische Materialismus bei ihm wieder zu einem Naturalismus: Die „Reduktion des Menschen selbst auf einen Naturgegenstand" (87) sei angezeigt, um die „Illusion der Freiheit von der Natur", die der „wesentliche Inhalt der neo-linkshegelianischen Leugnung der Naturdialektik" (56) sei, zu zerstören. Diese Aussagen zeugen nicht nur von einer Unkenntnis der Kritischen Theorie Adornos, sondern landen auch folgerichtig in einer Verkehrung der Marxschen Kritik: „Die menschliche Geschichte als einen Naturprozeß darzustellen, ist ja die explizite Absicht, die Marx während seines gesamten Lebens […] verfolgt hat." (66) Von hier aus ist der Weg nicht mehr weit zu Stilblüten unfreiwilliger Komik, die angesichts des sonstigen hohen Argumentationsniveaus irritieren und sich als Ausdruck eines sich in der Geschichte verirrten Zeitgeistes erwiesen haben: „Der Standpunkt von Marx ist der Standpunkt des Arbeiters, der Standpunkt von Schmidt [gemeint ist Alfred Schmidt; HW] ist der des wertverwertenden Bürgers." (61)

[42] Eine gute Diskussion von Schmidts Werk liefert die lesenswerte Studie von Carl Cassegård (2021, 79ff.), die einerseits die Grundlinien einer kritischen Theorie der Natur skizziert, die an die klassische Kritische Theorie, allen voran Adornos, anschließt, und andererseits eine prononcierte Kritik an, im an-

glophonen Raum stärker vertretenen öko-marxistischen Ansätzen liefert (vgl. 137ff.)

[43] Engels hat ungeachtet dieser impliziten Konsequenz überaus treffend die Grenze menschlicher Naturbeherrschung beschrieben (vgl. MEW 20, 452f.) und materialistische Skepsis bezüglich der totalen Erkennbarkeit der Welt nicht aufgegeben: „die Souveränität des Denkens verwirklicht sich in einer Reihe höchst unsouverän denkender Menschen" (80).

[44] Für die ökologische Frage als einem globalen Politikum wäre folglich eine ausgeführte kritische Theorie gesellschaftlicher Naturverhältnisse viel drängender als eine Reanimation des Engels'schen Unternehmens einer kritisch-materialistischen Theorie der Natur, die als genuin naturphilosophisch-ontologische Spekulation selbstredend weiterhin legitim bleibt. Dass eine kritische Theorie gesellschaftlicher Naturverhältnisse auf Engels' Vorarbeit aufbauen kann, hat jüngst Elmar Altvater (2015) zu zeigen versucht. Ein Punkt, der im Einzelnen zu diskutieren wäre, der aber die philosophische Problematik, auf die Altvater nicht weiter eingeht, von Engels' Unternehmen nicht aufheben würde. In philosophischer Hinsicht sei zudem auf die Arbeit von Schmied-Kowarzik (1984) verwiesen, der das gesellschaftliche Naturverhältnis nicht im Rahmen der Engels'schen Naturdialektik thematisiert, sondern mit Bezug auf die Marxsche Kritik der politischen Ökonomie. An letztere schließt auch die sozialwissenschaftliche, empirisch fundierte Studie von Karathanassis (2015) an, die vor allem dadurch besticht, dass sie (transdisziplinär) die allgemeine Form kapitalistischer Ökonomie mit ihren historischen Spezifizierungen (Fordismus/Postfordismus) „im Kontext von Naturgesetzen und -prozessen sowie Stoffverbräuchen untersucht" (12). Wie Schmied-Kowarzik stellt auch Karathanassis die strukturelle Unvereinbarkeit der Naturgesetze und der Gesetze der kapitalistischen Ökonomie heraus: „So existieren", wie der Autor resümiert, „Widersprüche zwischen natürlichen und kapitalistischen Gesetzen sowie mit diesen Gesetzen verbundene eigenzeitliche Differenzen. Die Grenze der Naturbelastbarkeit bzw. die Absorpationsfähigkeit der Natur widerspricht hier dem grenzenlosen Charakter der auf Endlosigkeit abzielenden quantitativistischen Kapitalakkumulation. Widersprüchliche Verhältnisse entwickeln sich zu destruktiven Verhältnissen." (210) Für einen instruktiven und begrifflich differenzierten Versuch Adornos Werk für eine kritische Theorie der gesellschaftlichen Naturverhältnisse fruchtbar zu machen vgl. ferner Görg (2003, 25ff.). Auch wenn Görg m.E. die naturalistischen Fallstricke der *Dialektik der Aufklärung* und die argumentativen Inkonsistenzen Adornos unterschätzt, vermag er das theoretische Potential seiner dialektisch-materialistischen Ge-

sellschaftstheorie zu verdeutlichen. Dass dies mehr interpretative Rekonstruktionsarbeit voraussetzt, als Görg zu erkennen gibt (etwa in Bezug auf seine pointierten begrifflichen Unterscheidungen von Naturaneignung, Naturbeherrschung und Naturausbeutung; vgl. Görg 2003, 42-45), ist demgegenüber sekundär und unterstreicht noch zusätzlich das Verdienst seiner Arbeit. Dieses ist auch der schon erwähnten Studie von Cassegård (2021) zu attestieren, die insbesondere Adornos materialistischen Vorrang des Objekts und seine spekulative Idee einer Naturgeschichte zusammen mit der Marxschen Kritik der politischen Ökonomie für die Grundlegung einer kritischen Theorie der Natur fruchtbar macht.

[45] Die Absage an marxistische Praxisphilosophie bedeutet allerdings im Umkehrschluss wiederum nicht, dass damit für Strukturalismus oder eine marxistische Systemtheorie votiert wird – der Marxsche Begriff der konkreten Totalität ist nicht identisch mit dem sozialwissenschaftlichen Systembegriff (vgl. Ritsert 1973, 45ff.) –, sondern allein, dass das dialektische Verhältnis von Struktur und Handlung nicht zur Subjekt- bzw. Handlungsseite hin einseitig auflösbar ist. Eine ergiebige Diskussion einer sozialwissenschaftlichen Praxeologie (im Anschluss an Marx, Foucault und Bourdieu) bietet das *opus magnum* von Heim (2013). Heim zeigt zum einen, in welchem Maße dialektisch-praxeologische Theorien klassische Dichotomien der Gesellschaftstheorie überwinden (vgl. 85ff.), und zum anderen, dass der materialistische Praxisbegriff keine Variante eines empiristischen Handlungsbegriffs ist und nicht gegen soziale Strukturen in Stellungen gebracht werden kann.

[46] Freiheit wird derart zu einem „Modus des Gehorsams" (Fleischer 1973, 39). Fleischer zeigt prägnant die vielen Ungenauigkeiten und Schwierigkeiten der marxistisch-leninistischen Begriffe von Gesetzmäßigkeit, Notwendigkeit etc. der historischen Entwicklung und des gesellschaftlichen Seins auf (vgl. 15ff.): ein Objektivismus, der sich im Mangel einer Theorie des handelnden Subjekts ausdrückt (vgl. 52ff.), was beides gleichermaßen Resultat der gesellschaftlichen Konstitution des Staatssozialismus, also Ausdruck einer historischen Erfahrung ist, die sich theoretisch reproduziert.

[47] Zu den vielfältigen Begriffskonnotationen der Praxis vgl. Schmidt 1974, dessen instruktive Ausführungen klassisch marxistische Schwerpunkte setzt – und somit die genuin politische Praxis vernachlässigt. Zur griechischen Wortherkunft von Praxis und seiner begrifflichen Entwicklung in der griechischen Philosophie vgl. Bošnjak 1965, 10ff.

[48] „Die Unterscheidung von poietischen und praktischen Handlungen ist daran gebunden, daß Handeln überhaupt unter Abstraktion von seiner gegenständlichen Determiniertheit als nur intentionales, bloß als Realisierung eines subjektiven Zwecks verstanden wird“, betonen Arndt/Lefèvre (1983, 25) in ihrer Kritik an konventionellen Handlungs- und marxistischen Praxistheorien. Dieser Kritik der subjektivistischen Praxishybris ist beizupflichten, nicht jedoch ihrer Begründung und ihrer eigenen Verengung. Zum einen ist es tatsächlich angezeigt, den Begriff der intersubjektiven politischen Praxis von dem Arbeitsbegriff systematisch zu unterscheiden. Dies besagt keineswegs zwingend, dass Arbeit nur als defizitärer Modus von Praxis begriffen wird, der allein „zur äußeren Voraussetzung der sie aufhebenden [politisch-revolutionären; HW] Praxis“ (27) degradiert wird. Zum anderen basiert ihre Kritik an „dem auf die subjektiv-teleologischen Momente des Arbeitsprozesses reduzierten Arbeitsbegriff“, der Arbeit eine „übernatürliche Schöpferkraft“ (28) andichtet, auf einer undialektischen Überbetonung der Bedeutung des Arbeitsmittels, welches die „subjektive Zwecksetzung“ vermeintlich „determiniert“ (32): „Bleibt also die Bedeutung des Mittels unbezweifelbar, so ist doch andererseits der Gebrauch von Mitteln ohne voraufgehende Setzung eines Zwecks, zu dessen Verwirklichung die Mittel dienen sollen, ein logischer Widerspruch; es gehört zur Definition des Mittels, auf einen Zweck gerichtet, ein ‚Mittel wozu‘ zu sein. […] In der Zweckhaftigkeit des Tuns erweist sich das Subjekt als solches, nämlich selbstbewußt. Keinesfalls kann sich das Subjekt über das Arbeitsmittel konstituieren, dessen Herstellung ja schon ein zwecksetzendes Subjekt voraussetzt.“ (Holz 2005, 387). Den „Arbeitsprozeß als spezifischen Naturprozeß zu begreifen“ (Arndt/Lefèvre 1983, 29) – was Holz in anderer Form auch tut – unterschlägt genau jenes Moment, welches ihn von jedem Naturprozess, trotz aller gegenständlichen und natürlichen Vermittlung der Zwecksetzung, qualitativ unterscheidet: „Freiheit und Vernunft als Wesensbestimmungen des Menschen“ (34), die die Autoren zugunsten des tool-making-animal verabschieden wollen. Gegenüber einer „Hypertrophierung“ der „Vernunft“ (34), in der idealistisch das „Spezifische des Gesellschaftlichen […] durch Entäußerung von Subjektivität gesetzt“ (33) wird, ist das eine angemessene Kritik, der es um die humane „Ausschöpfung des objektiv Möglichen“ geht, die fraglos durch „die natürlichen und gegenständlichen Bedingungen ihrer Reproduktion“ (34) bestimmt und begrenzt ist. Trotzdem unterschlägt dieser Arbeitsmittel-Materialismus die einfache Tatsache, dass auch ein tool-making-animal ohne die spezifische menschliche Fähigkeit zur Reflexivität und Freiheit, die praktisch wird, nicht denkbar ist: Der Mensch kann nicht das Produkt seiner eigenen Arbeitsmittel sein, die doch selbst *Resultat* seiner Arbeit sind, so sehr jene auch sein Verhältnis zur äußeren Natur im Laufe der

Geschichte vermittelt haben mögen und wir sogar von einer „Koevolution von Mensch und Technik" (Schlaudt 2022, 45) sprechen müssen.

[49] Adorno und Horkheimer kritisieren Marx' Unterscheidung vom Reich der Notwendigkeit und dem Reich der Freiheit vom anderen Pol her, dem der Natur, die idealistisch als nur das Andere der Freiheit begriffen werde, und somit auf diese selbst zurückschlage: „Indem er [Sozialismus, gemeint ist aber Marx; HW] für alle Zukunft die Notwendigkeit zur Basis erhob und den Geist auf gut idealistisch zur höchsten Spitze depravierte, hielt er das Erbe der bürgerlichen Philosophie allzu krampfhaft fest. So bliebe das Verhältnis der Notwendigkeit zum Reich der Freiheit bloß quantitativ, mechanisch, und Natur, als ganz fremd gesetzt, wie in der ersten Mythologie, würde totalitär und absorbierte Freiheit samt dem Sozialismus." (Horkheimer/Adorno 2003, 64f.) Als Leugnung der unaufhebbaren und in diesem Sinne ewig-notwendigen materiellen Voraussetzungen menschlicher Vergesellschaftung wäre diese Aussage verkehrt. Da dies das letzte war, was Adorno und Horkheimer intendierten, und sie, anders als Bloch, auch kein Natursubjekt unterstellen, gilt ihre Kritik der Verwechslung von sozialer Befreiung mit gesellschaftlicher Perfektion von Naturausbeutung und -beherrschung, in denen sich die Gewalt der Natur untergründig reproduziert, was bekanntlich die Generalthese der *Dialektik der Aufklärung* ist. Als solche ist Adornos und Horkheimers Feststellung wohl begründet und historisch hinlänglich bestätigt worden. Neben der Insistenz auf den politischen Charakter des Reichs der Notwendigkeit und der Veränderung der Arbeit selbst unter herrschaftsfreien Produktionsbedingungen wäre, so ließe sich der Gedanke explizieren, die Transformation des gesellschaftlichen Verhältnisses zur Natur selbst Teil menschlicher Befreiung. Unter Absehung von qualitativen Naturbegriffen oder eines Natursubjekts hieße dies eine Form der Aneignung und Bearbeitung von Natur gesellschaftlich zu konstituieren, die diese nicht zerstört und als materielle Voraussetzung menschlicher Existenz in ihrer Eigengesetzlichkeit anerkennt und achtet – Annahmen, für die es im gesamten Werk von Marx Anhaltspunkte gibt (stärker romantisch konnotiert im Früh-, konsequent materialistisch im Spätwerk). Was das romantische Erbe im Marxschen Denken anbetrifft, so hat dieses Petra Röder emphatisch verteidigt, und es nicht, wie zumeist der Fall, geleugnet oder negativ bewertet: „Der junge Marx bestätigt nicht nur den Zweifel gegenüber bloß rationaler Erkenntnis, er restituiert den ästhetisch-utopischen Tätigkeitsbegriff, indem er wahrhaft produktive Schöpferkraft von der Rehabilitation des genießenden, leidenden und leidenschaftlichen Subjekts abhängig macht. Dadurch, daß er die ‚reine' Transzendentalität der idealistischen Freiheitsphilosophie als eine negative des Wertprinzips wiederfindet, kann er dem roman-

tischen Ansatz einen materialistischen Unterbau geben und dadurch dessen praxisrelevanten Kern herauskristallisieren." (Röder 1979, 154) Hierzu gehöre es, die „marxsche Vision einer ‚Resurrektion der Natur' […] keineswegs als naive naturalistische Reduktion auf den Status der Unmittelbarkeit" zu denunzieren, „sondern als romantisch-ästhetische Utopie der Vereinigung von Mensch und Natur aufgrund eines materialistischen Weltverständnisses" (Röder 1982, 7) zu rehabilitieren. Diese wäre auch gegen die im Kern weniger materialistische, denn idealistische Dichotomie vom Reich der Notwendigkeit und dem Reich der Freiheit zu verteidigen, die für Röder einen idealistischen Natur- und Freiheitsbegriff, mithin Herrschaftskategorien tradiert: „Die Abhängigkeit des Menschen von der Natur wird undialektisch mit Zwang und Unfreiheit gleichgesetzt […]. Der menschliche Verstand kann ‚Freiheit' nicht anders denn als totale Freiheit von der Natur denken. Dabei zwingt er die Natur in eine ‚Äußerlichkeit' hinein, die den Menschen tatsächlich ihrer Gesetzgebung unterwirft." (26; vgl. 68; zum „Schicksal der ‚freien bewußten Tätigkeit' innerhalb der Marxschen Theorie" vgl. 214ff., speziell zur Lehre der Zwei-Reiche 224-227; jeweils das frühromantische Erbe in der Marxschen Theorie als Bestandteil eines Materialismus verteidigend, der gleichermaßen frei von idealistischen Komponenten wie von der instrumentalen Rationalität kapitalistischer Naturwissenschaft ist, deren Gemeinsamkeit darin besteht, Freiheit und Natur herrschaftsförmig zu dichotomisieren). Röders radikal herrschaftskritischer Ansatz einer Rehabilitation des frühromantischen Natur- und Praxisbegriff weiß durchaus zu beeindrucken (nicht nur, aber auch aufgrund ihrer innovativen Interpretation der Marxschen Theorie). Gleichwohl bleibt die materialistische Crux bestehen, dass die ästhetische Reaktivierung der *poiesis*, des schöpferischen Gattungsvermögens, dem eben nicht weg zu dichtenden absolut harten, dunklen, blinden, sinnfremden und gewaltsamen Moment der Materie und ihrer natürlichen Erscheinungen nicht aus dem Weg gehen kann, was die (von Adorno tradierte) romantische Idee der innerweltlichen Versöhnung von Grund auf sabotiert. Wirklich kann sie ‚nur' im ästhetischen Schein werden. Zum gefährlichen Trug wird dieser, wenn er die ontologische Nicht-Identität, den Abgrund, zwischen Mensch und bewusstloser Materie meint praktisch aus der Welt schaffen und in eine zukünftige Harmonie eines nicht bloß befreiten – ein an sich schon phantastischer Gedanke –, sondern gar erlösten Kosmos aufheben zu können. Nichts Geringeres bedeutet die Idee der Resurrektion der Natur, die, so viel ihr auch rationale und herrschaftskritische Komponenten abgewonnen werden können, eine Frage der Eschatologie ist, nicht aber ein Bestandteil eines noch so emphatischen Begriffs emanzipatorischer Praxis sein kann. Dieser verendet ansonsten tatsächlich in Romantik im schlechtesten Sinne des Wortes.

[50] Schäfer konstatiert dies im Kontext der Marxismuskritik Hannah Arendts, deren treffende Seiten – die Identifizierung von politischer Praxis mit Herstellungsprozessen und dem ‚Geschichte-machen' – er unter Absehung von Arendts Fehlinterpretation des Marxschen Arbeitsbegriffs, der „biologistischen Konnotationen" ihres eigenen Begriffs von Arbeit und ihres „jenseits von gesellschaftlicher Arbeit und Ökonomie angesiedelten Begriff des Politischen" (452) erörtert. Diese Kritik ist allerdings nicht nur zwingend geboten (vgl. Elbe 2015, 447ff.), sondern hätte auch zu beachten, dass vieles, was Arendt an Marx und seinen Epigonen kritisiert, im Anarchismus vorweggenommen wurde, ohne dass ein derart fragwürdiger politischer, überaus elitärer und antikisierender Existenzialismus das Resultat wäre, wie ihn Arendt vertrat.

[51] Genau darauf läuft die Sache bei Stalin hinaus: „Wenn die Welt erkennbar ist und unser Wissen von den Entwicklungsgesetzen der Natur zuverlässiges Wissen ist, das die Bedeutung objektiver Wahrheit hat, so folgt daraus, daß das gesellschaftliche Leben, die Entwicklung der Gesellschaft ebenfalls erkennbar ist und daß die Ergebnisse der Wissenschaft bezüglich der Entwicklungsgesetze der Gesellschaft zuverlässige Ergebnisse sind, die die Bedeutung objektiver Wahrheiten haben. Also kann die Wissenschaft von der Geschichte der Gesellschaft trotz aller Kompliziertheit der Erscheinungen des gesellschaftlichen Lebens zu einer genauso exakten Wissenschaft werden wie, sagen wir, die Biologie, zu einer Wissenschaft, die imstande ist, die Entwicklungsgesetze der Gesellschaft in der Praxis auszunutzen. Also darf sich die Partei des Proletariats in ihrer praktischen Tätigkeit nicht von irgendwelchen zufälligen Beweggründen leiten lassen, sondern muß sich von den Entwicklungsgesetzen der Gesellschaft, von praktischen Schlußfolgerungen aus diesen Gesetzen leiten lassen. Also verwandelt sich der Sozialismus aus einem Traum von einer besseren Zukunft der Menschheit in eine Wissenschaft." (Stalin 1951, 658) Es wäre tatsächlich widersinnig, über Sachen zu diskutieren und zu streiten, von denen wir wissenschaftliche Erkenntnisse besitzen. Diese müssten nur noch von den wissenden Funktionsträgern angewandt werden (vgl. Castoriadis 1990, 101f., 114). Hiergegen war bereits Bakunins Kritik am ‚wissenschaftlichen Sozialismus' gerichtet, die keine irrationale Absage an Wissenschaft, wohl aber ihre Selbstbegrenzung intendiert; sie spielt keine führende, sondern eine begleitende Rolle im revolutionären Prozess. Die Ersetzung revolutionärer Praxis durch Wissenschaft impliziert für Bakunin nicht nur die Spaltung in Wissende und Unwissende, die sich in autoritären Befreiungskonzepten niederschlägt, sondern ist selbst in höchstem Maße utopisch. Es kann kein abschließendes Wissen über die (freie) Gesellschaft geben, da deren Entwicklung zu vielschichtig ist und Freiheit sich prinzipiell nicht berechnen lässt: „Selbst die rationalste

und tiefsinnigste Wissenschaft kann nicht die Formen des zukünftigen gesellschaftlichen Lebens erahnen. Sie kann nur die negativen Bedingungen definieren, die sich logisch aus der strengen Kritik an der bestehenden Gesellschaft ergeben" (Bakunin 1972, 636; vgl. ders. 1969, 75ff. u. 98ff.; Wallat 2013, 95-97), was Marx allerdings auch wusste (vgl. MEW 18, 635f.). Bakunins Kritik antizipiert im Übrigen treffsicher den bürokratischen Sozialismus: „Sie [Marx und seine Genossen; HW] werden die Zügel in einer starken Hand konzentrieren, weil das unwissende Volk einer sehr starken Betreuung bedarf; sie werden eine einzige Staatsbank gründen, die die ganze kommerziell-industrielle, landwirtschaftliche und sogar wissenschaftliche Produktion auf sich konzentriert, und die Masse des Volkes in zwei Armeen aufteilen: in eine industrielle und eine landwirtschaftliche, unter dem unmittelbaren Kommando von staatlichen Ingenieuren, welche eine neue privilegierte, wissenschaftlich-politische Klasse bilden werden." (Bakunin, 1972, 617)

[52] Helmut Reinicke hat in seiner furiosen Verteidigung von Engels versucht, dessen Materie-Objektivismus in Analogie zur Marxschen Kritik der Naturwüchsigkeit der kapitalistischen Ökonomie als „denunziatorisch" (Reinicke 1973, 34) zu verteidigen, also als Kritik nicht Apologie darzustellen. So pointiert Reinicke dies auch vorträgt, es überzeugt so wenig, wie die gegenwärtige Radikal-Ökologisierung des Marxismus. Die Schrift von Reinicke, dem Alfred Schmidt Schüler und Frankfurter SDS-Aktivsten, ist im Übrigen die mir beste bekannte Engels-Apologie aus sozialrevolutionärer Perspektive, die freilich den Revolutionsbegriff und das Politikverständnis von Marx und Engels noch kaum kritisiert. Reinickes Traktat macht allemal deutlich, dass die Rezeptionsgeschichte von Engels nicht gar so gradlinig verläuft, wie es oberflächlich erscheinen mag.

[53] Diese spiegelt sich auch – ein letztes Mal Castoriadis aufnehmend – in der Zerstörung autonomer Kunst im Staatssozialismus. Als Regime der „Hässlichkeit" (Castoriadis 2021, 37) funktionalisierte der Staatssozialismus die Kunst für seinen Machterhalt und zerstörte sie auf diesem Wege – eher ahnend als wissend, dass die Kunst die Lüge der Macht als solche bedroht; ‚lieber keine Kunst mehr als sozialistischer Realismus' (Adorno) gilt für Castoriadis allemal.

Gesamtverzeichnis Verlag Edition AV

Anarchie ♦ Theorie ♦ Pädagogik ♦ Literatur ♦ Lyrik ♦ Theater ♦ Geschichte

Werner Abel & Enrico Hilbert ♦ **Sie werden nicht durchkommen** ♦ Deutsche an der Seite der Republik und der sozialen Revolution ♦ Band 1 ♦ 978-3-86841-112-6 ♦ 45,00 €

Werner Abel, Enrico Hilbert & Harald Wittstock ♦ **Sie werden nicht durchkommen** ♦ Deutsche an der Seite der Republik und der sozialen Revolution ♦ Band 2 ♦ Bilder und Materialien ♦ 978-3-86841-113-3 ♦ 24,50 €

Werner Abel ♦ **Mit Salut und Händedruck** ♦ Militärzensur der Internationalen Brigaden in Spanien ♦ Band 1 Dokumente ♦ 978-3-86841-165 ♦ 18,00 €

Gwendolyn von Ambesser ♦ **Die Ratten betreten das sinkende Schiff** ♦ Das absurde Leben des jüdischen Schauspielers Leo Reuss ♦ 978-3-936049-47-3 ♦ 18,00 €

Gwendolyn von Ambesser ♦ **Schaubudenzauber** ♦ Geschichten und Geschichte eines legendären Kabaretts ♦ 978-3-936949-68-8 ♦ Preis 18,00 €

Gwendolyn von Ambesser ♦ **Schauspieler fasst man nicht an!** ♦ Eine Axel von Ambesser Biographie ♦ 978-3-86841-045-7 ♦ Preis 19,90 €

Allan Antliff ♦ **Anarchie und Kunst** ♦ Von der Pariser Kommune bis zum Fall der Berliner Mauer ♦ ISBN 978-3-86841-052-5 ♦ 18,00 €

Yair Auron ♦ **Der Schmerz des Wissens** ♦ Die Holocaust- und Genozid-Problematik im Unterricht ♦ ISBN 978-3-936049-55-8 ♦ 18,00 €

Autorinnenkollektiv ♦ **Das Frauenkommunebuch** ♦ Alltag zwischen Partriarchat und Utopie ♦ ISBN 978-3-86841-227-3 ♦ 24,50€

Franz Barwich ♦ **Das ist Syndikalismus** ♦ Die Arbeiterbörsen des Syndikalismus ♦ ISBN 978-3-936049-38-1 ♦ 11,00 €

Günther Baumgartner & Dietrich Grund ♦ **Die bayerische Revolution 1918/19 in Stadt und Land** ♦ Band 1 Oberbayern ♦ ISBN 978-3-86841-212-3 ♦ 49,80 €

Anna-Maria Benz ♦ **Freiheit oder Tod** ♦ Harriet Tubman ♦ Afroamerikanische Freiheitskämpferin ♦ ISBN 978-3-86841-022-8 ♦ 18,00 €

Alexander Berkman ♦ **Der bolschewistische Mythos.** Tagebuch aus der russischen Revolution 1920 – 1922. ♦ ISBN 978-3-936049-31-2 ♦ 17,00 €

Bilkis Brahe ♦ **Tragödien sind albern** ♦ Frida Kahlo (1907-1954), eine mexikanische Malerin ♦ ISBN 978-3-936049-80-0 ♦ 16,00 €

Heike Breitenbach & Johannes Waßmer (Hgg.) ♦ **Martin Buber und die Literatur** ♦ ISBN 978-3-86841-302-1 ♦ 19,90 €

Ralf Burnicki ♦ **Lichtaspirin** ♦ Anarchopoetry ♦ ISBN 978-3-86841-102-7 ♦ 12,00 €

Ralf Burnicki ♦ **Anarchismus & Konsens.** Gegen Repräsentation und Mehrheitsprinzip: Strukturen einer nichthierarchischen Demokratie ♦ ISBN 978-3-936049-08-4 ♦ 16,00 €

Ralf Burnicki ♦ Die Straßenreiniger von Teheran ♦ Lyrik ♦ ISBN 978-3-936049-41-1 ♦ 9,80 €

Ralf Burnicki ♦ Zahnweiß ♦ Kaufhaus-Poetry ♦ ISBN 978-3-936049-78-7 ♦ 9,80 €

Ralf Burnicki & Findus♦ Hoch lebe sie – die Anarchie! ♦ Anarcho-Poetry ♦ ISBN 978-3-86841-102-7 ♦ 9,80 €

Rolf Cantzen ♦ Mordskarma ♦ Krimi ♦ ISBN 978-3-86841-103-4 ♦16,00 €

Cornelius Castoriadis ♦ Autonomie oder Barbarei ♦ Ausgewählte Schriften, Band 1 ♦ ISBN 978-3-936049-67-1 ♦ 17,00 €

Cornelius Castoriadis ♦ Vom Sozialismus zur autonomen Gesellschaft ♦Über den Inhalt des Sozialismus ♦ Ausgewählte Schriften ♦ Band 2.1. ♦ ISBN 978-3-936049-88-6 ♦ 17,00 €

Cornelius Castoriadis ♦ Vom Sozialismus zur autonomen Gesellschaft ♦ Gesellschaftskritik und Politik nach Marx ♦ Ausgewählte Schriften ♦ Band 2.2. ♦ ISBN 978-3-86841-002-0 ♦ 17,00 €

Cornelius Castoriadis ♦ Das imaginäre Element und die menschliche Schöpfung ♦ Ausgewählte Schriften ♦ Band 3 ♦ ISBN 978-3-86841-035-8 ♦ 17,00 €

Cornelius Castoriadis ♦ Philosophie, Demokratie, Poiesis ♦ Ausgewählte Schriften ♦ Band 4. ♦ ISBN 978-3-86841-063-1 ♦ 17,00 €

Cornelius Castoriadis ♦ Psychische Monade und autonomes Subjekt♦ Ausgewählte Schriften ♦ Band 5 ♦ ISBN 978-3-86841-081-5 ♦ 17,00 €

Cornelius Castoriadis ♦ Kapitalismus als imaginäre Institution ♦ Ausgewählte Schriften ♦ Band 6 ♦ ISBN 978-3-86841-094-5 ♦ 17,00 €

Cornelius Castoriadis ♦ Durchs Labyrinth ♦ Ausgewählte Schriften ♦ Band 8 ♦ ISBN 978-3-86841-231-4 ♦ 17,00 €

Cornelius Castoriadis ♦ Ungarn 56 – Die ungarische Revolution ♦ Ausgewählte Schriften ♦ Band 7 ♦ ISBN 978-3-86841-178-8 ♦ 16,00 €

Cornelius Castoriadis ♦ Fenster zum Choas♦ Ausgewählte Schriften ♦ Band 9 ♦ ISBN 978-3-86841-261-1 ♦ 17,00 €

Roman Danyluk♦ Unter sticht Opber ♦ Eine sozialgeschichte der bayerischen Revolution ♦ ISBN 978-3-86841-265-9 ♦ 24,50 €

Roman Danyluk ♦ Freiheit und Gerechtigkeit ♦ Die Geschichte der Ukraine aus libertärer Sicht ♦ ISBN 978-3-86841-029-7 ♦ 11,00 €

Roman Danyluk ♦ Befreiung und soziale Emanzipation ♦ Rätebewegung, Arbeiterautonomie und Syndikalismus ♦ ISBN 978-3-86841-065-5 ♦ 18,00 €

Roman Danyluk ♦ Partisanen und Milizen ♦ Zum Verhältnis von Gewalt und Emanzipation ♦ ISBN 978-3-86841-100-3 ♦ 18,00 €

Roman Danyluk ♦ Kiew: Unabhängigkeitsplatz ♦ Verlauf und Hintergründe der Bewegung auf dem Majdan ♦ ISBN 978-3-86841-105-6 ♦ 14,00 €

Roman Danyluk ♦ Blues der Städte ♦ Die Bewegung 2. Juni – eine sozialrevolutionäre Geschichte ♦ ISBN 978-3-86841-226-0 ♦ 20,00 €

Hans Jürgen Degen ♦ Die Wiederkehr der Anarchisten ♦ Anarchistische Versuche 1945-1970 ♦ ISBN 978-3-86841-015-0 ♦ 24,50 €

Pierre Dietz ♦ Briefe aus der Deportation ♦ Französischer Widerstand und der Weg nach Auschwitz ♦ ISBN 978-3-86841-042-6 ♦ 16,00 €

Jane Doe ♦ Die andere Farm der Tiere ♦ Roman ♦ ISBN 978-3-936049-94-7 ♦ 16,00 €

Helge Döhring ♦ Konflikte und Niederlagen des Syndikalismus in Deutschland♦ ISBN 978-3-86841-237-6 ♦ 18,00 €

Helge Döhring ♦ Die Anarchistische Vereinigung 1923-1933♦ ISBN 978-3-86841-208-6 ♦ 20,00 €

Helge Döhring ♦ Anarchisten auf Sinnsuche♦ ISBN 978-3-86841-191-1 ♦ 20,00 €

Helge Döhring ♦ Organisierter Anarchismus in Deutschland 1919 bis 1933♦ ISBN 978-3-86841-192-8 ♦ 20,00 €

Helge Döhring♦ Anarcho-Syndikalismus ♦ Einführung in die Theorie und Geschichte einer internationalen sozialistischen Arbeiterbewegung ♦ 978-3-86841-143-0 ♦ 16,00 €

Helge Döhring ♦ Syndikalismus in Deutschland 1914-1918 ♦ „Im Herzen der Bestie" ♦ ISBN 978-3-86841-083-9♦ 17,00 €

Helge Döhring ♦ Syndikalismus im „Ländle" ♦ Die Freie Arbeiter-Union Deutschlands (FAUD) in Würtemberg 1918 – 1933) ♦ ISBN 978-3-936049-59-6 ♦ 16,00 €

Helge Döhring ♦ Damit in Bayern Frühling werde! ♦ Die syndikalistische Arbeiterbewegung in Südbayern von 1914 bis 1933 ♦ ISBN 978-3-936049-84-8 ♦ 17,00 €

Helge Döhring & Martin Veith ♦ Eine Revolution für die Anarchie ♦ Zur Geschichte der Anarcho-Syndikalistischen Jugend **& Aus den Trümmern empor ♦** Anarcho-Syndikalismus in Württemberg ♦ ISBN 978-3-86841-005-1 ♦ 22,00 €

Helge Döhring (Hg.) ♦ Generalstreik ♦ Streiktheorien und -diskussionen innerhalb der deutschen Sozialdemokratie vor 1914 ♦ ISBN 978-3-86841-019-8 ♦ 14,00 €

Helge Döhring ♦ Schwarze Scharen ♦ Die anarcho-syndikalistische Arbeiterwehr (1929 – 1933) ♦ ISBN 978-3-86841-054-9 ♦ 14,90 €

Helge Döhring ♦ Mutige Kämpfergestalten ♦ Syndikalismus in Schlesien 1918 – 1930 ♦ ISBN 978-3-86841-064-8 ♦ 12,00 €

Sam Dolgoff ♦ Anarchistische Fragmente ♦ Memoiren eines amerikanischen Anarchosyndikalisten ♦ ISBN 978-3-86841-501 ♦ 16,00 €

Wolfgang Eckhardt ♦ Von der Dresdner Mairevolte zur Ersten Internationalen ♦ Untersuchungen zu Leben und Werk Michail Bakunins ♦ ISBN 978-3-936049-53-4 ♦ 14,00 €

Michael Englishman♦ laut und klar ♦ Aus der Asche des Holocaust ♦ 978-3-86841-147-8 ♦ 14,00 €

Sébastien Faure ♦ Die Anarchistische Synthese und andere Texte ♦Herausgegeben, bearbeitet und mit Annotationen versehen von Jochen Knoblauch ♦ ISBN 978-3-936049-85-5 ♦ 10,00 €

FAU-Bremen ♦ Die CNT als Vortrupp des internationalen Anarcho-Syndikalismus ♦ Die Spanische Revolution 1936 – Nachbetrachtung und Biographien ♦ 978-3-936049-69-5 ♦ 14,00 €

Luigi Fabbri♦ Die präventive Konterrevolution ♦ Reflexion über den Faschismus ♦ ISBN 978-3-86841-140-9 ♦ 18,00 €

Bernd Feininger & Wilhelm Schwendeman ♦ Nicht Lese-Wort, sondern Lebens-Wort ♦ ISBN 978-3-86841-248-2 ♦ 16,00 €

Francesco Filippi ♦ Mussolini hat Gutes getan? ♦ Abrechnung mit einem Mythos ♦ ISBN 978-3-86841-278-9 ♦ 16,00 €

Lutz Finkeldey ♦ Denkwerkzeuge zum soziokulturellen Verstehen ♦ ISBN 978-3-86841-099-0 ♦ 12,00 €

Lutz Finkeldey ♦ Im Kino der Gesellschaft ♦ Eine soziologische Skizze zwischen Wirklichkeit und Wahrheit ♦ ISBN 978-3-86841-154-6 ♦ 18,00 €

Lutz Finkeldey ♦ Zum Beispiel ♦ Biographisches Verstehen in soziokulturellen Lebenswelten ♦ ISBN 978-3-86841-204-8 ♦ 17,00 €

Lutz Finkeldey ♦ Schokolade für alle ♦ Wie Verblendung das Paradies zerstört ♦ ISBN 978-3-86841-230-7 ♦ 18,00 €

Francisco Ferrer ♦ Die Moderne Schule ♦ Herausgegeben und kommentiert von Ulrich Klemm ♦ ISBN 978-3-936049-21-3 ♦ 17,50 €

Ursula Frost, Johannes Waßmer & Hans-Joachim Werner (Hgg.) ♦ Dialog und Konflikt ♦ Das dialogische Prinzip in Philosophie, Religion und Gesellschaft ♦ ISBN 978-3-86841-205 ♦ 19,90 €

Louis Gill ♦ George Orwell ♦ Vom Spanischen Bürgerkrieg zu 1984 ♦ ISBN 978-3-86841-066-2 ♦ 16,00 €

Günter Gerstenberg ♦ Räte in München ♦ Anmerkungen zum Umsturz und zu den Räterepubliken 1918/19 ♦ ISBN 978-3-86841-225-3 ♦ 19,90 €

Günter Gerstenberg ♦ Der kurze Traum vom Frieden ♦ Ein Beitrag zur Vorgeschichte des Umsturzes in München 1918 ♦ ISBN 978-3-86841-189-8 ♦ 24,50 €

Günter Gerstenberg & Cornelia Naumann ♦ Steckbriefe gegen gegen Eisner, Kurt und Genossen wegen Landesverrates ♦ Ein Lesebuch über Münchner Revolutionärinnen und Revolutionäre im Januar 1918 ♦ ISBN 978-3-86841-173-7 ♦ 24,90 €

Eveline Goodman-Thau ♦ Vom Archiv zur Arche ♦ Geschichte als Zeugnis ♦ ISBN 978-3-86841-222-2 ♦ 20,00 €

William Godwin ♦ Caleb Williams oder Die Dinge, wie sie sind ♦ Historischer Roman (Libertäre Bibliothek 1) ♦ ISBN 978-3-936049-86-2 ♦ 19,00 €

Moritz Grasenack (Hg.) ♦ Die libertäre Psychotherapie von Friedrich Liebling ♦ Eine Einführung in seine Großgruppentherapie anhand wortgetreuer Abschriften von Therapiesitzungen ♦ Mit Original-Tondokument und Video auf CD-ROM ♦ ISBN 978-3-936049-51-0 ♦ 24,90 €

Stefan Gurtner ♦ Die Straßenkinder von Tres Soles ♦ Von zerstörten Kindheiten, Selbstorganisation und einem Theater der Unterdrückten in Bolivien ♦ inkl. einer DVD ♦ 978-3-936049-79-4 ♦ 18,00 €

Stefan Gurtner ♦ Das grüne Weizenkorn ♦ Eine Parabel aus Bolivien ♦ Jugendbuch ♦ ISBN 978-3-936049-40-4 ♦ 11,80 €

Stefan Gurtner ♦ Isudoras unglaubliche Geschichte ♦ Roman ♦ ISBN 978-3-86841-193-5 ♦ 24,50 €

Stefan Gurtner ♦ Guttentag ♦ Das Leben des jüdischen Verlegers Werner Guttentag zwischen Deutschland und Bolivien ♦ ISBN 978-3-86841-069-3 ♦ 24,50 €

Frank Harris ♦ Die Bombe ♦ Roman ♦ ISBN 978-3-86841-053-2 ♦ 14,00 €

Wolfgnang Haug ♦ **Theodor Plievier** ♦ ISBN 978-3-86841-220-8 ♦ 24,50 €

Wolfgang Haug & Michael Wilk ♦ **Herrschaftsfrei statt populistisch** ♦ Aspekte anarchistischer Gesellschaftskritik ♦ ISBN 978-3-86841-207-9 ♦ 12,00 €

Gorden Hill ♦ **Fünf Jahrhunderte indigener Widerstand** ♦ Roman ♦ ISBN 978-3-86841-011-2 ♦ 9,80 €

Gorden Hill ♦ **Indigener Widerstand** ♦ Comic ♦ ISBN 978-3-86841-085-3, ♦ 14,00 €

Gorden Hill ♦ **Antikapitalistischer Widerstand** ♦ Comic ♦ ISBN 978-3-86841-104-1, ♦ 14,00 €

Andreas W. Hohmann (Hg.) ♦ **ehern, tapfer, vergessen.** ♦ Die unbekannte Internationale♦ ISBN 978-3-86841-093-8♦ 18,00 €

Andreas W. Hohmann & Jürgen Mümken (Hgg.) ♦ **Kischenew. Das Pogrom 1903** ♦ ISBN 978-3-86841-123-2♦ 16,00 €

Mathieu Houle-Courcelles ♦ **Auf den Spuren des Anarchismus in Quebec (1860-1960)** ♦ ISBN 978-3-86841-051-8 ♦ 16,00 €

Maria Regina Jünemann ♦ **Die Anarchistin** ♦ Historischer Roman ♦ ISBN 978-3-936049-92-3 ♦ 14,00 €

Oskar Kanehl ♦ **Kein Mensch hat das Recht, für Ruhe und Ordnung zu sorgen** ♦ herausgegeben von Wolfgang Haug ♦ 978-3-86841-146-1 ♦ 18,00 €

Lajos Kassak ♦ **Ein Menschenleben** ♦ Roman ♦ ISBN 978-3-86841-232-1 ♦ 18,00 €

Ernst Kaufmann ♦ **Anderswo weit** ♦ Erzählungen ♦ ISBN 978-3-86841-262-8 ♦ 17,90 €

Ernst Kaufmann ♦ **Wiener Herz am Sternenbanner** ♦ Bruno Granichstaedten ♦ Stationen eines Lebens ♦ ISBN 978-3-86841-096-9 ♦ 18,90 €

Philippe Kellermann (Hg.) ♦ **Anarchistische Bolschewismuskritik** ♦ 1918-1922 ♦ ISBN 978-3-86841-184-3 ♦ 17,00

Philippe Kellermann (Hg.) ♦ **Die Verfolgung des Anarchismus in Sowjetrussland** ♦ 1918-1933 ♦ ISBN 978-3-86841-199-7 ♦ 17,00 €

Philippe Kellermann ♦ **Marxistische Geschichtslosigkeit** ♦ Von Verdrängung, Unwissenheit und Denunziation: Die (Nicht-)Rezeption des Anarchismus im zeitgenössischen Marxismus ♦ ISBN 978-3-86841-060-0 ♦ 19,50 €

Philippe Kellermann ♦ **Anarchismusreflexionen** ♦ Zur kritischen Sichtung des anarchistischen Erbes ♦ ISBN 978-3-86841-082-2 ♦ 17,00 €

Philippe Kellermann (Hg.) ♦ **Anarchismus und Geschlechterverhältnis** ♦ Band 1 ♦ 978-3-86841-139-3 ♦ 16,00 €

David Kessel ♦ **Außenseitergedichte** ♦ Lyrik ♦ ISBN 978-3-936049-77-0 ♦ 9,80 €

Michaela Kilian ♦ **Keine Freiheit ohne Gleichheit** ♦ Louise Michel (1830 – 1905), Anarchistin, Schriftstellerin, Ethnologin, libertäre Pädagogin ♦ 978-3-936049-93-0 ♦ 17,00 €

Michaela Kilian ♦ **Entlarvte Illusionen** ♦ Marina Iwanowna Zwetajewa (1892 – 1941) ♦ 978-3-86841-044-0 ♦ 19,50 €

Ulrich Klemm ♦ **Bildung ohne Zwang** ♦ Texte zur Geschichte der anarchistischen Pädagogik ♦ 978-3-86841-037-2 ♦ 16,00 €

Ulrich Klemm ♦ Mythos Schule ♦ Warum Bildung entschult und entstaatlicht werden muss ♦ Eine Streitschrift ♦ 978-3-86841-003-7 ♦ 11,80 €

Ulrich Klemm ♦ Anarchisten als Pädagogen ♦ Profile libertärer Pädagogik ♦ ISBN 978-3-936049-05-3 ♦ 9,00 €

Ulrich Klemm ♦ Freiheit & Anarchie ♦ Eine Einführung in den Anarchismus ♦ ISBN 978-3-936049-49-7 ♦ 9,80 €

Jochen Knoblauch ♦ Marx vs. Stirner ♦ Oder: Ein Versuch über dieses & jenes ♦ ISBN 978-3-86841-120-1 ♦ 14,00 €

Rachel Kochawi ♦ Die Blut-Braut ♦ Eine politische Liebesgeschichte ♦ Roman ♦ ISBN 978-3-936049-89-3 ♦ 16,00 €

Rachel Kochawi ♦ Nakajima ♦ Eine Erzählung ♦ inkl. DVD „Das 23. Jahr" ♦ ISBN 978-3-86841-007-5 ♦ 16,00 €

Rachel Kochawi ♦ Das Brot der Armut ♦ Die Geschichte eines versteckten jüdischen Kindes ♦ ISBN 978-3-86841-034+1 ♦ 18,00 €

Peter Kropotkin ♦ Worte eines Rebellen ♦ ISBN 978-3-86841-254-3 ♦ 20,00 €

Gustav Landauer ♦ Internationalismus ♦ Ausgewählte Schriften ♦ Band 1 Herausgegeben von Siegbert Wolf ♦ ISBN 978-3-936049-89-3 ♦ 18,00 €

Gustav Landauer ♦ Anarchismus ♦ Ausgewählte Schriften ♦ Band 2 ♦ ISBN 978-3-86841-012-9 ♦ 18,00 €

Gustav Landauer ♦ Antipolitik ♦ Ausgewählte Schriften ♦ Band 3.1 ♦ ISBN 978-3-86841-31-0 ♦ 18,00 €

Gustav Landauer ♦ Antipolitik ♦ Ausgewählte Schriften ♦ Band 3.2 ♦ ISBN 978-3-86841-36-5 ♦ 18,00 €

Gustav Landauer ♦ Nation, Krieg und Revolution ♦ Ausgewählte Schriften ♦ Band 4 ♦ ISBN 978-3-86841-046-4 ♦ 18,00 €

Gustav Landauer ♦ Philosophie und Judentum ♦ Ausgewählte Schriften ♦ Band 5 ♦ ISBN 978-3-86841-068-6 ♦ 22,00 €

Gustav Landauer ♦ Literatur ♦ Ausgewählte Schriften ♦ Band 6.1 ♦ ISBN 978-3-86841-090-7 ♦ 18,00 €

Gustav Landauer ♦ Literatur ♦ Ausgewählte Schriften ♦ Band 6.2 ♦ ISBN 978-3-86841-091-4 ♦ 18,00 €

Gustav Landauer ♦ Skepsis und Mystik ♦ Ausgewählte Schriften ♦ Band 7 ♦ ISBN 978-3-86841-059-4 ♦ 18,00 €

Gustav Landauer ♦ Wortartist ♦ Ausgewählte Schriften ♦ Band 8 ♦ ISBN 978-3-86841-101-0 ♦ 18,00 €

Gustav Landauer ♦ Aufruf zum Sozialismus♦ Ausgewählte Schriften ♦ Band 11 ♦ ISBN 978-3-86841-133-1 ♦ 18,00 €

Gustav Landauer ♦ Friedrich Hölderlin in seinen Gedichten ♦ Ausgewählte Schriften ♦ Band 12 ♦ ISBN 978-3-86841-152-2 ♦ 18,00 €

Gustav Landauer ♦ Die Revolution ♦ Ausgewählte Schriften ♦ Band 13 ♦ ISBN 978-3-86841-168-3 ♦ 18,00 €

Gustav Landauer ♦ Ein Weg zur Befreiung der Arbeiter-Klasse ♦ Ausgewählte Schriften ♦ Band 14 ♦ ISBN 978-3-86841-194-2 ♦ 18,00 €

Gustav Landauer ♦ Meister Eckharts. Mystische Schriften ♦ Ausgewählte Schriften ♦ Band 15 ♦ ISBN 978-3-86841-203-9 ♦ 18,00 €

Tilman Leder♦ Die Politik eines „Antipolitikers" ♦ Eine politische Biographie Gustav Landauers ♦ ISBN 978-3-86841-098-3 ♦ 49,90 €

Reiner Lehmann♦ Wider die Dummheit ♦ ISBN 978-3-86841-126-3 ♦ 10,00 €

Samuel Lewin ♦ Dämonen des Blutes ♦ Eine Vision ♦ ISBN 978-3-86841-079-2 ♦ 12,00 €

Albert Londres ♦ Die Flucht aus der Hölle ♦ ISBN 978-3-86841-038-9 ♦ 12,00

Miriam Magall ♦ Kindheit in Ägypten ♦ Roman ♦ ISBN 978-3-86841-111-9 ♦ 18,00 €

Miriam Magall ♦ Auf dem Obasute-Yama ♦ oder: Verwirf' mich nicht in meinem Alter!♦ Roman ♦ ISBN 978-3-86841-097-6 ♦ 19,50 €

Miriam Magall ♦ O, Deutschland! Deine Dichter und Denker ♦ Wie deutsche Schriftsteller, Politiker und Kirchen Juden und Israel heute sehen ♦ ISBN 978-3-86841-150-8 ♦ 18,00 €

Subcomandante Marcos ♦ Der Kalender des Widerstandes. Zur Geschichte und Gegenwart Mexikos von unten ♦ ISBN 978-3-936049-24-4 ♦ 13,00 €

Mathias Mendyka ♦ Libertäre Schulkritik und anarchistische Pädagogik ♦ ISBN 978-3-86841-155-3 ♦ 14,00 €

Mujeres Libres ♦ Libertäre Kämpferinnen ♦ ISBN 978-3-86841-221-5 ♦ 17,00

Andreas Losch, Thomas Reichert, Johannes Waßmer (Hgg.) ♦ Alles in der Schrift ist echte Gesprochenheit ♦ Martin Buber-Studien ♦ Band 2 ♦ ISBN 978-3-86841-117-1 ♦ 19,90 €

Mick Lowe ♦ Der alte Provo-Trick ♦ Roman ♦ ISBN 978-3-86841-233-8 ♦ 18,00 €

Orlando Mardones ♦ Mensch, du lebst noch? ♦ ISBN 978-3-86841-241-3 ♦ 14,00 €

Jürgen Mümken ♦ Freiheit, Individualität & Subjektivität. ♦ Staat und Subjekt in der Postmoderne aus anarchistischer Perspektive. ♦ ISBN 978-3-936049-12-1 ♦ 17,00 €

Jürgen Mümken ♦ Anarchosyndikalismus an der Fulda. ♦ ISBN 978-3-936049-36-7. ♦ 11,80 €

Jürgen Mümken (Hg.) ♦ Anarchismus in der Postmoderne ♦ Beiträge zur anarchistischen Theorie und Praxis ♦ ISBN 978-3-936049-37-4 ♦ 11,80 €

Jürgen Mümken ♦ Kapitalismus und Wohnen ♦ Ein Beitrag zu Geschichte der Wohnungspolitik im Spiegel kapitalistischer Entwicklungspolitik und sozialer Kämpfe ♦ ISBN 978-3-936049-64-0 ♦ 22,00 €

Jürgen Mümken ♦ Die Ordnung des Raumes ♦ Foucault, Bio-Macht und die Transformation des Raumes in der Moderne ♦ ISBN 978-3-86841-070-9 ♦ 16,00 €

Jürgen Mümken / Siegbert Wolf ♦ „Antisemit, das geht nicht unter Menschen" ♦ Anarchistische Positionen zu Antisemitismus, Zionismus und Israel♦ Band 1: Von Proudhon bis zur Staatsgründung♦ ISBN 978-3-86841-088-4 ♦ 18,00 €

Jürgen Mümken / Siegbert Wolf ♦ „Antisemit, das geht nicht unter Menschen" ♦ Anarchistische Positionen zu Antisemitismus, Zionismus und Israel ♦ Band 2: Von der Staatsgründung bis heute ♦ ISBN 978-3-86841-118-8 ♦ 18,00 €

Aleksander Nakoff ♦ Knast, Lager, Verbannung ♦ ISBN 978-3-86841-234-5 ♦ 14,00 €

Cornelia Naumann ♦ Ich hoffe noch, dass aller Menschen Glück nahe sein muss ♦ Fragmente eines revolutionären Lebens ♦ ISBN 978-3-86841-190-4 ♦ 19,90 €

Ernest Nyborg ♦ Lena Halberg – Paria 97 ♦ Thriller ♦ ISBN 978-3-86841-125-6 ♦ 14,50 €

Ernest Nyborg ♦ Lena Halberg – New York 01 ♦ Thriller ♦ ISBN 978-3-86841-128-7 ♦ 14,50 €

Ernest Nyborg ♦ Lena Halberg – London 05 ♦ Thriller ♦ ISBN 978-3-86841-130-0 ♦ 14,50 €

Ernest Nyborg ♦ Lena Halberg – Der Cellist ♦ Thriller ♦ ISBN 978-3-86841-210-9 ♦ 14,50 €

Abel Paz & die Spanische Revolution ♦ Bernd Drücke, Luz Kerkeling, Martin Baxmeyer (Hgg.) ♦ Interviews und Vorschläge ♦ 978-3-936049-33-6 ♦ 11,00 €

Abel Paz ♦ Durruti ♦ Leben und Tode des spanischen Anarchisten ♦ ISBN 978-3-86841-256-7 ♦ 39,90 €

Abel Paz ♦ Feigenkakteen und Skorpione ♦ Eine Biographie (1921 – 1936) ♦ 978-3-936049-87-9 ♦ 14,00 €

Abel Paz ♦ Anarchist mit Don Quichottes Idealen ♦ Innenansichten aus der Spanischen Revolution ♦ Eine Biographie (1926 – 1939) ♦ 978-3-936049-97-8 ♦ 16,00 €

Abel Paz ♦ Im Nebel der Niederlage ♦ Vertreibung und Flucht ♦ Eine Biographie (1939 – 1942) ♦ 978-3-86841-016-7 ♦ 16,00 €

Abel Paz ♦ Am Fuß der Mauer ♦ Widerstand und Gefängnis ♦ Eine Biographie (1942 – 1954) ♦ 978-3-86841-033-4 ♦ 19,50 €

Alfons Paquet ♦ Kamerad Fleming ♦ Ein Roman über die Ferrer-Unruhen ♦ ISBN 978-3-936049-32-9 ♦ 17,00 €

Franz Pfemfert ♦ Ich setze diese Zeitschrift wider diese Zeit ♦ ISBN 978-3-86841-276-5 ♦ 18,00 €

Anna Piccardi ♦ Kontrapunkt 44 ♦ Erzählung ♦ ISBN 978-3-86841-279-6 ♦ 14,00 €

Oliver Piecha ♦ Roaring Frankfurt ♦ Ein kleines Panorama der Frankfurter Vergnügungsindustrie in der Weimarer Republik ♦ ISBN 978-3-936049-48-0 ♦ 17,00 €

Pierre J. Proudhon ♦ Die Bekenntnisse eines Revolutionärs. ♦ ISBN 978-3-9806407-4-9 ♦ 12,45 €

Èmile Pouget ♦ Die Revolution ist Alltagssache ♦ Schriften zur Theorie und Praxis des revolutionären Syndikalismus ♦ ISBN 978-3-86841-105-8 ♦ 18,00 €

Jean-Bernard Pouy ♦ Mord im Paradis der Nackten ♦ Krimi ♦ ISBN 978-3-86841-017-4 ♦ 16,00 €

Manja Präkels ♦ Tresenlieder ♦ Gedichte ♦ ISBN 978-3-936049-23-7 ♦ 10,80 €

Michel Ragon ♦ Das Gedächtnis der Besiegten ♦ Roman ♦ ISBN 978-3-936049-66-4 ♦ 24,80 €

Michel Ragon ♦ Georges & Louise ♦ Der Vendeer und die Anarchistin ♦ Roman ♦ ISBN 978-3-86841-001-3 ♦ 16,00 €

Heinz Ratz ♦ Die Riesen von Guntz und andere ♦ Märchen ♦ ISBN 978-3-86841-263-5 ♦ 18,00 €

Heinz Ratz ♦ Taumel ist mein Leben ♦ Gedichte ♦ ISBN 978-3-86841-181-2 ♦ 10,00 €

Heinz Ratz ♦ **Der Mann, der stehen blieb** ♦ 30 monströse Geschichten ♦ ISBN 978- 3-936049-45-9 ♦ 18,00 €

Heinz Ratz ♦ **Tourgeschichten** ♦ ISBN 978-3-936049-74-9 ♦ 16,00 €

Heinz Ratz ♦ **...um da zu sein für Deine Widerstände** ♦ Ein lyrisches Trotz-, Trost-, Liebes- und Beziehungskarusell ♦ 978-3-86841-028-0 ♦ 12,00 €

Elisée Reclus ♦ **Geschichte eines Berges** ♦ Prosa ♦ ISBN 978-3-86841-087-7 ♦ 16,00 €

Ela Rojas ♦ **Einer dieser chilenischen Tage** ♦ Roman ♦ ISBN 978-3-86841-032-7 ♦ 14,00 €

Thomas Reichert, Meike Siegfried, Johannes Waßmer (Hgg.) ♦ **Martin Buber: Neu gelesen** ♦ Band 1 ♦ ISBN 978-3-86841-075-4 ♦ 19,90 €

Günter Rücker ♦ **Das Karbit-Kommando** ♦ Edelweißpiraten gegen Miesmolche ♦ Comic ♦ ISBN 978-3-86841-142-3 ♦ 14,00 €

Han Ryner ♦ **Nelti** ♦ Roman ♦ ISBN 978-3-86841-006-8 ♦ 14,00 €

Andrea Staid ♦ **Aditi del popolo** ♦ ISBN 978-3-86841-240-6♦ 16,00 €

Renate Sattler ♦ **Risse im Gesicht** ♦ Roman ♦ ISBN 978-3-86841-157-7 ♦ 16,00 €

Renate Sattler ♦ **Kanadischer Sommer** ♦ Roman ♦ ISBN 978-3-86841-195-9 ♦ 16,00 €

Renate Sattler ♦ **MUschelgewand**♦ Roman ♦ ISBN 978-3-86841-251-2 ♦ 18,00 €

Walter Schiffer & Thomas Reichert ♦ **Rückbesinnung und Umkehr** ♦ Zur Bedeutung der jüdischen Tradition bei Martin Buber und Aharon Appelfeld ♦ ISBN 978-3-86841-086-0 ♦ 11,80 €

Walter Schiffer ♦ **Das Andenken verlängern** ♦ Grabsteininschriften der jüdischen Displaced Persons auf dem Zentralfriedhof in Bergen-Belsen ♦ ISBN 978-3-86841-185-0 ♦ 24,50 €

Walter Schiffer ♦ **Nicht vergessen** ♦ Grabsteininschriften auf dem Gelände des ehemaligen KZ Bergen-Belsen ♦ ISBN 978-3-86841-247-5 ♦ 24,50 €

Birgit Schmidt ♦ **Das höchste Ehrgeizideal war, für die Freiheit gehängt zu werden** ♦ Russische Revolutionärinnen ♦ ISBN 978-3-86841-013-6 ♦ 11,80 €

Birgit Schmidt ♦ **Andere Wege: Zwischen Surrealismus, Avantgarde und Rebellion** ♦ Künstlerinnen und Wissenschaftlerinnen in Mexiko ♦ ISBN 978-3-86841-041-9 ♦ 11,80 €

Birgit Schmidt ♦ **Wer war Ruth Oesterreich?** ♦ Auf den Spuren einer vergessenen Sozialistin ♦ ISBN 978-3-86841-058-7 ♦ 11,80 €

Birgit Schmidt ♦ **Ich bin kein Theoretiker, aber ich verstehe den Sozialismus anders** ♦ Leben, Arbeit und Revolte des rumänischen Schriftstellers Panait Istrati ♦ ISBN 978-3-86841-216-1 ♦ 14,00 €

Helga und Wilfried Schwarz ♦ **Die Träume der Märtyrer** ♦ Menschenschicksale in Ungarn und Amerika ♦ ISBN 978-3-86841-239-0 ♦ 19,90 €

Birgit Seemann ♦ **Mit den Besiegten** ♦ Hedwig Lachmann (1865-1918), Deutsch-jüdische Schriftstellerin und Antimilitaristin ♦ ISBN 978-3-86841-073-0 ♦ 16,00 €

Birgit Seemann ♦ **Ein „FEATHER WEIGHT CHAMPION CASSIUS CLAY".**♦ Eleonore Sterling (1925–1968).♦ Deutsch-jüdische Kämpferin gegen Antisemitismus und Rechtsextremismus ♦ ISBN 978-3-86841-078-5 ♦ 18,00 €

Nivi Shinar-Zamir ♦ **ABC der Demokratie** ♦ Demokratie-Erziehung für Kinder vom Kindergarten bis zur 6. Klasse ♦ 978-3-936049-61-9 ♦ 29,80 €

Augustin Souchy♦ Vorsicht Anarchist ♦ Ein Leben für die Freiheit ♦ ISBN 978-3-86841-255-0 ♦ 20,00 €

Augustin Souchy ♦ Bei den Landarbeitern von Aragon ♦ Der freiheitliche Kommunismus in den befreiten Gebieten ♦ ISBN 978-3-86841-067-9 ♦ 11,00 €

Augustin Souchy ♦ Die tragische Woche im Mai 1937 ♦ ISBN 978-3-86841-164-5 ♦ 16,00 €

Augustin Souchy ♦ Anarchosyndikalistische Kritik an den Bolschewiki ♦ ISBN 978-3-86841-196-6 ♦ 16,00 €

Sulamith Sparre ♦ Eine Frau jenseits des Schweigens ♦ Die Komponistin Fanny Mendelssohn- Hensel ♦ ISBN 978-3-936049-60-2 ♦ 12,00 €

Sulamith Sparre ♦ Denken hat kein Geschlecht ♦ Mary Wollstonecraft (1759 – 1797), Menschenrechtlerin ♦ ISBN 978-3-93604-70-1 ♦ 17,00 €

Sulamith Sparre ♦ Rahel Levin Varnhagen ♦ Salonière, Aufklärerin, Selbstdenkerin, romantische Individualistin, Jüdin ♦ ISBN 978-3-93604-76-3 ♦ 16,00 €

Sulamith Sparre ♦ Das Herz eines Caesar im Busen einer Frau ♦ Artemisia Gentileschi (1593-1654), Malerin ♦ ISBN 978-3-86841-000-6 ♦ 16,00 €

Sulamith Sparre ♦ Aber Göttlich und Außerordentlich reimt sich ♦ Bettine von Arnim (1785 – 1859), Muse, Schriftstellerin, politische Publizistin ♦ ISBN 978-3-86841-009-9 ♦ 17,00 €

Sulamith Sparre ♦ Man sagt, ich sei ein Egoist. Ich bin eine Kämpferin ♦ Dame Ethel Mary Smyth (1858-1944), Komponistin, Dirigentin, Schriftstellerin, Suffragette ♦ ISBN 978-3-86841-038-9 ♦ 17,00 €

Sulamith Sparre ♦ Hier bin ich, die Wegweiserin ♦ Flora Tristan (1803-1844), Sozialistin, Feministin, Schriftstellerin ♦ ISBN 978-3-86841-074-7 ♦ 19,50 €

Sulamith Sparre ♦ La Liberté – die Freiheit ist eine Frau ♦ Der Kampf der Frauen um ihre Bürger- und Menschenrechte in der Französischen Revolution ♦ ISBN 978-3-86841-163-8 ♦ 24,50 €

Sulamith Sparre ♦ Es gibt ein Gedicht, das ist ein Ungedicht ♦ Netti Boleslaw und Tuvia Rübner: Schreiben im Schatten von Auschwitz ♦ ISBN 978-3-86841-188-1 ♦ 16,00 €

Sulamith Sparre ♦ Fremde der Heimat ♦ Sprachzertrümmerung und Welterschaffung in der Dichtung Paul Celans und Tuvia Rübners ♦ ISBN 978-3-86841-197-3 ♦ 16,00 €

Sulamith Sparre ♦ Hannah Shenesh♦ ISBN 978-3-86841-264-2 ♦ 18,00 €

Oliver Steinke ♦ Füchse der Ramblas ♦ Historischer Roman ♦ ISBN 978-3-936049-46-6 ♦ 14,00 €

Horst Stowasser ♦ Projekt A ♦ ISBN 978-3-86841-221,6 ♦ 18,00 €

Valentin Tschepego (Hg.)♦ Machno – Zeugnisse einer Bewegung♦ Von Freund und Feind♦ ISBN 978-3-86841-095-1♦ 11,90 €

Valentin Tschepego (Hg.)♦ Machno – Zeugnisse einer Bewegung♦ Aus Machnos Feder♦ ISBN 978-3-86841-159-1♦ 12,00 €

Leo Tolstoi ♦ Libertäre Volksbildung ♦ Herausgegeben und kommentiert von Ulrich Klemm ♦ ISBN 978-3-936049-35-0 ♦ 14,00 €

Rubén Trejo ♦ Magonismus ♦ Utopie und Praxis in der Mexikanischen Revolution 1910 – 1913 ♦ ISBN 978-3-936049-65-7 ♦ 17,00 €

Raoul Vaneigem ♦ Das Buch der Lüste ♦ ISBN 978-3-86841-287-1♦ 16,00 €

Martin Veith ♦ Unbeugsam ♦ Ein Pionier des rumänischen Anarchismus – Panait Musoiu ♦ ISBN 978-3-86841-076-1 ♦ 19,90 €

Rodrigo Vescovi ♦ Edelmütige Banditen ♦ Comic ♦ ISBN 978-3-86841-181-2 ♦ 19,90 €

Kurt Wafner ♦ Ausgeschert aus Reih' und Glied ♦ Mein Leben als Bücherfreund und Anarchist ♦ Autobiographie ♦ ISBN 978-3-9806407-8-7 ♦ 14,90 €

Kurt Wafner ♦ Ich bin Klabund. Macht Gebrauch davon! ♦ Biographie ♦ ISBN 978-3-936049-19-0 ♦ 10,80 €

Ruth Weiss ♦ Der Judenweg ♦ Roman ♦ ISBN 978-3-86841-218-5 ♦ 16,00 €

Ruth Weiss ♦ Der Aufstieg ♦ Roman ♦ ISBN 978-3-86841-169-0 ♦ 16,00 €

Ruth Weiss ♦ Der Niedergang ♦ Roman ♦ ISBN 978-3-86841-170-6 ♦ 16,00 €

Ruth Weiss ♦ Schwere Prüfung ♦ Roman ♦ ISBN 978-3-86841-171-3 ♦ 16,00 €

Ruth Weiss ♦ Nachspiel ♦ Roman ♦ ISBN 978-3-86841-172-0 ♦ 16,00 €

Ruth Weiss ♦ Wege im harten Gras ♦ Erinnerungen an Deutschland, Südafrika und England ♦ ISBN 978-3-86841-162-1 ♦ 18,00 €

Ruth Weiss ♦ Der spitze Hut ♦ Roman ♦ ISBN 978-3-86841-259-8 ♦ 16,00 €

Ruth Weiss ♦ Der jüdische Kreuzfahrer ♦ Roman ♦ ISBN 978-3-86841-286-4 ♦ 16,00 €

Hand-Joachim Werner ♦ Verbunden im Gegenüber ♦ Martin Buber und der Umgang mit Konflikten ♦ ISBN 978-3-86841-236-9 ♦ 19,90 €

Boff Whalley ♦ Anmerkungen* ♦ zu Chumbawamba und mehr ♦ ISBN 9787-3-86841-021-1 ♦ 18,00 €

Michael Wilk & Bernd Sahler (Hgg.) ♦ Strategische Einbindung ♦ Von Mediationen, Schlichtungen, runden Tischen ... und wie Protestbewegungen manipuliert werden ♦ Beiträge wider die Beteiligung ♦ ISBN 9787-3-86841-095-2 ♦ 14,00 €

Michael Wilk ♦ „Erfahrung Rojava" ♦ Berichte aus der Solidaritätsarbeit in Nord-Ostsyrien ♦ ISBN 9787-3-86841-283-3 ♦ 18,00 €

David H. T. Wong ♦ Flucht zum Goldenen Berg ♦ Comic ♦ ISBN 978-3-86841-144-7 ♦ 19,90 €

Lily Zográfou ♦ Beruf: Porni [Hure] ♦ Kurzgeschichten ♦ ISBN 9787-3-936049-71-0 ♦ 16,00 €

Lily Zográfou ♦ Deine Frau, die Schlampe ♦ Roman ♦ ISBN 9787-3-936049-83-1 ♦ 16,00 €

Lily Zográfou ♦ Ein Aschenputtel mit fünfzig ♦ Roman ♦ ISBN 9787-3-86841-014-3 ♦ 14,00 €

immer aktuell

www.edition-av.de